Izzeldin Abuelaish
Ich werde nicht hassen

Izzeldin Abuelaish

Ich werde nicht hassen

Meine Töchter starben, meine Hoffnung lebt weiter

Ins Deutsche übertragen von Ingrid Exo

LANGENMÜLLER

MIX
Papier | Fördert gute Waldnutzung
FSC® C014889
www.fsc.org

Umschlaggestaltung: Sibylle Schug, München
Umschlagmotiv: © Izzeldin Abuelaish
Satz: Satzwerk Huber, Germering
Druck und Binden: Friedrich Pustet GmbH & Co. KG, Regensburg

Printed in Germany
ISBN 978-3-7844-3652-4

www.langenmueller.de

Zur Erinnerung an meine Eltern –
meine Mutter Dalal und meinen Vater Mohammed.

Zur Erinnerung an meine Ehefrau Nadia,
meine Töchter Bessan, Mayar und Aya
und an meine Nichte Noor.

Allen Kindern,
deren einzige Waffen Liebe und Hoffnung sind …

INHALT

VORWORT
von Dr. Tobias Lindner

Im Sommer 2022 hatte ich den Autor des vorliegenden Buches, Dr. Izzeldin Abuelaish, zu Gast im Auswärtigen Amt. Er hat das wohl Schlimmste erlebt, das Eltern widerfahren kann: den gewaltsamen Tod der eigenen Kinder. Dr. Abuelaish erzählte mir, wie 2009 seine drei Töchter Opfer des Gaza-Krieges wurden. Alle drei waren unschuldige Zivilistinnen, die versehentlich zwischen die Fronten gerieten.

Was viele Menschen verhärmt hätte, war für Dr. Abuelaish Anlass, sich für Frieden und Verständigung zwischen der israelischen und palästinensischen Bevölkerung einzusetzen. Seine traumatische Erfahrung treibt ihn an, sich trotz oder gerade wegen dieses furchtbaren Schicksalsschlags für Begegnungen über Gräben hinweg stark zu machen. Seine Botschaft: Zwischenmenschliche Kontakte können Hass dauerhaft überwinden.

Das Engagement von Dr. Abuelaish bewegt mich tief. Menschen wie er geben uns Hoffnung, dass ein dauerhafter Frieden im Nahen und Mittleren Osten möglich ist. Sein Wirken ermutigt dazu, sich weiterhin für eine Verständigung zwischen den Bevölkerungen einzusetzen. Er ruft dazu auf, zwischenmenschliche Kontakte zu knüpfen, unterschiedliche Perspektiven verstehen zu lernen und miteinander ins Gespräch zu kommen – anstatt im einsamen Hass zu verharren.

Dr. Abuelaish sagte mir: »Meine Töchter starben, meine Hoffnung lebt weiter. Denn: Nichts ist unmöglich.« Diese Botschaft ist auch für mich Ermutigung dafür, dass sich die Regierung der Bundesrepublik Deutschland weiter für Frieden und Verständigung im Nahen und Mittleren Osten und eine faire und gerechte Zwei-Staaten-Lösung einsetzt.

Ich wünsche diesem Buch viele Leserinnen und Leser!

Dr. Tobias Lindner, MdB,
Staatsminister im Auswärtigen Amt,
im September 2022

VORWORT
zur Neuausgabe 2022

Als Palästinenser weiß ich, was Leid ist. Ich weiß, wie es ist, geliebte Menschen und die eigene Sicherheit zu verlieren. Auch hier, in Toronto, fühle ich mich noch immer unsicher. Ich kenne die Angst vor der Zukunft.

Stunden, Tage, Jahre sind vergangen ohne die kostbarsten Menschen an meiner Seite, und die Erinnerung an den 16. Januar 2009 ist noch sehr lebendig. Es ist, als wäre es gestern gewesen, als wäre es gerade erst geschehen, als hätte ich in eben diesem Augenblick meine Liebsten verloren, die mir so sehr am Herzen lagen, die mir das Leben bedeuteten und mir Hoffnung gaben.

Die Fackel weitertragen

Der Märtyrertod meiner Liebsten war noch nicht das Ende, sondern vielmehr der Anfang einer Reise voller Leid, Qualen und Beschwerlichkeiten. Diese Reise setze ich fort, um die Botschaft zu verbreiten, dass ich an meinem Glauben festhalten werde, bis zu meinem letzten Atemzug. Auf dieser Reise werde ich tolerant und gnädig mit mir selbst sein. Ich werde nicht vom Ziel abweichen, sondern meiner Verantwortung geduldig, aber entschlossen nachkommen. Mein Glaube an das Recht, die Würde und den Wert jedes Menschen ist unerschütterlich, und diesen Glauben werde ich verteidigen, egal, was man über mich sagt. Ich setze diese Reise fort in dem festen Glauben, dass ich, dass unser Volk, dass wir ein Recht auf Freiheit haben.

Meine geliebte Bessan hätte in diesem Jahr ihren 34. Geburtstag gefeiert. Sie hätte einen Universitätsabschluss, und was auch immer ihr Ziel gewesen wäre, sie hätte es erreicht, so wie jedes Mädchen auf der ganzen Welt in der Lage sein sollte, sein Ziel zu verfolgen. Sie wäre eine erfolgreiche Studentin, Mutter, Friedensaktivistin und Menschenrechtsverteidigerin gewesen.

Mayar wäre nun 28 Jahre alt. In ihr sah ich mich oft selbst, denn sie wollte Ärztin werden, Verletzte pflegen, Kranke heilen und Hoffnung verbreiten.

Aya, die nun 27 Jahre alt wäre, hätte das Wort als ihre Waffe gewählt. Als Journalistin oder Anwältin hätte sie den Stummen ihre Stimme geliehen. Sie wollte für die Wahrheit kämpfen und zur Verbreitung von Gerechtigkeit beitragen.

Zu euch, Bessan, Mayar und Aya, sage ich: Wir werden uns wiedersehen, so Gott will. Noch hat man uns nicht besiegt, und eine Niederlage werden wir nicht hinnehmen. Im Gegenteil, wir werden noch stärker und noch entschlossener dafür kämpfen, dass nicht nur unser Volk, sondern Menschen auf der ganzen Welt Frieden und Freiheit erleben werden. Meine Töchter, all dies werden wir erreichen, dank unseres Glaubens, mit viel Geduld und Hoffnung und durch harte Arbeit. Wir werden unsere Verantwortung wahrnehmen und alles tun, was in unserer Macht steht, um Freiheit, Sicherheit und unser Leben zurückzugewinnen. Bei euren Seelen, meine Töchter, sage ich der Welt, dass ihr, Bessan, Mayar und Aya, am Leben seid und so lange am Leben bleiben werdet, wie die Fackel weitergetragen wird, die den Weg weist zu Freiheit, Menschlichkeit und Frieden.

Heute und jeden Tag, der folgen wird, erneuern wir unseren Pakt, den wir voller Stolz und Ehre, voller Schmerz und Tränen geschlossen haben. Wir schwören euch, dass wir alles Menschenmögliche tun werden, um eure Hoffnungen und Wünsche wahr werden zu lassen, solange wir leben und solange ihr Brüder und Schwestern habt: Dalal, Shaza, Rafah, Muhammad und Abdullah.

> Koran, Sure al-Baqara:
> *Oh, ihr Gläubigen! Suchet Hilfe in der Standhaftigkeit und im Gebet. Allah ist mit den Standhaften. (Vers 153)*
>
> *Und behauptet nicht von denen, die für Allah den Märtyrertod starben, sie seien tot! Nein! Vielmehr sind sie lebendig. Aber ihr nehmt es mit bloßem Auge nicht wahr. (Vers 154)*
>
> *Wir werden euch ganz gewiss mit ein wenig Furcht und Hunger und Mangel an Besitz, Leben und Erträgen prüfen. Doch verkündet die frohe Botschaft den Standhaften, (Vers 155) die, wenn sie ein Unglück trifft, sagen: »Wir gehören Allah, und zu ihm kehren wir alle zurück.« (Vers 156)*
>
> Koran, Sure al-Imran:
> *Und meinet ja nicht, diejenigen, die auf Allahs Weg getötet wurden, seien wirklich tot. Nein! Vielmehr sind sie lebendig bei ihrem Herrn und werden versorgt. (Vers 169)*

Ich danke Gott für alles, was er mir geschenkt, und alles, was er mir genommen hat. Ich lobpreise Gott und danke ihm auch für das Leid, das er zulässt, und für meinen festen Glauben daran, dass all dies eine Prüfung ist. Ich muss diese Prüfung bestehen, um mich weiterentwickeln zu können und auf eine höhere Stufe befördert zu werden. Also konzentriere ich meine Bemühungen darauf, wie ich meinen Kummer in einen Segen verwandeln kann.

Suhayb ibn Sinān Ar-Rūmi (möge Allah mit ihm zufrieden sein) schrieb, der Prophet (Allahs Frieden und Segen auf ihm) habe gesagt: »Wie wunderbar ergeht es dem Gläubigen! Ja, für ihn findet sich in Allem das Gute. Und das gilt einzig und allein für den Gläubigen. Wenn ihm Gutes widerfährt, ist er Allah dankbar, was wiederum gut für ihn, den Gläubigen, ist. Und wenn ihm Böses widerfährt, dann übt der Gläubige sich in Geduld, was ebenfalls gut für ihn ist.«

Propheten mussten Not und Leid über sich ergehen lassen. Nelson Mandela war im Gefängnis. Helen Keller musste Herausforderungen meistern. Vielen anderen erging es ähnlich. Geduld im Angesicht des Unglücks ist keine Schwäche. Ich glaube, dass der Mensch umso mehr Leid erfährt, je größer sein Glaube. Als Abraham geprüft wurde, sollte er seinen eigenen Sohn opfern. Auch ich wurde vor die härteste aller Proben gestellt: Ich musste mit ansehen, wie meine drei Töchter vor meinen Augen ermordet wurden.

Ich habe gelernt, am besten mit meinem Leid umzugehen, indem ich Rache und Hass ablehne und nach vorne blicke. Geben Sie der Welt zu verstehen, dass Sie entschlossen sind, nicht aufzugeben. Sagen Sie: Ich werde mich nicht besiegen lassen. Ich werde nicht zugrunde gehen. Ich werde mich nicht geschlagen geben. Ich muss niemandem Rechenschaft ablegen, und ich habe keine Angst, vor niemandem. Ich muss mich nur vor Gott und vor meinen Töchtern verantworten.

Mein Land ist mein Stolz

Ich weiß, was Leid bedeutet. Ich bin Palästinenser. Ich wurde im Flüchtlingslager Jabalia im Gazastreifen geboren. Ich kam nicht mit einem goldenen Löffel im Mund zur Welt. Ich fühle und verstehe das Leid, das die Menschen um mich herum und in der ganzen Welt quält, in Palästina, in Syrien, im Jemen, in Afghanistan und in der Ukraine. Das palästinensische Volk hat Unerträgliches mitgemacht, vor allem die Menschen im Gazastreifen. Die größte Herausforderung für uns alle ist der vollkommene Mangel an nationalem und persönlichem Verantwortungsgefühl auf allen Ebenen. Wenn wir durch unsere harte Arbeit die kollektive Verantwortung übernehmen, wird uns das helfen, all die Hindernisse zu überwinden, mit denen wir uns konfrontiert sehen.

Wenn wir nach vorne blicken und uns in Richtung Zukunft bewegen, dann ist es besonders wichtig, uns bewusst zu machen, was wir erreichen wollen und wie wir es erreichen werden. Ihr dürft euch nicht unterschätzen. Stellt euer Licht nicht unter den Scheffel. Man kann der Mensch werden, der man sein will. Man darf sich nicht damit abfinden, nur ein Zuschauer zu sein, ein Zuhörer, ein Gefolgsmann. Man muss außergewöhnlich sein. Ich sage euch noch einmal: Unterschätzt nicht, wozu ihr fähig seid. Habt Vertrauen in Gott und in euch selbst. Habt Hoffnung! Nichts ist unmöglich in dieser Welt, außer der traurigen Tatsache, dass ich meine geliebten Märtyrermädchen nicht mehr zum Leben erwecken kann.

Der erste Schritt auf dem Weg zum Scheitern ist der Verlust des Selbstvertrauens. Jeder von uns erlebt dieses Gefühl der Selbstablehnung. Täglich müssen wir mitansehen, wie schrecklich und schmerzhaft die Wirklichkeit ist, dann fühlen wir uns hilflos. In diesem Meer von Ungerechtigkeit, Gewalt und Hass ist Bildung ein Rettungsring. Bildung bedeutet Freiheit und Unabhängigkeit. Ich bin das beste Beispiel, denn mir ist es gelungen, in meinem Leben alles zu erreichen, was ich mir vorgenommen habe. Aber ich werde niemals vergessen, woher ich komme. Ich bin ein palästinensischer Flüchtling aus dem Jabalia-Camp, und wo ich herkomme, leben noch viele andere, die auf uns warten, dass wir ihnen helfen und ihnen eine Stimme verleihen.

»Wer das Meer aus der Ferne sieht, kennt das Meer nicht. Wer an seinem Ufer sitzt, kennt das Meer nicht. Und wer an den Strand kommt, um dem Meer näher zu sein, kennt das Meer nicht. Einzig und allein wer in die Fluten hinabtaucht, kennt das Meer, denn er nimmt ein Risiko auf sich. Er vergisst das Meer im Meer. Er löst sich auf im Unbekannten. Er verliert sich darin, wie er sich in einer Geliebten verlieren würde. Nichts vermag das Blau vom Meer zu trennen. Und nur dort, nur so erfasst du eine Welt, die mit Worten nicht einzufangen ist. Sie kann weder gesehen noch berührt werden, außer in den Tiefen des Meeres. Das Meer ist das Meer.«
(Mahmud Darwisch, Ein Gedächtnis für das Vergessen: August, Beirut, 1982)

Viele fragen mich, ob ich in Erwägung ziehe, jemals wieder nach Palästina zurückzukehren. Als ob es so einfach wäre. Als ob ich einfach zurückkehren könnte, indem ich nur daran denke oder es mir wünsche. Als müsste ich nur einen Flug buchen und einen Koffer packen.

In Wahrheit habe ich Palästina niemals verlassen und Palästina wird mich niemals verlassen. Meine Verbindung zu meinem Land ist ewig. Es ist eine Verbindung auf geistiger, kultureller, zeitlicher, räumlicher und geschichtlicher Ebene, wie eine katholische Ehe. Ich fühle mich Palästina nah, im Geiste und im Herzen, selbst hier, in Kanada.

Ich bin oft verzweifelt, ich spüre den Schmerz, die Schwermut und die Sehnsucht nach meinen Liebsten, nach meinem Zuhause, nach den Gräbern meiner Töchter, meiner Mutter, meines Vaters, meiner Frau. Ich vermisse mein altes Haus, die Straßen des Jabalia-Camps, die Stimmen der Menschen, wie sie einander Freud und Leid mitteilen.

Manchmal fühle ich mich ganz allein in der Welt, dann ist die Last, die ich trage, fast zu schwer für mich, und ich möchte meinem Schmerz Ausdruck verleihen, mit jemandem darüber sprechen. Dann möchte ich jemandem erklären, wie es ist, wenn sich mir die Kehle zuschnürt und ich die Beklemmung, die Enge und den Druck in meinem Brustkorb spüre. Dann wünschte ich, jemand könnte mir helfen, den Schmerz und die Verzweiflung zu lindern. Ich wünschte, ich könnte aus diesem Albtraum, der mich verfolgt, endlich wieder aufwachen. Ich möchte stark sein. Ich möchte mit Bessan, Mayar und Aya, mit Nadia, meiner Frau, mit meiner Mutter und meinem Vater sprechen und sie alle bitten, für mich zu beten.

Obwohl ich mich nach Palästina sehne, kann ich nicht einfach dorthin zurückkehren. Mir fehlt meine gottgegebene Freiheit, meine Entscheidungsfreiheit, das einfachste Menschenrecht. Man schreibt mir vor, wann ich reisen darf, wann ich frei sein darf. Meine Bewegungsfreiheit hängt von der Genehmigung durch andere ab. Eine Reise wird zu einer Rechenoperation: Um 10 Uhr komme ich am Flughafen an, um 11 Uhr verlasse ich ihn. Den Erez-Grenzübergang am nördlichen Ende des Gazastreifens erreiche ich nach einer Stunde Fahrt. Wenn ich mich aber verspäte, werde ich befragt: »Wo waren Sie so lange? Warum sind Sie spät dran? Was haben Sie getan?«

In Kanada fühle ich mich wie ein Kanadier. In Kanada bin ich Kanadier, und in Palästina bin ich ein anderer Mensch. Man behandelt mich unterschiedlich, je nach Herkunftsort, nach Hautfarbe, nach Name. Man sieht mich nicht als Menschen an. Man behandelt mich, als käme ich von einem anderen Planeten. Was sich in meinem Kopf abspielt, was ich in meinem Herzen trage, Liebe, Toleranz, meine Friedensbotschaft, der Wunsch nach Gerechtigkeit und Freiheit in dieser Welt, all das interessiert niemanden.

Als ich kanadischer Staatsbürger wurde und einen kanadischen Pass bekam, fragte man mich nach meinem Geburtsort und meiner Staatsangehörigkeit. Ich sagte, ich sei Palästinenser.

Daraufhin meinte der Einwanderungsbeamte, er könne auf dem Formular nicht vermerken, dass ich Palästinenser sei, weil Kanada Palästina nicht als unabhängigen Staat anerkenne. Ich müsse Gaza oder Israel angeben. Ich sagte: Ich bin kein Israeli und Gaza ist kein Staat. Als meinen Geburtsort gab ich das Jabalia-Flüchtlingslager an.

Man will nicht akzeptieren, dass ich nach Kanada gehöre, in das Land, das mich und meine Kinder willkommen hieß, uns mit offenen Armen und Herzen empfing. In diesem Land leben Menschen aus jedem Winkel der Welt, Menschen jeder Hautfarbe, jeder Religion, jeder Kultur sind hier vereint durch die Liebe zur Heimat, durch eine einheitliche Staatsangehörigkeit, durch die gleichen Rechte und Pflichten. Aber man will, dass ich Palästinenser bleibe. Zumindest will man mich daran erinnern, dass ich anders bin. Ja, wir sind anders. Wir sind ein besetztes Volk, wir sind ein vertriebenes Volk. Wir sind ein Volk, dessen nationale Identität, Geschichte und Kultur ausgelöscht werden soll.

Wenn man mich daran erinnert, dass ich Palästinenser bin, bedanke ich mich. Das macht mich stärker und entschlossener. Mein Land ist mein Stolz, meine Ehre, meine Identität, mein Zuhause, und all das muss geschützt und bewahrt werden. Ein Zuhause ist nicht einfach nur ein Haus, in dem man lebt. Dieses Haus, dieses Heim, lebt auch in uns. Es lebt dort, wo das Herz und die Seele leben. Heimat ist die Beziehung zwischen einem Menschen und dem Land, in dem er lebt. Dieses Land ist heiliger Boden. Nichts existiert ohne den Boden, auf dem wir leben.

Auf diesem Boden, in diesem Land, sind der Frieden, die Freiheit, Sicherheit und Zukunft Palästinas und Israels eng miteinander verwoben. Israel hat große Leistungen auf den Gebieten der Technologie, der Medizin, der Wissenschaft und Landwirtschaft erbracht, aber das Land hat es nicht geschafft, für Sicherheit zu sorgen, weder für sich selbst noch für die angrenzenden Staaten. Es gibt keine Sicherheit und keinen Frieden für den einen ohne den anderen, weil wir alle voneinander abhängen. Wir sind alle miteinander verbunden in diesem Land, das geschaffen wurde für den Frieden. Wir müssen zusammenarbeiten für all jene, die für diese Heimat ihr Leben ließen.

Ich habe viel von meinen Kindern gelernt. Wir sollten alle unseren Kindern besser zuhören, denn das Gegengift zum Hass ist die Fähigkeit, von unseren Kindern zu lernen, dass es nur einen Weg zum Frieden gibt. Wir müssen zusammenarbeiten, um unser Ziel zu erreichen, unser einziges Ziel, nämlich den Hass auszumerzen, diese stumme Krankheit, die sich in Gewalt verwandelt. Hass, Gewalt und Angst sind ansteckend. Aber Frieden, Gerechtigkeit und Menschlichkeit sind es auch. Manche mögen Toleranz als Schwäche auslegen, aber die Arbeit, die man leisten muss, um die qualvolle Gegenwart in eine bessere Zukunft zu verwandeln, ist so hart, dass sie viel mehr Kraft erfordert als der Hass.

Meine Tochter Bessan sagte: »Gewalt kann man nicht mit Gewalt begegnen. Hass kann man nicht mit Hass bekämpfen. Es gibt einen anderen Weg. Es beginnt im Kleinen, und dann wächst es zu etwas Großem heran. Alles beginnt an einem Ort und breitet sich dann in verschiedene Richtungen aus. Wir haben es in der Hand, unser Leben so zu gestalten, wie wir wollen. So war es schon immer, und so wird es immer sein. Spiel nicht das Opfer, du hast die Macht. Wenn du dich selbst als Opfer siehst, dann gibst du anderen die Macht über dich.«

Ich habe eine Bitte: Wenn Sie den Mut dazu aufbringen können, dann sagen Sie Ihren Kindern, was in der Welt vor sich geht, und hören Sie ihnen zu. Was haben sie dazu zu sagen? Welche Fragen stellen sie? Wir sollten alle mit unseren Kindern, Eltern und Geschwistern sprechen und ihnen zuhören.

Ein freies, würdevolles Leben

Jetzt ist es an der Zeit, alles daran zu setzen, die verlorene Hoffnung in die Welt wiederherzustellen. Unsere Welt ist voll roher Gewalt. Zu viele Menschen müssen ohne Geborgenheit auskommen. Das Einzige, was sie kennen, ist der Kampf ums nackte Überleben. Kinder, Frauen, Alte und Kranke, sie leiden Hunger und Durst, werden unterdrückt, sind verzweifelt, blicken einer ungewissen Zukunft entgegen.

Das globale Gewissen liegt unter dem Schlamm der politischen Untätigkeit begraben. Jeden Tag sehen wir die Bilder von Frauen und Kindern in Syrien, im Irak, im Jemen und in Afghanistan, wie sie unter Krieg und Hunger leiden. Und wir tun nichts. Nationen kämpfen ums Überleben, und die ganze Welt ist blind und taub. Jede Stunde jeden Tages habe ich meine Töchter vor Augen. Ich sehe sie in den palästinensischen Kindern, die im belagerten Gazastreifen spielen, wo Menschen sterben. Sie sterben aus vielerlei Gründen, aber am Ende wartet immer der Tod. Gaza ist blutgetränkt, und der Geruch des Blutes vermischt sich mit dem Geruch von Verbrennungsgasen und Sprengpulver.

Wir sind alle verantwortlich und unzulänglich. Wir müssen unsere Stimme erheben und laut »nein« zur Ungerechtigkeit sagen, »nein« zum Morden, aber »ja« zu Gerechtigkeit, Freiheit und Leben für alle. Das Schicksal eines Volkes sollte nicht in der Hand eines einzigen Mannes liegen, eines Präsidenten oder eines korrupten Regimes, das zu militärischer Gewalt greift und internationales Recht bricht. Jeder, der Zeuge eines Verbrechens gegen die Menschlichkeit wird, aber nicht hilft, obwohl er es könnte, jeder, der nichts gegen das Blutvergießen und das Leid tut, macht sich mitverantwortlich. Das Schicksal der Unschuldigen darf nicht von politischen Verwaltungen entschieden werden. Es sollte abhängen von einem lebendigen Gewissen, das klar Stellung bezieht, und im Namen der Wahrheit und der Gerechtigkeit handelt. Unschuldige und Zivilisten müssen unter allen Umständen geschützt werden, internationales Recht muss für ausnahmslos alle gelten.

Warten die politischen Führer etwa auf den Tod des Patienten? Wir werden nicht aufgeben, bis Untersuchungskomitees eingesetzt sind und die Medien die Mächtigen zur Rechenschaft ziehen. Die Geschichte wird kein Erbarmen mit uns haben. Unsere Kinder und die zukünftigen Generationen werden uns nicht vergeben. Ein Fluch wird auf all jenen lasten, die diese Ungerechtigkeit nicht beenden und dieses Leid nicht lindern. Albträume werden sie verfolgen.

Ich weiß, was ich schreibe, wird kaum etwas ändern. Die Welt wird sich weiterdrehen. Die Gewissen, die in einen Tiefschlaf gefallen sind, werde ich nicht wachrütteln können. Ich schreibe nur ein wenig von alledem, was mir durch den Kopf geht und auf dem Herzen liegt. Ich schreibe in der Hoffnung, dass die Sprache der Gerechtigkeit, der Liebe und des Zusammenhalts unter den Menschen über die Sprache der Ungerechtigkeit und der Gewalttätigkeit siegen wird.

Die Zukunft dieser Welt liegt nicht mehr in den Händen von Politikern, sondern in den Händen von Müttern. Frauen vermenschlichen, während Politiker politisieren und ihren eigenen Interessen nachgehen. Nur weil es Frauen gibt, gibt es eine Welt. Die Frau allein kann die Welt retten und der Menschheit Hoffnung geben. Die Mutter ist die Seele des Lebens. Sie ist das gütige Herz, das niemals zu geben müde wird. Wenn es sie nicht mehr gibt, gibt es kein Leben.

Die Hoffnung bahnt sich ihren Weg und nimmt täglich zu, doch auch der Schmerz erfindet sich jeden Tag neu und begleitet mich dauerhaft, mich, der ich als Palästinenser nicht wie andere Völker in einer freien und unabhängigen Heimat lebe. Die jungen Menschen, die Generationen, die folgen, werden sich nicht dem Status Quo unterwerfen. Sie sind verzweifelt. Sie sind voller Angst und Zorn, voller unterdrückter Gefühle, und ich fürchte, irgendwann werden sie vor Wut explodieren. Sie warten auf das Erwachen einer gnädigen Welt. Wurden wir denn nur zum Leiden erschaffen? Ist uns der Schmerz der Heimatlosigkeit vorbestimmt, von Generation zu Generation?

Ich habe eine Vorstellung vom Leben entwickelt, eine Vision, die meine Lebenserfahrung reflektiert und in mir ein starkes Gefühl des Glaubens, der Hoffnung und des Widerstandes wachsen ließ. Es ist die Vision eines freien, würdevollen Lebens für uns alle, in einer gerechten, liebenden, gleichberechtigten Welt. Das palästinensische Volk ist standhaft und geduldig geblieben. Die Palästinenser sind in ihrem Land, ihrer Heimat geblieben, trotz aller Qualen und Erniedrigungen, denen man sie unterworfen hat. Sie nehmen all dies in Kauf, denn sie sind entschlossen, eines Tages in Freiheit und Sicherheit zu leben, ebenso wie es andere Menschen und Völker auf dieser Welt tun.

Es ist an der Zeit für die Palästinenser zu erkennen, dass Palästina größer ist als alles andere. Unsere Identität soll uns stolz machen, uns Würde und Selbstachtung verleihen. Wir sind Palästina gegenüber verschuldet und verpflichtet. Staatsoberhäupter und Organisationen, alle sollen sich für Palästina einsetzen. Palästina mit seiner Jugend, für seine Jugend, soll Möglichkeiten schaffen, die die Hoffnung stärken. Ihr seid diejenigen, die Leid und Schmerz in Hoffnung verwandeln und die aus Tod Leben schaffen können. Ihr seid die Hoffnung, die Gegenwart und die Zukunft Palästinas.

Wenn das Volk sich eines Tages zum Leben entschließt,
dann muss das Schicksal sich beugen.
Die Finsternis muss weichen,
und die Ketten werden gesprengt.
(Jelloun 2011: 27, zitiert nach Abu al-Qasim asch-Schabbi)

Oh, ihr Palästinenser: Vertraut, hofft, glaubt, arbeitet miteinander und verzweifelt nicht! Wir werden uns wiedersehen, nicht fern von hier, in einem freien, unabhängigen Palästina und in einem stolzen Gaza, in welches das Leben und das Lachen zurückgekehrt sind.

Denkt an die anderen.

Izzeldin Abuelaish,
im August 2022

VORWORT
von Dr. Marek Glezerman

In den frühen neunziger Jahren, als ich Leiter der Abteilung für Gynäkologie und Geburtshilfe am Soroka Medical Center in Be'er Scheva war, nahm Dr. Izzeldin Abuelaish Kontakt zu mir auf und bat mich wegen Patientinnen, die er im Gazastreifen behandelte, um meine Meinung. Von da an stellte er mir, meist nach der Arbeit, regelmäßig Patienten vor – überwiegend unfruchtbare Paare –, die ich unentgeltlich beriet. Mit der Zeit lernte ich Izzeldin als einen engagierten Arzt und einfühlsamen Menschen kennen und war von seinem aufrichtigen Mitgefühl für seine Patienten beeindruckt. Es ist nicht einfach, vom Gazastreifen zum Soroka Medical Center zu gelangen. Man weiß nie, wann die Grenze geschlossen und ob man wieder zurückgelangen wird. In Anbetracht der Tatsache, dass er und seine Landsleute aus Gaza täglich diesen frustrierenden Beschwerlichkeiten ausgesetzt sind, beeindruckte es mich, dass Izzeldin seine Klagen niemals verallgemeinerte; er äußerte sich vielmehr gezielt zu ganz konkreten Vorfällen. Diese Haltung zeigt sich auch in seinem grundlegenden Optimismus: Pessimismus oder Hoffnungslosigkeit scheinen ihm fern zu sein. Er hält sich niemals mit Dingen auf, die man hätte tun können oder sollen, sondern richtet seine Aufmerksamkeit auf das, was noch zu tun ist. Er blickt hoffnungsvoll nach vorn, was in dieser Welt nicht einfach ist – und schon gar nicht in seiner.

Ein weiterer beeindruckender Charakterzug ist Izzeldins ständiger Drang, sein Wissen zu erweitern. Er ist stets darum bemüht, seine praktischen Kenntnisse auszubauen und ist unermüdlich in seinen Studien und Fortbildungen. Als ich ihn kennenlernte, praktizierte er Frauenheilkunde und Geburtshilfe in Saudi-Arabien, aber er träumte von einer offiziellen Facharztausbildung in Israel. Ich sah es als eine lohnenswerte Aufgabe an, dafür zu sorgen, dass er als erster Palästinenser die Möglichkeit dazu erhielt. Die Residence Programs, in denen man diese Qualifikation erhält, sind in Israel sehr anspruchsvoll. Und es war weniger eine Frage der Eignung, als danach, ob er den Verpflichtungen, die mit dem Programm verbunden waren, gerecht werden konnte, da er ja nie wusste, ob er über die Grenze kommen würde.

1995, ich hatte gerade die Abteilungsleitung in einer anderen Klinik übernommen, wurde Izzeldin zur Facharztausbildung für Gynäkologie und Geburtshilfe am Soroka Medical Center zugelassen. Es war eine individuell zugeschnittene Weiterbildung, für die keine regulären Prüfungen vorgesehen waren, die jedoch dem offiziellen Lehrplan folgte. Er absolvierte das Programm und die vorgesehenen Praktika in den verschiedenen Abteilungen trotz aller Hindernisse – trotz der mühsamen Grenzüberquerungen, Sprachbarrieren und Schwierigkeiten des Zeitplans: Konnte er nämlich nicht pünktlich erscheinen, musste jemand anders kurzfristig einspringen, was niemand gerne tut. Je nachdem, was im Grenzgebiet gerade los war, gab es Zeiten, in denen Izzeldin, so wie alle anderen Palästinenser aus Gaza, nicht nach Israel einreisen durfte. Manchmal konnte er, wenn nach einer Nachtschicht die Grenze geschlossen war, nicht zu seiner Familie nach Gaza zurückkehren. Aber er gab nie auf. Er absolvierte die sechsjährige Ausbildung, lernte währenddessen Hebräisch und wurde zu einem fachkundigen Gynäkologen und Geburtshelfer.

Izzeldin hätte allen Grund, von seiner Umgebung enttäuscht und frustriert zu sein, doch er ist es nicht. Trotz allem, was er gesehen und durchgemacht hat, glaubt er unerschütterlich an den Friedensprozess und an ein Zusammenleben von Juden und

Palästinensern. Er sieht Israel nicht als monolithische Einheit, in der alle Menschen gleich sind. Er kennt viele Israelis, und manche von ihnen wurden zu Freunden. Er weiß, dass es auch Israelis gibt, die die Palästinenser nicht zu Terroristen abstempeln und kennt umgekehrt zahlreiche Palästinenser, die nicht alle Israelis als rechtsgerichtete Besatzer ansehen. Er ist überzeugt, dass unsere beiden Völker von Krieg und Blutvergießen genug haben und in Frieden miteinander leben wollen. In der Vergangenheit waren es vielleicht eher die einfacheren Menschen auf beiden Seiten, die zu militanten Mitteln griffen, und die Regierungen waren damals eher bereit, nach Lösungen zu suchen. Seiner Auffassung nach sind die Verhältnisse heute umgekehrt: Von unten her wollen Palästinenser und Israelis friedliche Verhältnisse und ein menschenwürdiges Dasein; sie wünschen sich ein Dach über dem Kopf und Sicherheit für ihre Kinder. Heute sind es die Anführer der beiden Lager, die die Kämpfe der Vergangenheit fortsetzen.

Wir sind immer in Verbindung geblieben. Ich treffe Izzeldin auf Konferenzen, und natürlich diskutieren wir über den Konflikt im Nahen Osten und die Chancen auf Versöhnung. Wir beide sind im tiefsten Innern Optimisten. Keiner von uns glaubt, dass die ideologischen Hindernisse, die uns davon abhalten, eine gemeinsame Basis für eine menschenwürdige Zukunft zu finden, unüberwindlich sind. Wenn unsere Regierungen heute den Frieden diskutieren, dann sprechen sie hauptsächlich über die geographischen Grenzen zwischen Israel und einem entstehenden palästinensischen Staat. Der Konflikt ist zu einer Auseinandersetzung über Landbesitz geworden. Und diese Auseinandersetzung kann, muss und wird eines Tages beigelegt werden. Das ist freilich leicht gesagt. Es ist nicht zu leugnen, dass es auf beiden Seiten Fanatiker gibt, die alles daransetzen, ihre jeweiligen extremen Vorstellungen voranzutreiben. Doch sie sind in der Minderheit. Unsere wahre Tragödie ist, dass fast jeder weiß, worauf es hinauslaufen wird, doch zu wenige bereit sind, dies zuzugeben und entsprechend zu handeln: auf zwei Staaten, die nebeneinander existieren, und einen Sonderstatus für Jerusalem; eine symbolische Rückkehr von einigen Tausend Flüchtlingen und eine Entschädigung für die, die nicht zurückkehren werden. Doch der Wahnsinn geht weiter und kostet Tag für Tag Opfer auf jüdischer und arabischer Seite. Wenn man mich fragt, ob mein Optimismus sich aus Idealismus oder Realismus speist, muss ich sagen: aus beidem. Selbst als Idealist muss man realistisch bleiben. Und man muss idealistisch sein, um mit der hiesigen Realität klarzukommen. Würde man das Leben nur danach beurteilen, was gestern oder heute passiert, wäre man nicht in der Lage, den Blick zu heben und in die Zukunft zu schauen.

Izzeldin ist realistisch. Er weiß, dass wir in keinem Rosengarten leben. Aber er glaubt fest daran, dass die Medizin das Trennende zwischen unseren Völkern überbrücken kann. Medizin und Wissenschaft kennen keine Grenzen, auch keine Staatsgrenzen, das sollen sie auch nicht. Wenn ich an einer speziellen Sache forsche, lese ich Publikationen, die sich auf Untersuchungsergebnisse aus der ganzen Welt beziehen – aus Japan, Syrien, Frankreich und den Vereinigten Staaten. Alles was zählt, ist die Qualität des Artikels, nicht die Herkunft der Autoren. Auf internationalen Kongressen treffen wir Kollegen aus der ganzen Welt, manchmal aus Ländern, die weder zu uns noch untereinander diplomatische Beziehungen haben. Wenn ich auf solchen Veranstaltungen spreche, verlassen die Araber nicht den Raum, so wie das bei den Vereinten Nationen schon mal der Fall ist. Wenn ich mich mit einem Kollegen aus einem Land unterhalte, das keine diplomatischen Beziehungen zu Israel unterhält, sprechen wir auf beruflicher Ebene miteinander – und können später beim Kaffee ohne Weiteres auch privat werden. Wenn man einander kennt, wird es möglich, unterschiedliche Standpunkte zu akzeptieren.

Izzeldin besuchte uns, wenige Wochen bevor die israelischen Streitkräfte mit dem Bombenangriff auf Gaza begannen, und später, als die Granaten niedergingen, telefonierten wir miteinander. Ich fragte ihn, wie er den Alltag unter dem Bombardement bewältigte, ein Leben unter permanenter Ausgangssperre und mit Kindern im Haus. Er sagte: »Wie jeder andere auch, wir schlafen alle in einem Raum. Ein Teil der Kinder schläft an der einen Wand, die anderen an einer anderen; so erwischt es bei einem Treffer nicht alle auf einmal.« Am 16. Januar 2009 lagen drei seiner Töchter an der falschen Wand. Wer hätte es ihm nach solch einer Tragödie verübeln können, wenn ihn Rachegefühle und Verachtung überwältigt hätten?

Eine kleine Gruppe einflussreicher Israelis forderte eine offizielle Untersuchung des Angriffs auf Izzeldins Haus, der Verteidigungsminister reagierte darauf zögerlich und ausweichend. Doch eine wachsende Zahl von Stimmen, zu denen auch israelische Parlamentsangehörige zählen, stellt diese Forderung heute mit größerer Dringlichkeit. Wenn eine offizielle Untersuchung zu dem Schluss kommt, dass, so wie es aussieht, ein großer Fehler begangen wurde, sollte die Armee das offen und ehrlich zugeben, die Verantwortung übernehmen und sich entschuldigen.

Izzeldins außergewöhnliche Energie hätte in Hass münden können, aber sein Weg ist ein anderer. Wie es für ihn typisch ist, sammelte er seine Energie für eine letztlich positive Sicht, die er in einem einfachen und doch bemerkenswerten Satz zusammenfasste: »Wenn ich wüsste, dass meine Töchter das letzte Opfer auf dem Weg zum Frieden zwischen Palästinensern und Israelis wären, könnte ich es akzeptieren.«

Izzeldin kämpft für das, was ihm am Herzen liegt. Er widmet sich ganz der Aufgabe, seine Umgebung mit den ihm zur Verfügung stehenden Mitteln, also der Medizin, zu verbessern. Albert Schweitzer mag zu seiner Zeit nicht der anerkannteste

Arzt gewesen sein, aber mit Hilfe der Medizin lenkte er die Aufmerksamkeit der Welt auf das Leiden der Afrikaner. Er zwang die Leute dazu, auf den afrikanischen Kontinent zu blicken, das Leid zu begreifen und zu erkennen, was die Privilegierten dieser Welt für die Unterprivilegierten tun sollten. Ich bin der festen Überzeugung, dass Schweitzers wesentlichster Beitrag zur Medizin nicht so sehr darin bestand, Tausenden von Afrikanern zu helfen, als darin, uns die Augen für unsere Mitmenschen zu öffnen, die weniger begünstigt sind. Florence Nightingale ist ein anderes Beispiel. Sie war eine aufopferungsvolle Krankenschwester, die sich einer besseren medizinischen Versorgung der Armen widmete und so den humanitären Auftrag der Medizin erfüllte. Sie hat gezeigt, dass die Sorge um den Menschen noch vor dem Heilen steht.

Izzeldin hat sich mit so viel Leidenschaft, Hingabe und Mitgefühl der Aufgabe gewidmet, die menschlichen Lebensbedingungen zu verbessern, das schon allein das ihn zu einem außergewöhnlichen Arzt macht. Aber er geht noch über die Medizin hinaus; für Izzeldin ist die Medizin ein Werkzeug, mit dessen Hilfe die Menschen sich gegenseitig besser verstehen lernen. Die vielen Frauen, die er in der Soroka-Klinik behandelt oder entbunden hat, seine zahlreichen israelischen Kollegen, mit denen gemeinsam er aufreibende Situationen im arbeitsreichen Klinikbetrieb bestritten hat, die für ihn eingesprungen sind, so wie er, wenn es nötig war, ihnen den Rücken freigehalten hat – alle seine Vorgesetzten und gleichgestellten Kollegen haben in Izzeldin einen palästinensischen Arzt aus dem Jabalia-Flüchtlingscamp kennengelernt, der seine Patienten mit professioneller Sorgfalt und Anteilnahme behandelt. Die palästinensischen Patienten, die ins Soroka kamen, sind ihrerseits israelischen Ärzten und Krankenschwestern begegnet, die sie mit Mitgefühl behandelt haben, und zwar gemäß ihrer medizinischen Bedürfnisse und nicht nach ihrer

Herkunft. So überbrückt die Medizin die Gräben zwischen den Völkern.

Vor zehn Jahren nahm Izzeldin an einer Fachtagung auf Zypern teil. Er verließ den Gazastreifen und kam am Flughafen an, aber die Verantwortlichen ließen ihn aus Sicherheitsgründen nicht an Bord. Er hatte nur ein Tagesvisum, der nächste Flug ging erst am nächsten Tag, und er konnte nicht am Flughafen bleiben. Er war gefangen im Niemandsland. Die meisten Leute, die ich kenne, hätte das rasend gemacht. Er rief mich an, darauf telefonierte ich mit ein paar Leuten, und so organisierten wir, dass er das Flugzeug am nächsten Tag bekommen würde. Er kam zu uns nach Hause, und ich rechnete damit, einen sehr verärgerten Mann in Empfang zu nehmen. Er fühlte sich gedemütigt, aber zu meiner Überraschung war er nur auf einen bestimmten Flughafenangestellten wütend, auf eine einzelne Person, nicht auf »die Israelis«. Das ist Izzeldin – er lässt sich niemals dazu hinreißen, Pauschalurteile zu fällen.

Izzeldin verallgemeinert nicht, wie die meisten von uns das gern tun: Wenn im Urlaub in Italien der Taxifahrer furchtbar und das Hotelpersonal grässlich ist, machen wir später zu Hause alle Italiener schlecht. So würde sich Izzeldin niemals verhalten. Er nahm einfach den Flug am nächsten Tag. Und diesmal hatte er es mit einem Mitarbeiter zu tun, der nicht nach einem Vorwand suchte, einen Araber zu strafen, und konnte fliegen.

Manchmal ist Wut nützlich, und es ist gut, wenn man wütend werden kann. Izzeldin nutzt seine Wut jedoch zielgerichtet, er lässt nicht zu, dass Wut und Ärger ihn überwältigen und seine Umgebung unnötig belasten oder ihn von dem ablenken, worauf es wirklich ankommt.

Izzeldin geriet unter sehr tragischen Umständen ins internationale Rampenlicht. Er ist von großen Zeitungen interviewt worden, trat in bekannten Fernsehsendungen auf und hatte Begegnungen mit Führungspersönlichkeiten der ganzen Welt.

Das Verblüffende daran ist, dass ihn das kein bisschen verändert hat.

In letzter Zeit höre ich öfter, dass Leute sagen, dies sei zu schön, um wahr zu sein. Wie kann er immer noch von Frieden und Liebe sprechen und mit Israelis befreundet sein, nachdem er seine Töchter verloren hat? Manche fragen sich sogar, ob er aus dieser Tragödie irgendwelchen Nutzen gezogen hat. Aber ich kenne ihn seit vielen Jahren und ich versichere, dass es nichts gibt, das der Wahrheit ferner läge. Seine Vision von einer Koexistenz ist tiefgreifend, solide und schlüssig – und unbeeinflusst von einer Tragödie solchen Ausmaßes, von der wir uns kaum vorstellen können, wie man sie übersteht. Und doch macht er weiter.

Izzeldin konzentriert nun all seine Bemühungen auf die Gründung einer Stiftung, die nach seinen Töchtern benannt ist; sie hat das Ziel, Freundschaften zwischen jüdischen und palästinensischen Mädchen zu stiften und einen Beitrag für ihre Bildung zu leisten. Dazu gehört auch die Gründung einer Schule, die diesem Zweck gewidmet ist. Wo immer er hingeht, mit wem auch immer er in diesen Tagen spricht – sein Hauptanliegen ist es, die Kluft, die unsere Region durchzieht, zu überwinden. Es ist ihm gelungen, viele einflussreiche Persönlichkeiten mit seinem Schmerz ebenso wie mit seinen Visionen für die Zukunft zu erreichen, und ich weiß, dass er nicht lockerlassen wird. Wenn es überhaupt einen Menschen gibt, der das bewerkstelligen kann, dann ist er das. Ich kann nur hoffen, dass er Erfolg haben wird.

Prof. Marek Glezerman,

Leiter der Frauenklinik und stellv. Direktor des Rabin Medical Centers, Israel

(Bearbeitetes Interview mit Sally Armstrong)

EINS
Der Himmel über dem Meer

An diesem Tag war ich dem Himmel so nah und der Hölle so fern, wie es nur irgend geht, an diesem einsamen Stück Strand nur vier Kilometer von dem Elend in Gaza-Stadt entfernt, wo Wellen an das Ufer schwappten, als wollten sie das Gestern fortwaschen und dem Morgen einen frischen Neubeginn bereiten.

Wir sahen vermutlich aus wie jede andere Familie am Strand – meine beiden Söhne und meine sechs Töchter, ein paar Cousins, Cousinen, Onkel, Tanten. Die Kinder tobten im Wasser, schrieben ihre Namen in den Sand und riefen über den Seewind hinweg einander etwas zu. Doch der Schein der Bilderbuchfamilie trog. Ich war mit den Kindern zum Strand gefahren, um ein wenig Frieden zu finden. Es war der 12. Dezember 2008, nur zwölf kurze Wochen nachdem meine Frau Nadia an akuter Leukämie gestorben war und unsere acht Kinder ohne Mutter zurückgelassen hatte; das jüngste unter ihnen, unser Sohn Abdullah, war gerade mal sechs Jahre alt. Zwischen der Diagnose und ihrem Tod hatten nur zwei Wochen gelegen. Wir standen unter Schock, wie betäubt und taumelnd unter dem plötzlichen Verlust des Gleichgewichts, für das sie immer gesorgt hatte. Ich wollte fort aus dem Lärm und dem Chaos von Jabalia, an einen Ort, wo wir uns darauf besinnen konnten, dass wir zusammengehörten.

Es war ein kühler Tag, der Himmel wurde von der blassen Wintersonne in ein fahles Licht getaucht, das Mittelmeer leuchtete in reinem Azur. Aber als ich meine Söhne und Töchter dort in der Brandung spielen sah, so fröhlich wie spielende Kinder anderswo auch, dachte ich an unsere Zukunft und an die Zukunft unserer Heimat. Ich wusste nicht, um wie Vieles größer unsere persönliche Tragödie noch werden sollte.

Es schien etwas in der Luft zu liegen. Schon seit einigen Jahren hatten die Israelis die Schmugglertunnel zwischen dem Gazastreifen und Gaza bombardiert, aber in jüngerer Zeit hatten die Angriffe zugenommen. Seit der israelische Soldat Gilad Schalit im Juni 2006 von einer Gruppe militanter Islamisten gefangen genommen worden war, bestand die Blockade. Das palästinensische Volk sollte im Ganzen für die Taten einiger Weniger bestraft werden. Doch nun war die Blockade sogar noch strenger, und die Tunnel waren der einzige Weg, auf dem die meisten Güter in den Gazastreifen gelangten. Jedes Mal, wenn sie zerbombt worden waren, wurden sie neu gebaut und dann wieder von Israel bombardiert. Zusätzlich zu dieser Isolierung wurden die drei Grenzübergänge von Israel und Ägypten in den Gazastreifen sechs Monate lang für die Vertreter der Medien gesperrt. Man konnte die Spannung in der Luft spüren.

Der Großteil der Welt hat vom Gazastreifen gehört. Aber nur wenige wissen, was es heißt, hier zu leben, abgeriegelt und verarmt, Jahr um Jahr, Jahrzehnt um Jahrzehnt zu beobachten, wie Versprechen gebrochen und Chancen vertan werden. Den Vereinten Nationen zufolge hat der Gazastreifen die höchste Bevölkerungsdichte der Welt. Die Mehrheit der etwa 1,5 Millionen Einwohner sind palästinensische Flüchtlinge, von denen viele seit Jahrzehnten in Flüchtlingscamps leben; Schätzungen nach leben achtzig Prozent in Armut. Unsere Schulen sind überfüllt, und das Geld reicht nicht, um die Straßen zu pflastern oder die Krankenhäuser zu versorgen.

Die acht Flüchtlingscamps und die Städte – Gaza-Stadt und Jabalia –, aus denen Gaza besteht, sind laut, übervölkert, schmutzig. Ein Flüchtlingscamp, das Beach Camp im Westen von Gaza-Stadt, beherbergt mehr als 81 000 Menschen auf weniger als einem Quadratkilometer. Aber wenn man genau genug hinhört, kann man in den Camps den Herzschlag des palästinensischen Volkes hören: Wir leben nicht für uns allein. Wir leben füreinander und um einander zu unterstützen. Was ich für mich und meine Kinder tue, tue ich auch für meine Brüder und Schwestern und ihre Kinder. Wir sind eine Gemeinschaft.

Der Geist von Gaza wohnt in den Cafés, in denen die immer gleichen Gäste Wasserpfeife rauchend die aktuellen Neuigkeiten diskutieren, in den bevölkerten Gassen, in denen die Kinder spielen, auf den Märkten, auf denen die Frauen einkaufen, in den Worten der alten Männer, die durch die kaputten Straßen zu ihren Freunden schlurfen, ihre Gebetsketten durch die Finger gleiten lassen und beklagen, was sie verloren haben.

Manchmal könnte man denken, alle hätten es eilig – die Köpfe gesenkt, ohne Blickkontakt von Ort zu Ort hastend. Aber es sind die Gebärden von zornigen Menschen, die genötigt, vernachlässigt und unterdrückt wurden. Eine zähe, unerbittliche Niedergedrücktheit durchzieht jeden einzelnen Aspekt des Lebens in Gaza, von den Graffiti auf den Wänden der großen und kleinen Städte bis zu den alten Leuten, die nie lächeln, den arbeitslosen jungen Männern, die sich auf den Straßen drängen, und den Kindern, die im Spiel am Strand Ablenkung suchen.

Das ist mein Gaza: israelische Kanonenboote am Horizont, Helikopter über uns, die stickigen Schmugglertunnel nach Ägypten, Lastwagen mit UN-Hilfsgütern auf den Fahrstraßen, zerstörte Gebäude und eine verrottende Infrastruktur. Nie gibt es genug – weder genug Speiseöl noch genug frisches Obst oder Wasser. Die Allianzen wechseln in Gaza so schnell, dass es manchmal schwerfällt zu wissen, wer gerade das Sagen hat und wer für die Zustände verantwortlich zu machen ist: Israel, die internationale Gemeinschaft, die Fatah, die Hamas, die Banden, die religiösen Fundamentalisten.

Gaza ist eine Zeitbombe, die dabei ist zu implodieren. Seit der Wahl der Hamas im Januar 2006 und dem Beschuss Israels mit Kassam-Raketen von Seiten der Palästinenser hatten sich die Spannungen zwischen Israelis und Palästinensern verschärft. Die selbstgebastelten Raketen, die oft ihre Ziele verfehlten, waren ein Ausdruck der Verzweiflung. Sie forderten die Überreaktion der israelischen Armee heraus, und die Vergeltungsangriffe aus den Kampfhubschraubern ließen Krieg und Zerstörung auf die Palästinenser niedergehen, oft waren wehrlose Kinder unter den Opfern. Das wiederum bereitete den Boden für noch mehr Kassam-Raketen, und der Kreislauf begann von vorn.

Als Arzt würde ich diesen Kreislauf aus Provokation und Einschüchterung als eine Form selbstzerstörerischen Verhaltens bezeichnen, das angesichts aussichtsloser Situationen entsteht. In Gaza wird uns alles verweigert. Die Antwort auf jedes unserer Bedürfnisse ist »nein«. Kein Gas, kein Strom, keine Ausgangserlaubnis. Nein zu den Kindern, nein zum Leben. Selbst die Gebildeten kommen damit nicht zurecht. Es gibt in Gaza pro Kopf mehr Hochschulabsolventen und Postgraduierte als an den meisten Orten der Erde, aber ihre sozio-ökonomischen Verhältnisse entsprechen aufgrund von Armut, geschlossenen Grenzen, Arbeitslosigkeit und unterdurchschnittlichen Wohnverhältnissen nicht ihrem Bildungsgrad. Die Menschen können kein normales Leben führen, und als Resultat nimmt der Extremismus zu. Man kann von einer Person unter kranken Umständen nicht erwarten, gesund zu denken. Fast jeder hier hat psychische Probleme der einen oder anderen Art, jeder bräuchte eine Behandlung. Aber es gibt nichts, das die Spannung lindern könnte. Dieses selbstmordgleiche Verhalten, das Abschießen von Raketen nach Israel und die Selbstmordattentate, fordern Gegenangriffe der Israelis und diese wiederum Racheakte der Gazabewohner heraus, die zu erneuten Erwiderungen der Israelis führen. So setzt sich der Teufelskreis fort.

Mehr als die Hälfte der Menschen in Gaza sind jünger als achtzehn Jahre. Das bedeutet eine Menge Zorn entrechteter junger Leute. Lehrer berichten von Problemen in den Schulen, die Gewalt gegenüber Frauen eskaliert. Arbeitslosigkeit und die damit verbundenen Empfindungen von Sinn- und Hoffnungslosigkeit bringen Menschen hervor, die zu allem bereit sind, weil sie sich wie Ausgestoßene fühlen, die nichts zu verlieren – ja schlimmer noch: die nichts zu bewahren haben.

Verzweifelt versuchen sie, die Aufmerksamkeit der Menschen jenseits der geschlossenen Grenzen zu erringen, jener, die darüber entscheiden, wer willkommen ist und wer nicht. Ihr Hilferuf lautet: »Seht her, das Maß des Leidens hier ist voll.« Aber können die Menschen aus Gaza die Aufmerksamkeit der internationalen Gemeinschaft gewinnen? Selbst humanitäre Hilfsorganisationen sind von der Erlaubnis Israels abhängig, den Gazastreifen betreten oder verlassen zu dürfen.

Die Gewaltakte, die von den Palästinensern begangen wurden, sind Ausdruck der Frustration und des Zorns eines Volkes, das sich macht- und hoffnungslos fühlt. Die primitive und billige Kassam ist im Grunde die teuerste Rakete der Welt, wenn man ihre Konsequenzen auf beiden Seiten des Grabens bedenkt. Die unverhältnismäßige Gegenreaktion verursacht den Verlust unschuldigen Lebens, vernichtet Häuser und Höfe; nichts wird verschont und nichts ist heilig.

Ich habe mit dieser Spannung mein ganzes Leben lang in unterschiedlichem Ausmaß gelebt. Ich wurde 1955 im Flüchtlingscamp von Jabalia in Gaza als der älteste von sechs Brüdern und drei Schwestern geboren. Schon als Kind wusste ich, dass Bildung ein Privileg war, etwas Heiliges und ein Schlüssel zu vielen Möglichkeiten. Ich erinnere mich, wie ich meine Bücher fest an mich drückte und meinen wertvollsten Besitz mit meinem Leben schützte, inmitten der Zerstörung, die um mich herum stattfand. Ich gab diese Schätze an meine jüngeren Brüder und an ein paar Freunde weiter. Bevor ich meine Bücher weiter verlieh, ließ ich sie wissen, dass sie auf sie achten müssten wie auf ihren wertvollsten Besitz. Ich habe all diese Bücher noch heute. Dank harter Arbeit, stetiger Bemühungen und meinem tiefen Glauben wurde ich Arzt. Ohne die ungeheuren, unermüdlichen Anstrengungen besonders meiner Eltern wie meiner ganzen Familie, die selbstlos alles opferte, wo sie doch selbst nichts hatte, wäre das jedoch nicht möglich gewesen. Als ich nach Kairo zum Medizinstudium ging, machten sie sich Sorgen, weil ich so weit von ihnen entfernt war – würde ich genug zu essen haben? Würde ich die gewohnten Lebensmittel bekommen? Meine Lieblingskekse, meine liebsten palästinensischen Gewürze, Oliven und Olivenöl? Meine Mutter schickte diese Dinge mit Leuten aus Gaza, die nach Ägypten zu Besuch kamen. Manchmal bekam ich Päckchen mit Kleidung, Seife, Äpfeln, Tee, Kaffee – allem, was ich brauchte, aber auch ein paar von meinen Lieblingssachen. Sie hofften, dass ich dafür sorgen könnte, dass wir alle ein besseres Leben haben würden. Und doch machten sie sich Sorgen um mich, ganz besonders meine Mutter.

Ich besuchte die medizinische Fakultät in Kairo und machte meinen Abschluss in Geburtshilfe und Gynäkologie an der University of London. Später, ab Juni 1997, machte ich meinen Facharzt in Geburtshilfe und Gynäkologie am Soroka Medical Center in Israel und war damit der erste palästinensische Arzt im Personal einer israelischen Klinik. Dann studierte ich vorgeburtliche Medizin und Genetik am Vittore-Buzzi-

Kinderkrankenhaus in Mailand sowie am Erasmus-Krankenhaus in Brüssel, wo ich zum Spezialisten für Unfruchtbarkeitsbehandlung wurde. Als mir klar wurde, dass ich mich für größere Veränderungen in Palästina einsetzen wollte, machte ich mich auf den Gebieten von Management und Strategieplanung kundig. Ich schrieb mich für einen Masterstudiengang für Öffentliche Gesundheit an der Harvard University ein. Mittlerweile bin ich als wissenschaftlicher Mitarbeiter am Gertner-Institut des Sheba Hospitals in Israel tätig. In meinem gesamten Leben als Erwachsener stand ich mit einem Bein in Palästina und mit dem anderen in Israel, ein ungewöhnlicher Umstand in dieser Region. Ob ich nun Babys entbunden, unfruchtbare Paare beraten oder wissenschaftliche Untersuchungen angestellt habe, immer spürte ich, dass die Medizin eine Brücke zwischen den Menschen bauen kann und dass Ärzte Botschafter des Friedens sein können.

Der Weg dorthin war nicht leicht. Ich wuchs als Flüchtling auf und war wöchentlich den Erniedrigungen an den Checkpoints ausgesetzt. Aber ich bleibe dabei, dass wechselseitige Vergeltungstaten selbstmörderisch und dass gegenseitiger Respekt, Anerkennung und Koexistenz der einzig vernünftige Weg sind.

Ich hatte den 12. Dezember ausgewählt, um mit meiner Familie an den Strand zu gehen, weil er auf den Hadsch folgte, eines der wichtigsten Ereignisse im islamischen Kalender. Es ist eine Zeit der Besinnung und des Gebetes, in der die Familien zusammenkommen. Der Hadsch bezeichnet die Pilgerfahrt nach Mekka, die zwischen dem siebten und dem zwölften Tag des Monats Dhul-l-Hidscha des islamischen Kalenders stattfindet. Es ist die größte jährlich stattfindende Pilgerreise der Welt. Jeder Muslim, der dazu körperlich in der Lage ist, ist gehalten, mindestens einmal im Leben diese Reise anzutreten. Ob man nun nach Mekka fährt oder nicht, Waqfat Arafat ist der islamische Feiertag während des Hadsch, an dem die Pilger um Gnade und Vergebung beten. Es ist der erste des drei Tage andauernden Opferfestes Id al-Adha, das das Ende des Hadsch markiert. In Mekka bleiben die Gläubigen die ganze Nacht auf, um am Fuße des Berges Arafat zu beten, dem Ort, an dem Mohammed seine letzte Predigt hielt. Für Millionen von Muslimen, die, wie meine Familie, nicht jedes Jahr nach Mekka reisen, ist es ausreichend, sich in Richtung der Kibla – der Gebetsrichtung gen Osten – zu verneigen, auf die Knie zu fallen und die Gebete der Gläubigen zu sprechen. Am zweiten Tag begehen wir das Opferfest, das wichtigste Fest des Islam. Es erinnert an Abrahams Bereitschaft, Gott seinen Sohn zu opfern, und gedenkt Gottes Gnade und Versöhnungsbereitschaft. Alle begehen diesen Tag, indem sie ihre besten Kleider anziehen und die Moschee für die Feiertagsgebete aufsuchen. Wer es sich leisten kann, opfert sein bestes Haustier, etwa eine Ziege oder eine Kuh, als Symbol für Abrahams Opfer. Wir begingen den Festtag im Camp von Jabalia mit unseren Verwandten und gingen zum Friedhof des Lagers, um für Nadia zu beten. Ich kaufte ein Schaf und ließ es opfern, spendete zwei Drittel des Tieres für die Armen und Bedürftigen, wie es Vorschrift ist, und ließ aus dem Rest des Tieres Kebabs zum Grillen am Strand bereiten, um das Ende des Festes zu kennzeichnen.

Am nächsten Morgen standen wir früh auf, machten Sandwiches und packten alles für ein Picknick ein. Um sieben Uhr morgens stiegen wir alle in meinen 86er Subaru und machten uns auf den Weg.

Bevor wir zum Strand fuhren, hatte ich noch eine Überraschung für meine Kinder. Anfang Dezember hatte ich einen kleinen Olivenhain gekauft, vielleicht tausend Quadratmeter groß und einen halben Kilometer vom Strand entfernt. Es war wie ein kleines Stück Shangri-La, abgeschieden vom Gewühl Gazas durch einen drei Meter hohen Zaun, ein Ort, an dem wir zusammen sein konnten, ein Ort, an dem wir eines Tages vielleicht ein kleines Haus bauen würden. Ich hatte den Ort bis dahin geheim gehalten. Als die Kinder aus dem Auto kletterten, waren sie überrascht und begeistert von diesem beinahe unwirklichen Stück Utopia in den Randbezirken von Gaza, mit seinen Olivenbäumen, Weinstöcken, Feigen und Aprikosenbäumen. Sie erforschten jeden Winkel, staunten über die ordentlichen Baumreihen und jagten einander fröhlich durchs Gestrüpp hinterher, bis ich sie daran erinnerte, dass es noch einiges zu tun gab. Wir stürzten uns in die Aufgabe, das Gelände herzurichten, das ein bisschen vernachlässigt war und vom Unkraut befreit werden musste. Auch wenn sie die meiste Zeit ihres Lebens nichts anderes kennengelernt hatten als das begrenzte und übervölkerte Gebiet von Gaza, schienen meine Kinder, Nachkommen von Generationen von Bauern, hier zu Hause zu sein.

Nachdem wir genug gearbeitet hatten, zogen wir uns zu einer kleinen Baumgruppe zurück, die von großen Steinen umsäumt und von einer Laube aus Wein beschattet war. Wir breiteten Decken aus und machten aus den Zweigen und dem Gestrüpp, von dem wir die Olivenbäume befreit hatten, ein kleines Feuer. Wir saßen im Schatten des Weinlaubes und aßen unsere Falafelsandwiches.

Ich wollte mit meinen Kindern auch über eine andere bedeutsame Neuigkeit sprechen. Mir war kürzlich die Chance geboten worden, in Kanada an der Universität von Toronto zu arbeiten. Abgesehen von einem kurzen Aufenthalt in Saudi-Arabien, wo Bessan und Dalal geboren wurden, hatte die Familie nie woanders gelebt als in Gaza. Nach Toronto zu ziehen wäre eine große Veränderung, vielleicht wäre sie sogar zu überwältigend, so kurz, nachdem ihre Mutter gestorben war.

Doch als ich diese Befürchtung äußerte, sagte Aya: »Ich will fliegen, Papa!« Die anderen stimmten auch bald zu: Wir würden gemeinsam nach Kanada gehen, nicht für immer, aber für einige Zeit. Die älteren Mädchen – Bessan, 21, Dalal, 20, und Shatha, 17 – würden die Universität von Toronto besuchen; die jüngeren Kinder – Mayar, 15, Aya, 14, Mohammed, 13, Raffah, 10, und Abdullah, 6 – würden in Kanada zur Schule gehen. Viele Herausforderungen warteten auf sie: der Unterricht auf Englisch, die Erfahrung eines kanadischen Winters, das Kennenlernen einer anderen Kultur. Aber wir wären auch aus der Dauerspannung von Gaza heraus, sie wären in Sicherheit. Meine acht Kinder schienen mit ihrer Mutter Halt und Ziel verloren zu haben. Diese Veränderung würde ihnen guttun. Zusammen würden wir es schaffen. Ich konnte ihren Gesichtern die Aufregung ansehen, und ich spürte zum ersten Mal seit Monaten einen wieder erwachten Optimismus.

Nachdem die Familiendiskussion beendet war, und wir die Reste unserer Mahlzeit weggeräumt hatten, wollten die Kinder unbedingt zum Strand. Wir folgten dem ausgetretenen Pfad über einen kleinen Hügel und eine Wiese, die vom Olivenhain zum Wasser führt, wobei unsere Gruppe sich alle paar Meter neu formierte, weil ein Kind vorausrannte und zwei andere anhielten, um etwas am Wegesrand näher zu untersuchen. Schließlich gelangten wir alle zum Strand.

Obwohl der Tag kühl war, rannten die Kinder direkt ins Wasser, wo sie stundenlang schwammen und einander vollspritzten; zwischendurch machten sie Pausen, um im Sand zu spielen. Diese meine Kinder waren die Freude meines Lebens, und für Nadia hatten sie die Welt bedeutet.

Ich kannte Nadias Familie bereits, ehe wir 1987 heirateten, da war sie vierundzwanzig und ich zweiunddreißig. Es war eine arrangierte Ehe, wie das in unserer Kultur Brauch ist, doch unter den jungen Frauen, mit denen meine Familie ein Kennenlernen organisierte, schien Nadia die Passendste zu sein. Sie war eine stille, intelligente Frau, die eine Ausbildung zur Zahntechnikerin gemacht hatte, um in Ramallah auf der Westbank zu arbeiten. Unsere Familien waren über unsere Verbindung sehr erfreut, waren aber weit weniger glücklich darüber, dass wir Gaza beinahe umgehend nach unserer Hochzeit verließen, und nach Saudi-Arabien gingen, wo ich als Allgemeinmediziner arbeitete. Nadia empfand die ungewohnte Umgebung als bedrückend. Auch wenn Bessan und Dalal dort geboren wurden, hat sie sich nie so recht an das Leben in Saudi-Arabien gewöhnt; sie hatte nie das Gefühl, dort heimisch zu sein. Die Sitten sind anders, als wir es gewohnt waren, und sie litt sehr unter der Trennung von unserer ganzen Familie und wollte nach Hause zurückkehren, was wir 1991 schließlich auch taten.

Ich war viel unterwegs, nachdem wir uns wieder in Gaza niedergelassen hatten. In Afrika und Afghanistan zum Arbeiten und in Belgien und den Vereinigten Saaten für medizinische Weiterbildungen, aber Nadia blieb zu Hause bei den Kindern. Wir waren eine sehr traditionelle Familie, umgeben von meinen Brüdern und ihren Familien, meiner Mutter, die nebenan wohnte, und Nadias Eltern, die in der Nähe lebten. Da ich oft fortmusste, hatten sowohl Nadia wie ich das Bedürfnis, andere Familienmitglieder in der Nähe zu haben. Sie hat sich in den zweiundzwanzig Jahren unserer Ehe nie über meine häufige Abwesenheit beklagt. Ohne ihre Unterstützung hätte ich niemals in Harvard studieren, für die Weltgesundheitsorganisation in Kabul arbeiten oder in Israel meinen Facharzt in Geburtshilfe und Gynäkologie machen können.

Es erschien mir so unwirklich, dass sie nicht mehr da war. Ich sah meinen Kindern zu und fragte mich, was ohne ihre Mutter aus ihnen werden sollte. Wie ist es möglich, einen solchen Schmerz zu bewältigen?

In den Wochen, nachdem Nadia gestorben war, hatte Bessan, meine älteste Tochter, die Mutterrolle übernommen. Hier am

Strand war es für mich eine besondere Erleichterung, sie ins Meer springen zu sehen, ihre Jeans von der Brandung durchnässt und ihr Lachen vom Wind weggetragen. Sie war ein bemerkenswertes Mädchen, meine Bessan. Sie war gerade dabei, ihren Abschluss als Diplomkauffrau an der Islamischen Universität von Gaza zu machen. Sie schien alles miteinander vereinbaren zu können: die Betreuung der Kinder, den Haushalt und ihr Studium. Mit dem Tod ihrer Mutter begriff sie, dass ein Examen noch das Leichteste ist und dass es andere, härtere Realitäten gibt. Das zu tragen war viel für eine Einundzwanzigjährige.

Dalal, meine zweitälteste Tochter, war nach meiner Mutter benannt. Sie war im zweiten Studienjahr an derselben Universität wie Bessan, wo sie Bauingenieurwesen studierte. Sie war ein stilles, ernsthaftes Mädchen, schüchtern, wie die meisten meiner Töchter. Ihre Bauzeichnungen fand ich außergewöhnlich – sie waren Ausdruck der Genauigkeit, die sie sich abverlangte.

Shatha war in ihrem letzten Jahr auf der Oberschule und hoffte auf Bestnoten bei ihren Prüfungen im Juni, damit sie sich ihren Traum erfüllen konnte, Ingenieurin zu werden. Die drei Mädchen waren beste Freundinnen und schliefen im selben Raum unseres vierstöckigen Hauses in Jabalia, das ich mit drei meiner Brüder gebaut hatte. Jeder von uns hatte ein Stockwerk für sich und seine Familie. Meine Kinder und ich lebten im zweiten Stock. Ein weiterer Bruder lebte woanders in einem separaten Haus im Camp von Jabalia, und als wir das Wohnhaus bauten, sagte er, er wolle in der Nähe sein, aber seine eigenen vier Wände haben. Also bauten wir für ihn ein weiteres Haus. Mein sechster Bruder, Noor, ist seit Jahrzehnten verschwunden.

Mayar und Aya, die die achte und neunte Klasse besuchten, waren fast schmerzlich schüchtern. Manchmal baten sie sogar eine ihrer älteren Schwestern, an ihrer Stelle mit anderen zu sprechen. Aber es waren kluge Mädchen. Mayar war die beste

Matheschülerin an ihrer Schule. Sie nahm an Schulwettbewerben in Gaza teil und gewann meist. Mayar wollte Ärztin werden. Sie war die Schweigsamste der sechs Töchter, aber wenn es um das Leben im Gazastreifen ging, fand sie klare Worte. So sagte sie einmal: »Wenn ich erwachsen und Mutter bin, will ich, dass meine Kinder in einer Welt leben, in der das Wort Rakete nur ein anderer Name für ein Raumschiff ist.«

Aya entfernte sich nie weit von Mayar. Sie war ein sehr aktives, schönes Kind, das gern lächelte und viel lachte, wenn sie mit ihren Schwestern zusammen war. Sie wollte Journalistin werden und war auf ihre eigene ruhige Art sehr entschlossen. Wenn sie nicht bekam, was sie von mir wollte – die Erlaubnis, Verwandte zu besuchen oder ein neues Kleid zu kaufen –, ging sie zu ihrer Mutter und sagte: »Wir sind die Töchter des Arztes, ihr müsst uns das geben.« Aya liebte die arabische Sprache, sie war die Dichterin in der Familie.

Raffah, meine jüngste Tochter mit Augen so leuchtend wie Sterne, war ein Kind, das sehr aus sich herausging, wissbegierig, ausgelassen und vergnügt. Sie war in diesem Jahr in der vierten Klasse.

Mohammed, benannt nach meinem Vater und unser erster Sohn, war ein junger Mann von dreizehn Jahren. Er brauchte väterliche Führung, und ich machte mir Sorgen, weil ich vier Tage die Woche fort war, die ich im Sheba Hospital in Tel Aviv arbeitete. Er würde im Juni die Prüfungen der siebten Klasse machen. Sein kleiner Bruder Abdullah, unser zweiter Sohn, ging in die erste Klasse, er war das Nesthäkchen der Familie. Als ich ihm zusah, wie er über die Dünen tobte, empfand ich einen besonderen Schmerz: Wie sehr würde er sich später überhaupt noch an seine Mutter erinnern können?

An diesem Tag setzten sich alle für ein Foto neben ihren Namen in den Sand. Selbst Aya und Mayar lächelten in die Kamera. Als eine Welle kam und ihre Namen fortwusch, schrieben sie sie neu, weiter oben am Strand. Für mich war das ein Sinnbild für ihre beharrliche und entschlossene Natur, die ich von mir selbst kannte. So zu handeln ließ ihre Fähigkeit erkennen, nach Alternativen zu suchen, wenn Situationen aussichtslos erschienen. Sie beanspruchten dieses kleine Stück Land für sich – mit dem Gefühl, dass sie hierher gehörten und sich nicht auslöschen lassen wollten. Es schien mir ein Bild zu sein für die Entschlossenheit, mit der die Palästinenser ihr Land wiedererlangen wollten. Und es machte mir ebenso deutlich, dass für meine Kinder die Erinnerung an ihre Mutter niemals ausgelöscht werden würde, sondern dass sie sie in einem anderen Licht immer wieder neu schreiben würden. Sie stürmten vom Spiel in der Brandung mit den Wellen zu einem Boot, das dort festgemacht war, vom Burgenbauen im Sand rannten sie zurück ins Wasser, die Kamera klickte, um die ausgelassene Freude festzuhalten, das Lachen ihrer Gesichter, die Verbindung, die sie untereinander hatten, die gemeinsame Realität. Und ich dachte: »Lass sie spielen, lass sie ihrem Kummer entkommen.«

Während sie noch in den Dünen herumtollten, fuhr ich zurück ins Camp von Jabalia, um die Kebabs zu holen. Am Morgen war die Schlange beim Fleischer so lang gewesen, dass ich mich entschieden hatte, erst zum Strand zu gehen und, wenn die Kinder erst mal dort wären, für das Fleisch noch einmal zurückzukehren.

Während ich fuhr, dachte ich an Nadia und die Veränderungen in unserem Leben, seit sie gestorben war. Zunächst hatte ich geglaubt, ich müsste die Forschungsarbeit aufgeben, mit der ich gerade beschäftigt war, denn sie erforderte, dass ich von Montag bis Donnerstag in Tel Aviv war. Aber die Kinder bestanden darauf, dass ich weitermachte. Sie sagten: »Wir kümmern uns zu Hause um alles, mach dir keine Sorgen.« So hatte Nadia sie erzogen. Sie war das Vorbild, dem sie folgten.

Nadia bewältigte das Haus, die Kinder, die gesamte Verwandtschaft, einfach alles, während ich fort war, um zu studieren, zu arbeiten, zu versuchen, uns allen ein besseres Leben zu verschaffen. Manchmal war ich drei Monate lang nicht zu Hause. Als ich von 2003 bis 2004 in Harvard studierte, war ich ein Jahr lang weg. Aber wie sollten die Kinder ohne eine Mutter klarkommen, wenn ihr Vater die Hälfte der Zeit fort war, selbst wenn sie mir alle sagten, ich müsste weitermachen? Aus diesem Grund war ich so glücklich, als sie einverstanden waren, nach Toronto umzuziehen: Wir könnten alle zusammen sein, ohne jeden Tag eine Grenze passieren zu müssen.

Und solange wir in Kanada waren, würde dieser Platz hier auf uns warten. Es liegt ein Hauch von Ewigkeit auf Oliven-, Feigen- und Aprikosenbäumen, auf dem Stück Land nahe am Strand, wo der Himmel Sand und See begegnet und Kinderlachen im Wind verweht.

Das Klingeln meines Handys riss mich aus meinen Träumereien. Es war Bessan, die mich aufzog: »Wo bleibt mein Vater mit den Kebabs? Unsere Mägen rebellieren. Wir brauchen etwas zu essen!« Ich sagte ihr, ich sei auf dem Weg und sie sollten zum Olivenhain zurückkehren und den Grill anwerfen.

Später taten wir uns an den Kebabs gütlich, erzählten noch mehr Geschichten und kehrten dann für einen letzten Spaziergang an den Strand zurück, ehe die untergehende Sonne uns nach Hause schickte.

Der Gazastreifen war die Kulisse, vor der meine Kinder ihr ganzes Leben gelebt hatten, auch wenn ich mein Bestes getan habe, dass sie mit weniger traumatischen Erfahrungen aufwachsen mussten als ich. Ich erinnere mich genau, wie dankbar ich an diesem Tag für die Chance war, sie dort für eine Weile herauszubekommen, sie mit mir herauszufliegen, ehe noch mehr Ärger unseren Weg kreuzen würde.

Meine Töchter hatten mich ihr ganzes Leben lang über die Koexistenz sprechen gehört. Und drei von ihnen – Bessan, Dalal und Shatha – hatten am Creativity for Peace Camp in Santa Fe teilgenommen, das von israelischen und palästinensischen Veranstaltern organisiert wurde. Ich wollte, dass meine Töchter israelische Mädchen kennenlernten und ihre Zeit mit ihnen in einer neutralen Umgebung verbrachten, damit sie entdecken konnten, mit welchen Banden unser beider Wunden geheilt und verbunden werden konnten. Die Unterlagen zu bekommen, damit die Mädchen Gaza in die Vereinigten Staaten verlassen durften, war eine schwierige Aufgabe, da die Bewohner von Gaza den Streifen nicht ohne Erlaubnis verlassen dürfen. Dennoch wollte ich unbedingt, dass meine Kinder diese Erfahrung machten, dass Menschen zusammen leben, zusammen arbeiten und Frieden miteinander schließen können. Bessan nahm zweimal an diesem Camp teil. Dalal und Shatha besuchten es jeweils einmal.

Bessan war das einzige meiner Kinder, das Israelis kennengelernt hatte, ehe sie in ein Peace Camp fuhr. 2005 war sie Teil einer kleinen Gruppe von fünf jungen Frauen beider Konfliktparteien gewesen, die durch Amerika reisten. Ihre Unterhaltungen und Unternehmungen auf dieser Reise wurden für einen Dokumentarfilm aufgenommen, der den Titel »Dear Mr. President« trug. Die Mädchen hofften, sie könnten für ihre Arbeit die Unterstützung von Präsident George W. Bush erhalten.

Einige von Bessans Kommentaren im Film sind mir gut in Erinnerung geblieben, so zum Beispiel dieser: »Es gibt mehr als eine Lösung für ein Problem. Terrorismus mit Terrorismus und Gewalt mit Gewalt zu begegnen löst jedoch gar nichts.« Sie gab zu, dass es schwerfällt zu vergessen, was hier geschieht: die Demütigungen, die Zwangslage, in Gaza unter Verweigerung grundlegender Rechte praktisch gefangen zu sein, der anhaltende Schmerz der Ungerechtigkeit. »Alle Probleme können gelöst werden, indem wir Vergangenes vergeben und in die Zukunft blicken, aber bei diesem Problem ist es schwer, die Vergangenheit zu vergessen.« Und zu Beginn des Dokumentarfilms sagt sie: »Wir sehen einander als Feinde, wir leben in gegensätzlichen Lagern und begegnen uns nie. Aber wir empfinden alle genau gleich. Wir sind alle menschliche Wesen.«

Als ich die Kinder an jenem Tag am Strand beobachtete, dachte ich an die Punkte in meinem Leben, an denen ich Grenzen überschritten hatte, Grenzen, die die Umstände, die Politiker, die Feindseligkeit der beiden Völker gezogen hatten. Die bittere Armut, in der ich als Kind gelebt hatte, die Chancen, die ich dank meiner schulischen Leistungen erhalten hatte, der Sechs-Tage-Krieg, der mein Denken veränderte – all dies hat mein Leben geprägt. Seit ich ein kleiner Junge war, habe ich in allem das Gute zu erkennen gesucht, und das ist meine Haltung geblieben – auch gegenüber beträchtlichen Hindernissen, die mir zu Herausforderungen wurden. So gelang es mir, von einer Grenze zur nächsten zu gelangen, als hätte ich bei der einen Kräfte gesammelt, um mich für die nächste vorzubereiten.

Wir blieben am Strand, bis unsere Schatten zu sechs Meter langen Silhouetten auf dem Sand anwuchsen. Dann gingen wir zum Olivenhain zurück, packten unsere Sachen zusammen, und die Kinder quetschten sich für die kurze Fahrt nach Hause in die Autos, mit denen meine Brüder und ich an diesem Tag gefahren waren. Sie lachten, schnitten Grimassen und zogen einander auf, wie Kinder das eben tun. Während ich fuhr, hörte ich ihrem Geplapper zu und dachte bei mir: »Wir kriegen das hin, es wird ihnen gut gehen. Zusammen schaffen wir das.«

Exakt vierunddreißig Tage später, am 16. Januar um 16:45 Uhr, wurden in rascher Folge zwei israelische Panzergranaten in das Schlafzimmer der Mädchen gefeuert. Innerhalb von Sekunden waren meine geliebte Bessan, meine süße, scheue Aya und meine kluge und bedachte Mayar tot und mit ihnen ihre Cousine Noor.

Shatha und ihre Cousine Ghaida wurden schwer verletzt. Schrapnells streckten meinen Bruder Nasser nieder, aber er überlebte.

Die Auswirkungen des Bombardements wurden live ins israelische Fernsehen übertragen. Weil das israelische Militär Journalisten den Zugang verboten hatte und jeder wissen wollte, was in Gaza geschah, gab ich Shlomi Eldar, dem Chefsprecher des israelischen Channel 10, täglich Interviews. An diesem Tag waren wir für den Nachmittag verabredet. Minuten nach dem Angriff auf unser Haus rief ich ihn beim Sender an; er machte die Live-Nachrichtenberichterstattung und übertrug das Telefonat in der Sendung.

Die Nachricht ging blitzschnell um die Welt und tauchte bei YouTube und in der Blogosphere auf. Nomika Zion, eine Israelin aus Sderot, einer Stadt, die gerade noch in Reichweite der Kassam-Raketen liegt, sagte:

> »Das Leiden der Palästinenser, das die Mehrheit der israelischen Gesellschaft nicht sehen will, hat eine Stimme und ein Gesicht bekommen. Das Unsichtbare ist sichtbar geworden. Für einen Moment war es nicht nur einfach der Feind, ein ungeheurer, dunkler Dämon, den zu hassen so leicht und so bequem ist. Da war ein Mann, eine Geschichte, eine Tragödie und so viel Leid.«

Das ist es, was mir geschehen ist, meinen Töchtern, Gaza. Das ist meine Geschichte.

ZWEI
Eine Kindheit als Flüchtling

Ich kann meine Vergangenheit nicht schildern, ohne zuvor die gegenwärtigen und täglichen Auswirkungen der jüngsten Geschichte und qualvollen Politik in Palästina, Israel und im Nahen Osten umrissen zu haben. Wenn Sie dann in die Vergangenheit eintauchen, werden Sie, so hoffe ich, die erbarmungslose Absurdität eines Systems einzuschätzen wissen, das es Menschen verwehrt, menschlich zu sein.

Ich bin einer der wenigen Palästinenser, die die Erlaubnis haben, in Israel zu arbeiten. Da ich in Gaza lebe, überquere ich zweimal in der Woche die Grenze bei Eres. Ich gehe am Sonntag in Israel zur Arbeit – sofern die Grenze nicht geschlossen ist (in dem Fall gehe ich am Montag) –, und am Donnerstag kehre ich zurück. Wenn mich die Leute fragen, wie das ist, wünschte ich, sie könnten mit mir kommen und es selbst herausfinden. Eres, das im Norden des Gazastreifens liegt, etwa zehn Autominuten von meinem Zuhause entfernt, ist der einzige Grenzübergang mit einem Ausreisepunkt für Bewohner Gazas, die zu Fuß nach Israel einreisen. (Die anderen Übergänge sind Karni im Osten, der, wenn er offen ist, für den Gütertransport da ist, und Rafah im Süden über die ägyptische Grenze, der für gewöhnlich geschlossen ist.) Es fällt zivilisierten Menschen schwer zu glauben, was hier vor sich geht, die Demütigung, die Angst, die physischen Erschwernisse, die Möglichkeit, ohne jeden Grund aufgehalten und zurückgeschickt zu werden. Seit der Zweiten Intifada ist es Palästinensern nicht erlaubt, mit ihrem eigenen Auto nach Israel zu reisen. Also musste ich jahrelang jede Woche zweimal mit dem Taxi zur Grenze fahren.

Wenn ich donnerstags auf dem Heimweg vom Krankenhaus in Israel das Taxi nahm, bat ich den Taxifahrer immer, zuerst am Einkaufscenter fünf Kilometer vor der Grenze zu halten. Dort versorgen sich Palästinenser, die in der glücklichen Lage sind, diese Fahrt machen zu können, mit allem Nötigen – von der Bremsflüssigkeit fürs Auto bis zu Lebensmitteln, Coca-Cola, Schuhen und Flachbildschirmen. Es kommt uns vor wie ein Einkaufsparadies, ehe wir in ein Land zurückkehren, das abgeriegelt, abgeschnitten und ausgeschlossen ist.

An der Grenze geht man mit seinem Gepäck, mit Aktentasche und Einkaufstüten, zum ersten Kontrollpunkt und stellt sich am Schalterhäuschen an, wo man Pass und Papiere zeigen und sich einer Durchsuchung unterziehen muss. Die israelischen Grenzoffiziere nehmen sich unter Umständen jede Tasche einzeln vor und schauen in jedes Fach, oder sie werfen nur einen flüchtigen Blick auf deine Person und deine Waren; man kann nie wissen, wie gründlich man durchsucht und wie lange man aufgehalten wird. Man kann also auch nie vorhersagen, wann man zu Hause in Gaza ankommen wird. Jenseits des ersten Checkpoints sind keinerlei Transportmittel mehr erlaubt, daher muss man mit all seinem Gepäck zu Fuß zum nächsten Halt gehen: einem makellosen Gebäude aus Stahl, das wie eine Mischung aus einem Flughafenterminal und einem Gefängnis aussieht. Der Weg dorthin steigt leicht an, was für jeden mit Gepäck beschwerlich ist. Das Terminal wurde im Jahr 2004 gebaut, um nach – wie Israel sie nennt – Terroristen zu fahnden. Dieses aufwendige und teure Gebäude mit all seinen Durchleuchtungsapparaten, Überwachungseinrichtungen, Förderbändern und

Videokameras ist dafür ausgelegt, 20 000 bis 25 000 Menschen am Tag durchzuschleusen: Arbeiter, die zu Tausenden die Grenze auf dem Weg zu und von ihren Jobs in Israel passierten, Journalisten, die dutzendweise kamen, um Berichte über Gaza zu liefern, und Hilfskräfte von zahlreichen humanitären Organisationen. Doch seit niemand mehr die Grenze passieren darf, ist dieser Ort praktisch leer; ein paar schlecht gelaunte Angestellte, ein paar Leute, die aus medizinischen Gründen Gaza verlassen dürfen, und ein paar vereinzelte, gelangweilte humanitäre Helfer sind die Einzigen, die ich hier antreffe. Es sieht wie ein gigantisches Arbeitsbeschaffungsprogramm aus, sowohl für israelische Wachen als auch für die Angestellten der Hamas. (Hamas bedeutet »Islamische Widerstandsbewegung« und bezeichnet eine palästinensische Organisation, die Gaza als Teil der palästinensischen Gebiete regiert, seit sie 2007 die Mehrheit im palästinensischen Parlament gewonnen hat.)

Die brandneue Ambulanzklinik, eigentlich für medizinische Notfälle aus Gaza gedacht, befindet sich ebenfalls in diesem Terminal und ist ebenso leer. Es ist eine hochmoderne Einrichtung, die für die Behandlung von dreißig Patienten in der Stunde konzipiert wurde, mit Intensivstation und Ambulanzfahrzeugen für den Transfer in israelische Krankenhäuser. Doch sie steht dort wie ein Monument der Unnachgiebigkeit, das die Menschen voneinander trennt. (Diese Klinik wurde schließlich, zwei Tage nachdem meine Töchter getötet worden waren, mit großem Tamtam eingeweiht. Aber jeder wusste, dass Palästinenser dort gar nicht behandelt werden können, weil sie keine Erlaubnis bekommen, die Grenze zu überqueren. Kurze Zeit später wurde sie geschlossen.)

In der Abfertigungshalle wird man den entsprechenden Schaltern für Frauen, Männer, Ausländer und Einheimische zugewiesen. Dann werden, wenn man nicht ohnehin abgewiesen wird, was sehr oft der Fall ist, die Papiere gestempelt, und man geht eine Reihe verwirrender Gänge entlang, die für jeden mit viel Gepäck eine Zumutung sind. Mürrische Gepäckträger bieten ihre Dienste an, wenn man bereit ist zu zahlen; der Preis ändert sich stündlich. Wenn man jedoch erst einmal aus dem Terminal heraus ist, muss man seine Taschen – keiner weiß, warum – schließlich über eineinhalb Kilometer Schotter, Steine und Staub, die auf die Gaza-Seite der Grenze führen, selbst tragen. Zweihundert Meter vor der Ziellinie tauchen dann wieder Gepäckträger auf. Nachdem man ihnen zehn Schekel (etwa zwei Euro) pro Tasche gezahlt hat, ist man in Gaza.

Unter den strengen Blicken der Hamas-Wachen wuchtet man seine Taschen auf den klapprigen Tisch am Straßenrand und bereitet sich auf die nächste Tortur vor. Die Papiere werden geprüft, das Gepäck wird geöffnet und sein Inhalt durcheinandergeworfen. Ein kurzes Kopfnicken schickt einen weiter, immer noch schleppt man sein Gepäck und hält dabei, falls nötig, auch noch die Hände der Kinder, die mit einem herübergekommen sind, damit sie nicht von den fahrenden Autos erfasst werden, die zur Grenze hin aufs Gas treten.

Die Botschaft von Eres ist klar: Du sollst nicht in Gaza leben und nicht nach Gaza gehen; keiner wird dir helfen an dieser Grenze, der meist umkämpften und widerspenstigsten Grenze der Welt.

Das war der Weg von Israel nach Gaza. Aber erst die Einreise nach Israel erzählt die wahre Geschichte einer abgeriegelten und belagerten Bevölkerung. Es gibt genau zwanzig verschiedene Checks an verschiedenen Schranken und in abgetrennten, abgeschlossenen Räumen mit sirrenden Durchleuchtungsmaschinen und Kameras. »Beine auseinander, Füße auf die Markierungen, Arme über den Kopf«, schallt es einem feindselig entgegen. Seit dem Beginn der Blockade im Jahr 2006 sind die meisten Leute, die nach Israel einreisen, Patienten, die für

Krankenhaustermine eine Sondergenehmigung zur Ausreise bekommen haben. Oft haben sie kleine Kinder bei sich, die nicht zu Hause bleiben können, oder kämpfen mit einer Krankheit, humpeln am Stock oder werden im Rollstuhl geschoben. Mit anderen Worten: Es geht ihnen schlecht. Dennoch müssen sie dort am Checkpoint stundenlang warten. Erklärungen gibt es keine. Der Weg beginnt auf der Gaza-Seite mit den finster blickenden Polizisten, die dich in der Sonne schmoren lassen, während sie deine Papiere durchgehen. Wenn man den Test, den sie durchzuführen scheinen, bestanden hat, nicken sie in Richtung Durchgang zum Niemandsland. Man begibt sich erst auf ein offenes Feld, dann durch einen tunnelartigen Gang aus Beton und schließlich in ein Gebäude aus Stahl, Glas und Beton. Rote und grüne Signale weisen einem den Weg zu den sich anschließenden Kabinen. Körperlose Stimmen bellen aus Lautsprechern. Es scheint niemanden zu geben, der diese ganze Prozedur begreift, also versuchen wir, die Zeichen zu interpretieren und den Aufforderungen nachzukommen. Zu meinen Mitreisenden gehören an diesem Tag alte Frauen mit Plastiktüten voll Pita-Brot und Styropor-Behältern mit Suppe, die sie Verwandten in israelischen Krankenhäusern mitbringen, die darauf warten, fern von zu Hause behandelt zu werden. Selbst kranke Kinder müssen hier auf ein grünes Licht warten und darauf, dass eine Wache »Lakh«, »Los!«, raunzt.

Am anderen Ende des Terminals sonderte man heute meinen Koffer zur eingehenden Untersuchung aus. Er ist während dieses Grenzübertritts schon mindestens zweimal geöffnet und durchleuchtet worden. Mit der Geduld, die ich mir über die Jahre angeeignet habe, öffne ich den Koffer erneut, um zu enthüllen, dass er mit Kinderbüchern vollgestopft ist. Bücher für die palästinensischen Kinder im Krankenhaus, in dem ich arbeite. Die Sicherheitsleute schauen sich jedes einzelne der etwas mehr als zweihundert Bücher an. Pop-up-Giraffen und

Affen auf Sprungfedern hüpfen aus den Seiten hervor, was den Wachleuten kein Lächeln entlockt. Ein kleiner Junge, der als Nächster in der Reihe steht und sich an die Hand seiner Mutter klammert, reckt seinen Hals, um etwas zu sehen, und lacht, als die Bilder aufscheinen und er die Tiere von den Seiten springen sieht. Manchmal erklärt das Grenzpersonal lang und breit, dass all dies dem Schutz und der Sicherheit aller diene und nicht als Belästigung verstanden werden soll. Es ist eine Geschichte, die ich kaum ernst nehmen kann, wenn ich sehe, wie die Zeit verrinnt, während ein Wachmann jede einzelne Seite von zweihundert Kinderbüchern umwendet und bedauert, dass der Scanner heute nicht verfügbar sei. Als ich Mitte der neunziger Jahre wöchentlich die Grenze überquerte, waren die Soldaten ruppig und arrogant, aber mit der Zeit und viel Geduld meinerseits lernten sie, mich zu akzeptieren. Wenn ich jetzt vorbeikomme, bitten sie mich manchmal um medizinischen Rat oder fragen nach einem Rezept für die Pille für ihre Freundin. Kürzlich hielt mich eine Security-Dame am Übergang an, um mir eine sehr persönliche Frage zu stellen. Sie wollte am darauf folgenden Samstag heiraten und ihre Menstruation sollte zwei Tage vor der Hochzeit kommen. Sie bat mich um einen Rat, wie sie den Beginn der Periode verschieben könnte. Den hatte ich, und ich freute mich, ein paar Minuten damit zu verbringen, ihr die nötigen Ratschläge zu geben.

Früher war es eine Stunde Fahrt über gepflasterte Ziegenpfade, um von Gaza nach Jerusalem zu gelangen. Heute dauert es, wenn man Glück hat, einen halben Tag – wenn man einen Ausreisepass besitzt, die Grenzen offen bleiben, der Bus pünktlich ist, der Verkehr sich nicht staut und die Sicherheitsoffiziere nicht gerade Lektionen in Geduld erteilen. Der Grenzübergang in Eres ist eine wahre Übung in Toleranz und Kompromissfähigkeit, beides ist in Gaza wie in Israel Mangelware.

Der Grenzübertritt von Gaza nach Ägypten ist noch eine andere Geschichte. Das Reisen ist für Palästinenser und für Bewohner von Gaza nur zu bestimmten Zwecken gestattet: zum Studium, zum Arbeiten oder für eine medizinische Behandlung im Ausland, die in Gaza nicht verfügbar ist. Der Übertritt der Grenze nach Ägypten in Rafah, dem einzigen Zugang vom Gazastreifen aus, ist eine Reise voller Erniedrigung, Leid, Frustration und Unterdrückung.

Es beginnt in den Büros des Innenministeriums, wo die Gazabewohner sich registrieren lassen und eine Begründung und den Beweis für die Notwendigkeit ihrer Reise vorlegen müssen. Patienten müssen ihre Krankenakte und die ärztliche Überweisung für eine Behandlung im Ausland vorlegen. Nur Menschen, die an schweren Herzproblemen oder an Krebs in fortgeschrittenem Stadium leiden, können im Ausland behandelt werden. Gazabewohner, die außerhalb Gazas arbeiten, müssen beweisen, dass sie eine Arbeitserlaubnis und ein Visum für das Land haben, in dem sie beschäftigt sind; Studenten müssen ihre Studienbescheinigung vorlegen.

Die Menschen können nicht selbst entscheiden, wann sie reisen. Sie warten, um zu erfahren, wann die Grenze geöffnet wird. Das ist alle zwei bis fünf Monate für ein, zwei, drei oder vier Tage der Fall. Kaum dass bekannt gegeben wird, wann die Grenze geöffnet wird, stürzt jeder los, um seinen Namen auf der Registrierungsliste zu suchen. Wer Glück hat, findet seinen Namen und die Angabe des Datums, das ihm für den Grenzübergang zugewiesen wurde, welchen Bus er zu nehmen hat und wann die Busse beladen werden. In einen Bus passen vierzig bis fünfzig Passagiere. Die Busse müssen in Gruppen abreisen und sind mit den Zahlen eins bis zwanzig durchnummeriert.

Wegen der schlechten Organisation dauert es meist lange, bis die Busse sich in Bewegung setzen. Lassen Sie mich nur eine dieser typischen Geschichten erzählen. Ich kam um sieben Uhr früh an und unser Bus hatte zunächst vierzig Passagiere. Als wir um elf endlich losfuhren, waren wir 65 Passagiere an Bord, wir alle, samt Frauen und Kindern, zusammengequetscht wie Sardinen in der Büchse. Wir gelangten zu einem Halt, wo wir noch mehr Passagiere einsammelten, die auch noch kontrolliert werden mussten. Es war Sommer und der Bus hatte keine Klimaanlage, wir schwitzten und bekamen kaum Luft. Als der Bus in den Grenzbereich von Rafah fuhr, wurden wir ausgeladen, und unsere Pässe wurden auf palästinensischer Seite durchgesehen und gestempelt. Dann kehrten wir in den uns zugewiesenen Bus zurück. Das allein nahm zwei bis drei Stunden in Anspruch. Aber damit waren wir noch nicht fertig. Der Bus fuhr etwa zweihundert Meter bis zum ägyptischen Schlagbaum. Es standen einige Busse in der Schlange, und jeder brauchte etwa eine Stunde, um seine Passagiere auf die ägyptische Seite der Grenze zu bringen.

Die Menschen wurden unruhig, als Gerüchte die Runde machten, dass die Ägypter nicht alle hineinließen und manche zurückschickten. Die Befürchtungen und bösen Ahnungen waren berechtigt. Ich sah, wie die zurückkehrenden Busse etwa die Hälfte ihrer Passagiere wieder mit zurück über die Grenze nahmen. Was war geschehen?

Es war mittlerweile vier Uhr nachmittags, fünf Stunden nach unserer Abreise am Morgen. Da wurde uns gesagt, dass die Grenze nun geschlossen würde. Was sollten wir tun? Würden wir nach Gaza zurückgebracht werden? Müssten wir über Nacht dort im Bus bleiben, ohne etwas zu essen oder zu trinken? Frauen, Kinder, alte Menschen?

Um neun Uhr abends erhielten wir die Information, dass die Grenzer weiterarbeiten und die Busse durchlassen würden. Wir kehrten alle in die Busse zurück, jeder beeilte sich, in den ersten Bus zu kommen, aus Angst, die Grenze könnte geschlossen werden, ehe die späteren ankämen. Ich war im zweiten Bus, der nun achtzig Passagiere mit all ihren Taschen fasste. Nur mit großen Schwierigkeiten konnten die Türen geschlossen werden.

Als schließlich der Übergang nach Ägypten geöffnet wurde, fühlte ich mich, als sei es das Tor zum Paradies. Ein ägyptischer Polizeibeamter kam in unseren Bus, um die Passagiere zu zählen und unsere Pässe zu prüfen. Wir mussten im Bus warten und durften nicht aussteigen.

Gegen elf Uhr abends wurde der Busfahrer aufgefordert, ein Stück weiterzufahren, und wir durften in den Bereich der Passkontrolle gehen. Wir dachten, wir hätten es geschafft.

Mit mir reiste ein 65-jähriger Nachbar, dessen Frau Ägypterin war. Sie und ihre Kinder hatten seit der israelischen Besatzung von 1967 in Ägypten gelebt. Mit der Besatzung von 1967 trat die Regel in Kraft, dass wer nicht in der Volkszählung der Israelis erfasst worden war, nicht in Gaza bleiben, sondern nur als Besucher für eine bestimmte Zeit kommen durfte. Mein Nachbar war nach dem Friedensabkommen von Oslo 1993 als Besucher nach Gaza gekommen und über die erlaubte Zeit hinaus bei seinen Geschwistern geblieben. Er erhob Anspruch auf Familienzusammenführung, was von der israelischen Regierung genehmigt werden musste. Doch es dauerte bis zum Jahr 2008, dass seinem Antrag auf Familiennachzug stattgegeben wurde.

Nachdem ihm ein palästinensischer Pass und Ausweis ausgestellt worden waren, besaß er nun endlich die Freiheit, zwischen Gaza und Ägypten zu kommen und zu gehen; aber auch das musste von den Israelis genehmigt werden. Er sagte, er hätte alles geregelt, und nahm an, dass es keine Probleme geben würde. Doch auf ihn wartete eine Überraschung: An der Tür des Busses stand ein ägyptischer Sicherheitsoffizier, der sich bei einem Passagier nach dem anderen die Papiere ansah und die Reisenden aufteilte. Einer wurde nach rechts geschickt, einer nach links; dieser Passagier hierhin, jener dorthin. Was hatte das zu bedeuten?

Ich zeigte ihm meinen Pass und mein Visum, und er sagte mir, ich solle in das Gebäude gehen, wo die Pässe bearbeitet wurden. Als ich das Gebäude betrat, sah ich Hunderte von Leuten, die in der großen Halle warteten. Ich bemerkte meinen Nachbarn und fragte, wie es bei ihm liefe. Er sagte, alles sei in Ordnung und man würde ihn nach Ägypten einreisen lassen. Kurz darauf hörte ich einen Tumult und sah mich um. Ich entdeckte meinen schreienden Nachbarn, den ein ägyptischer Polizist aufforderte, sein Gepäck zu holen, damit er nach Gaza zurückgebracht werden könne.

Er war nicht der Einzige. Ankommende Patienten mussten zur Bestätigung, dass ihr Beleg glaubhaft und gültig war, von ägyptischen Ärzten untersucht werden. Manche wurden mit demselben Bus zurückgeschickt, mit dem sie gekommen waren. Nach alldem am zweiten Reisetag um ein Uhr früh zurückgeschickt zu werden, müde, erschöpft, frustriert und verzweifelt, war eine Katastrophe.

Stellen Sie sich vor, Sie wären in solch einer Situation – glauben Sie, in dieser Situation kann irgendjemand noch vernünftig denken? Wenn dann jemand die Kontrolle verliert, ist das nur allzu verständlich.

Mein Nachbar hatte keine andere Wahl als umzukehren, wie es ihm gesagt worden war. Andere warteten ab, was mit ihnen geschehen würde. Einige, denen die Einreise nach Ägypten bewilligt worden war, wurden gruppenweise von der Grenzstation Rafah zum Flughafen gebracht und durften sich dort ein Ticket kaufen. Ich war einer der Glücklichen, die die Genehmigung erhielten, nach Ägypten einzureisen, in Kairo zu bleiben und eigenständig aus Ägypten auszureisen. Ich kam um sieben Uhr am nächsten Morgen – nach 24 Stunden Demütigung – in meinem Hotel an.

Meine regelmäßigen Grenzübertritte konfrontierten mich jedes Mal mit Zeichen der Vergangenheit: alte Steinhütten und

Lagerschuppen von palästinensischen Gehöften, die verlassen zwischen den Feldern im nahe gelegenen südlichen Israel stehen. Wo einst Fenster waren, klaffen heute Löcher, die von Unkraut überwuchert sind; die Feuerstellen im Innern sind leer und kalt. Dies sind die leblosen Mahner des alten Palästina; zu den lebenden gehört die uralte Sabra-Pflanze, die hier dem Boden entspringt. Es ist eine kaktusähnliche Sukkulente, die seit Tausenden von Jahren als Hecke diente und die Grenzen palästinensischen Ackerlandes kennzeichnet. Das stachelige Äußere verbirgt eine süße Frucht; die gummiartigen Blätter sind auf ihre Art schön, jedes ist einzigartig, mit seinen kleinen noppenartigen Ausstülpungen.

Sechzig Jahre lang ist dieses Land mit Bulldozern bearbeitet, neu aufgeteilt und kultiviert worden, als ginge es darum, jegliche Überreste der Palästinenser, die hier gelebt, gearbeitet und sich entfaltet haben, zu entfernen. Aber die Sabra-Pflanze bleibt wie ein unbesiegbarer Wächter stehen und sendet still die Botschaft: »Wir waren hier und dort und unten am Fluss und nahe dieses Wäldchens und jenseits dieses Feldes. Dies ist das Feld, auf dem wir immer schon waren.«

»Sabra« bedeutet im Arabischen »Geduld und Beharrlichkeit«. Wie die Wurzeln der sturen Sabra sich den Schaufelbaggern widersetzt haben, muss sich das Volk von Gaza tief in seine Erde vergraben und für sein Überleben sorgen.

Meine Kindheit verging im Schatten eines Versprechens: Wir kehren bald zurück. Vielleicht in zwei Wochen, vielleicht etwas später. Aber schließlich werden wir diesen brutalen Ort verlassen und in das Land unserer Vorväter zurückkehren, in das wir gehören.

Das Dorf, in dem mein Vater und sein Vater und alle Väter zuvor gelebt hatten, heißt Houg. Es liegt im südlichen Teil von Israel, in der Nähe von Sderot. Um das Land meiner Familie herum lagen Kibbuzim, der Friedhof des Dorfes war ganz in der Nähe, die Schafe grasten, so weit das Auge reichte. Zumindest habe ich das als Kind so gehört, als die Geschichten aus unserer jüngeren Zeit immer und immer wieder erzählt wurden. In unserem baumlosen, provisorischen Flüchtlingscamp erfuhr ich, dass mein Großvater, Moustafa Abuelaish, der Dorfvorsteher war und dass unsere Familie weitläufig und wohlhabend gewesen war, eine der berühmtesten Familien im südlichen Palästina. Die Abuelaishs waren für ihre Großzügigkeit bekannt. Der Name selbst, Abuelaish, bedeutet, dass jeder Ankömmling zu essen bekommt. »El Aish« steht für »Brot«, und Abu ist derjenige, der Brot gibt, gastfreundlich ist und Sorge für das Wohlergehen seiner Gäste trägt.

Im Flüchtlingscamp, in dem ich geboren wurde, erzählte meine Familie diese Geschichten aus unserem Leben so lebendig, dass sie sich in meinem Kopf fortsetzten, wenn ich einschlief. Aber ich habe diesen Ort niemals gesehen. Wir sind nie zurückgekehrt. Ich wurde, sieben Jahre nachdem mein Vater sein angestammtes Erbe zurückgelassen hatte, geboren. Er wurde weder vertrieben, wie andere nach der Teilung Palästinas und der Gründung des israelischen Staates 1948, noch wurde seine Familie zerstört, wie andere während der Massaker, die in der gesamten Region stattfanden. Nein, mein Großvater väterlicherseits entschied, dass es für die gesamte Großfamilie das Klügste wäre zu emigrieren. Nur für kurze Zeit, bis sich die furchtbare Spannung gelegt hätte. Er wollte, dass die Familie ihre Würde und Ehre bewahrte. Es gab Gerüchte von Massakern in der Nähe des Bauernhofes unserer Familie, beängstigende Geschichten von Leuten, die Zeugen geworden waren, wie man ihre Nachbarn abgeschlachtet hatte. Er wusste nicht, ob an den Gerüchten etwas dran war, aber um der Sicherheit der Familie willen musste er handeln.

Gaza war nicht weit von Houg entfernt. Es war einer der sicheren Orte, der am nächsten lag, und er war als Ansiedlungsort für die Palästinenser vorgesehen. Der andere Zufluchtsort, die West Bank, war meiner Familie fremd und unvertraut. Also ging sie nach Gaza. Doch die Erinnerung an unser früheres Leben in Houg zog sich als ständiges Thema durch meine Kindheit. Da war immer das Versprechen, immer die Botschaft, dass wir die Familie Abuelaish waren – diejenigen, die sich um andere kümmerten, die Gäste bewirteten, die zum Land gehörten. Mein Vater gab die Besitzurkunde seines Hofes nie auf. Auch wenn heute das Land um Houg als Sharon-Farm bekannt ist und Ariel Sharon als Eigentümer aufgeführt wird, sind Urkunde und Steuerunterlagen immer noch in meinem Besitz. Ich bewahre sie nicht als Beweisstück auf, um aufgrund irgendwelcher internationaler Verträge das Land zurückzubekommen, sondern um nicht zu vergessen, was einst unser war.

Ich versuche meinen Kindern zu vermitteln, dass Gaza nicht immer ein Kampfgebiet oder ein Gefängnis war. Vor 1948 hatte Gaza vielerlei Gestalt, keine davon war vollends friedlich, und beinahe jede war bedeutsam.

Der früheste überlieferte Verweis auf Gaza findet sich in ägyptischen Texten und bezieht sich auf die Herrschaft Pharao Thutmosis III., als Gaza die Hauptstadt des Landes Kanaan und eine bedeutende Stadt an den Handelswegen zwischen Asien und Afrika war. Vieles aus Gazas Historie kommt aus den antiken Geschichten, die im Koran, der Bibel und der Torah erzählt werden. Das Volk der Philister kam um 1180 vor Christus nach Kanaan und machte aus Gaza in der Eisenzeit einen berühmten Seehafen. Die berüchtigte Delila war eine jener Philisterinnen, und Gaza war der Ort, wo sie Samson in die Gefangenschaft auslieferte. Palästina hat seinen Namen von jenen Philistern, die damals dieses Gebiet beherrschten.

Heute ist Gaza ein Streifen Land von vierzig Kilometern Länge. Es ist an seiner engsten Stelle sechs Kilometer breit und vierzehn an der breitesten. Israel kontrolliert alles – die Luft, das Wasser, das Land und die See. Der palästinensisch-amerikanische Anwalt Gregory Khalil sagte 2005: »Israel kontrolliert jede Person, jedes Stück Handelsware, jeden Tropfen Wasser, der in oder aus dem Gazastreifen gelangt. Israels Truppen mögen nicht dort sein …, aber sie beschränken dennoch die Möglichkeiten der palästinensischen Autoritäten, Kontrolle auszuüben.« Seine Beurteilung der Situation wird von den meisten Menschenrechtsorganisationen geteilt.

Im Laufe seiner Geschichte war Gaza immer sehr begehrt. Alexander der Große eroberte es, der israelitische König David herrschte eine Weile, ebenso die Ägypter, die Assyrer, die Babylonier, die Perser und die Griechen. Später kamen Napoleon, die Osmanen und die Briten. Es sieht so aus, als hätte jeder kriegerische König oder herausragende Feldherr, der es in die Geschichtsbücher geschafft hat, einen Anlauf auf Gaza genommen.

Das historische Ereignis, das die Existenz jeden heutigen Palästinensers geprägt hat, ist freilich die Nakba (die »Katastrophe«) von 1948. Seit dem Ende des Ersten Weltkriegs war von der Gründung eines jüdischen Staates die Rede. Das britische Mandat in Palästina, das vom Völkerbund und den Briten eingerichtet worden war, hatte die Aufgabe, die Balfour-Deklaration umzusetzen, wonach Palästina zur »nationalen Heimstätte des jüdischen Volkes« werden sollte. Die Einigung, die am 2. November 1917 erzielt wurde, ist so bedeutsam für die folgende Geschichte, dass ich hier das gesamte Dokument zitieren möchte:

> Foreign Office,
> den 2. November 1917 Verehrter Lord Rothschild,
>
> ich bin sehr erfreut, Ihnen im Namen der Regierung Seiner Majestät die folgende Erklärung der Sympathie mit den

jüdisch-zionistischen Bestrebungen übermitteln zu können, die dem Kabinett vorgelegt und gebilligt worden ist:

»Die Regierung Seiner Majestät betrachtet mit Wohlwollen die Errichtung einer nationalen Heimstätte für das jüdische Volk in Palästina und wird ihr Bestes tun, das Erreichen dieses Zieles zu erleichtern, wobei, wohlverstanden, nichts geschehen soll, was die bürgerlichen und religiösen Rechte der bestehenden nicht-jüdischen Gemeinschaften in Palästina oder die Rechte und den politischen Status der Juden in anderen Ländern in Frage stellen könnte.«

Ich wäre Ihnen dankbar, wenn Sie diese Erklärung zur Kenntnis der Zionistischen Weltorganisation bringen würden.

Ihr ergebener Arthur Balfour

Mit diesen Worten begannen die Schwierigkeiten. Die Juden waren in Palästina eine Minderheit, zahlenmäßig den arabischen Christen und Muslimen unterlegen. Mit ihrer Vertreibung von Haus und Hof wurden sämtliche Rechte der nicht-jüdischen Bevölkerung mit Füßen getreten. Das britische Mandat in Palästina endete am 14. Mai 1948, am selben Tag, an dem die Israelis ihre Unabhängigkeit erklärten und die Gründung des jüdischen Staates bekannt gaben. Gaza sollte gemäß des Teilungsplanes der Vereinten Nationen von 1947 Teil eines unabhängigen arabischen Staates werden, aber die Bedingungen waren für das palästinensische Volk inakzeptabel, da es gezwungen wurde, sein Heimatland zu verlassen. Ebenso wenig akzeptabel war der Plan für seine arabischen Nachbarn. Als Israel seine Unabhängigkeit erklärte, reagierte Ägypten darauf im Namen der übrigen Region, marschierte von Süden ein und löste damit den Arabisch-Israelischen Krieg von 1948 aus.

Seither markiert eine Reihe bekannter Daten unsere gescheiterte Koexistenz: der Sinai-Krieg von 1956, der Sechs-Tage-Krieg von 1967, der Jom-Kippur-Krieg von 1973/74, die Intifada von 1987, die Zweite Intifada von 2000. Es gab eine Reihe politischer Führer und endlose Vereinbarungen: das Oslo-Abkommen von 1993, die palästinensische Autonomie, die den Palästinensern unter der Führung von Jassir Arafat 1994 die Selbstverwaltung ermöglichte, die palästinensischen Parlamentswahlen von 1996 und der Wahlsieg der Hamas im Jahr 2006. 1948 wurden die Palästinenser beschuldigt, sie wollten die Israelis ins Meer werfen. Zu diesem Zeitpunkt wurde David Ben-Gurion, der Gründer Israels, gefragt, wie er mit den Palästinensern umgehen würde, die ihr Land verloren hatten und abgeschoben worden waren. Er antwortete: »Die Alten werden sterben, und die nächsten Generationen werden vergessen.« Aber heute sieht es doch so aus: Niemand hat die Israelis ins Meer geworfen, und die Palästinenser haben nicht vergessen. Nach sechs Jahrzehnten voller Missverständnisse und Hass scheint die Feststellung angemessen, dass das Vergessen der Vergangenheit nicht das einzige Ziel sein kann: Wir müssen Wege finden, auf denen wir gemeinsam voranschreiten können.

Ich wurde am 3. Februar 1955 als Flüchtlingskind im Gazastreifen geboren, und ich hatte gleich zu Beginn drei Dinge gegen mich: Wir waren arm, meine Familie war enteignet worden, und ich war der Sohn der zweiten Ehefrau meines Vaters. Lassen Sie mich das erklären: Mein Vater heiratete seine Cousine ersten Grades, und sie hatten zwei Söhne, als sie auf dem Hof der Familie in der Nähe des Dorfes Houg lebten. 1948 brachte er die Familie nach Gaza, um zu verhindern, dass sie vertrieben würde. Meine Mutter Dalal stammte aus einem anderen Dorf namens Demra, das näher am Grenzpunkt Eres lag. Als mein Vater und seine Familie Houg Richtung Gaza verließen, gingen sie zu Fuß ein paar Kilometer nördlich nach Demra, und der Großvater meiner Mutter lud die Familie ein zu bleiben. Mein Vater verliebte sich in Dalal und verließ seine erste Frau, Aisha. Als er sich im Camp von Jabalia niedergelassen hatte, schickte er nach meiner Mutter, und sie wurden verheiratet, auch wenn ich nicht sicher bin, wann das war – irgendwann um 1950. Aisha lebte weiterhin mit meinen beiden Halbbrüdern in unserer Nähe, und mein Vater unterstützte sie weiter finanziell.

Damals war es unüblich, jemanden aus einem anderen Dorf zu heiraten, mit dem man nicht verwandt war, und so wurde meine Mutter vom Rest der Familie geächtet. Mein Großvater väterlicherseits jedoch akzeptierte sie; es waren die Onkel, Tanten, Cousins und Cousinen, die hässlich zu ihr waren, sie nie in Familienereignisse mit einbezogen und sie auf der Straße mieden. Als ich aufwuchs, lebten die erste Frau meines Vaters und ihre beiden Söhne in einem Haus, und meine acht Geschwister und ich lebten mit unserer Mutter, der zweiten Frau meines Vaters, in einem anderen Haus zweihundert Meter die Straße hinunter. Ich dachte, mein Vater sei von seiner ersten Frau geschieden, weil er mit uns lebte, aber das war er nicht. Er war nur von ihr getrennt, und das schuf eine Menge Probleme, weil er sie in Not zurückließ, obwohl er sie finanziell unterstützte. Manche glauben, der Islam erlaube eine, zwei, drei, sogar vier Frauen, etwas, mit dem ich nicht einverstanden bin, was aber immer noch praktiziert wird. So ist es bei einer Ehe, die nicht gut läuft, akzeptabel, eine andere Frau zu heiraten und die erste Frau im Stich zu lassen, ohne sich von ihr scheiden zu lassen.

Egal wie mein Vater darüber dachte, der Familienclan zog offenkundig seine erste Frau vor, und wir wurden wie Fremde behandelt und als Söhne und Töchter einer fremden Frau angesehen. Auch wenn wir alle in derselben Nachbarschaft lebten und mein Vater für beide Familien sorgte, waren wir diejenigen, die gestraft wurden. Ich erinnere mich, wie weh es tat, wenn meine Onkel und Tanten den Kindern der ersten Frau zum Ramadan Geschenke und Geld gaben, meinen Geschwistern oder mir aber nichts. Die anderen Kinder hatten besondere Kleidung, wir nicht. Niemand aus der Großfamilie kam, um mit uns die Feiertage zu begehen. Wenngleich wir unsere Mutter liebten, trübte dies unsere Kindheit.

Das Camp im Gazastreifen war nicht weit von Houg entfernt, etwa zehn Kilometer. Unser vergangenes Leben und die Familiengeschichte lagen also nur eine paar Stunden Fußweg weit weg. Meine Familie hatte nicht viel mitgenommen, als sie 1948 aufbrach, weil sie überzeugt war, dass es nicht für lange wäre. Bis dahin war Gaza noch kein Flüchtlingscamp, sondern ein Platz, der dem palästinensischen Volk vorbehalten war, als der Staat Israel entstand. Aber Tag für Tag füllte es sich mit Menschen, die nirgends anders hinkonnten. 1949, als das Hilfswerk der Vereinten Nationen für Palästina-Flüchtlinge im Nahen Osten (UNRWA) in der Region etabliert wurde, stieg die Zahl der Exil-Palästinenser exponentiell an, da immer mehr Regionen Palästinas in den Besitz des neuen Staates Israel fielen. Schließlich richtete das Hilfswerk acht Flüchtlingscamps in Gaza ein, wovon Jabalia das größte war. Es lag im nördlichen Teil des Gazastreifens und beherbergte nach dem Arabisch-Israelischen Krieg 35 000 Flüchtlinge auf 1,4 Quadratkilometern. Heute leben mehr als 200 000 Menschen im Camp von Jabalia. Meine Eltern zogen von einer kleinen Hütte zur nächsten und glaubten immer noch, es sei nur eine Frage der Zeit, bis sie nach Hause zurückkehren würden. Doch langsam wurde aus der vorübergehenden Umsiedlung eine dauerhafte Realität, und Orte außerhalb der Camps, wie Jabalia-Stadt und Gaza-Stadt, boomten. Selbst innerhalb des Camps wechselten Immobilien den Besitzer, Geschäfte kamen und gingen im Laufe der Zeit.

Ich erinnere mich, wie mein Großvater väterlicherseits im Flüchtlingscamp Hof hielt. Wegen der Stellung, die er im Dorf Houg innegehabt hatte, kam jeder, um Mustafa Abuelaish zuzuhören. Ich sah in ihm einen Mann mit Macht, einen Fels, einen Anführer, der mit den anderen Männern die Themen des Tages besprach. Er war hoch angesehen und für all seine Söhne, Brüder und Cousins ein Vorbild, selbst für meine Familie, da er der Einzige war, der uns regelmäßig besuchen kam.

Ich war zu der Zeit noch ein Junge, und Kindern war es nicht erlaubt, bei den älteren Leuten zu sitzen. Ich erkannte hauptsächlich an der Art, wie die anderen zum Zuhören kamen, dass das, was er zu sagen hatte, wichtig war. Meist sprachen sie über ihre Vertreibung. Ich denke, dass dies für Leute, die aus ihrer Heimat fliehen mussten, normal ist. Zuhause ist, wo man sich sicher oder zumindest verankert fühlt, egal wo und wie. Von dort verdrängt zu werden bedeutet, für den Rest des Lebens mit dem Mal der Vertreibung gebrandmarkt zu sein. Selbst heute, sechs Jahrzehnte nachdem meine Familie zu Flüchtlingen im Gazastreifen wurde, leide ich immer noch unter diesem Verlust. Trotzdem ließ ich mich nie in diese Trauer, die Nostalgie und die Empörung hineinziehen, die meinen Großvater auszeichnete. Ich lernte stattdessen, meine Aufmerksamkeit darauf zu lenken, zu lernen und zu überleben. Ich wusste, dass es einen besseren Weg geben musste, und schon als Kind machte ich mich daran, ihn zu suchen.

Wie die meisten palästinensischen Kinder hatte ich keine echte Kindheit. Bis ich zehn war, wohnte meine Familie, die inzwischen elf Mitglieder zählte, in einem Raum, der drei mal drei Meter maß. Es gab keinen Strom, kein fließendes Wasser, keine Toiletten im Haus. Unsere Mahlzeiten aßen wir von einem gemeinsamen großen Teller. Wir mussten uns bei den öffentlichen Toiletten anstellen und auf Wasser warten, das von den Vereinten Nationen verteilt wurde. Wir warteten auf die Karren, bei denen wir Petroleum oder Holz zum Kochen kauften. Wir waren barfuß, voller Flohstiche und hungrig.

Wir schliefen – bis auf das Baby – alle gemeinsam auf einer großen Matratze, die tagsüber an der Wand aufgestellt war und abends heruntergelassen wurde. Es gab ständig ein Neugeborenes, so schien es, das in derselben Waschschüssel schlief, in der meine Mutter das Geschirr und die Wäsche wusch und uns Kinder mit einem Luffa-Schwamm abschrubbte. Wenn wir ins Bett gingen, wischte sie die Schüssel aus und benutzte sie als Wiege für das Baby.

Eines Abends machte mein Bruder Nasser Ärger. Meine Mutter wollte ihm eine Ohrfeige geben, aber er wich ihr aus. Sie sprang auf und jagte ihm hinterher. Er trat in die Waschschüssel, um ihr zu entkommen – und trat auf das Baby. Das Baby, meine erst ein paar Wochen alte Schwester, starb. Meine Mutter packte das Kleine; sie weinte und schrie. Nasser rannte hinaus und floh. Ich war damals fünf Jahre alt und erinnere mich nicht mehr genau an den Ablauf des Geschehens. Ich erinnere mich jedoch, dass weibliche Babys nicht viel zählten. Die Leute sahen es als Tragödie an, wenn ein Neugeborenes kein Junge war. So dachte man damals. Das kleine Mädchen, das Noor hieß, wurde am nächsten Tag auf dem Friedhof begraben, und wir sprachen nie wieder über den Vorfall. Das ist die schlimmste Erinnerung, die ich an die Zeit meiner Kindheit habe.

In einem überfüllten Flüchtlingscamp klammern sich die Menschen mit ihrer Hoffnung an einen Faden, der jeden Augenblick zu reißen droht. Ich weiß wirklich nicht, wie mein Vater die Bedingungen, unter denen wir lebten, ertrug – wenn man bedenkt, dass er den ersten Teil seines Lebens auf dem

Gehöft seiner Familie gelebt hatte, wo es reichlich zu essen und einen großen Familienstolz gab.

Mein Vater war fünfunddreißig Jahre alt, als ich geboren wurde. Er war nicht groß, aber er war kräftig. Er trug die palästinensische Nationaltracht und hatte eine Kafiya, das Palästinensertuch, um seinen Kopf geschlungen. Mein Vater war ein hart arbeitender und erfolgreicher Bauer gewesen, aber im Camp musste er nach fragwürdigen Jobs suchen, die nie gut genug bezahlt waren, um seine erste Frau, ihre beiden Söhne und uns alle zu ernähren. Ich erinnere mich, dass er einmal einen Job als Wachmann in einer Orangenplantage hatte. Meine Mutter packte ihm ein Lunchpaket und gab es mir, damit ich es ihm brächte. Mir schwoll vor Stolz die Brust, so geehrt fühlte ich mich, dass sie mir vertraute. Doch schon mit sechs Jahren war mir klar, wie sehr es meinen Vater belastete, dass er seine Familie kaum ernähren konnte.

Meine Mutter war eine starke Persönlichkeit, groß und von blasser Haut. Ihr Mut und ihre Bestimmtheit machten sie zu einem großen Vorbild für mich. Tatsächlich forderte sie jeden heraus, der ihren Weg kreuzte. Ihr Charakter und ihre Zähigkeit halfen uns, mit den veränderten Lebensumständen, mit Mangel, Entbehrung und ständiger Bedürftigkeit zurechtzukommen. Sie kämpfte für uns und beschützte uns, wo immer das möglich war, und sie scheute sich nicht, die Versorgerrolle in unserer Familie zu übernehmen. Sie hielt Ziegen und Tauben auf kleinstem Raum. Von den Ziegen bekamen wir Milch und Eier von den Tauben, genug für unseren Tisch und sogar ein bisschen mehr, das man auf dem Markt verkaufen konnte.

Als ich dann zur Schule ging, kam sie manchmal, um die Lehrer nach meinem Betragen zu fragen. Ich wollte nicht, dass sie kam, flehte sie an, mich nicht vor meinen Freunden in Verlegenheit zu bringen. Aber ich konnte sie nicht davon abhalten. Sie wollte wissen, wie ich mich anstellte, also kam sie und fragte.

Ich erinnere mich, wie schmerzhaft es in der Zeit, bevor ich zur Schule kam, war, auf den Stufen vor unserem Haus zu sitzen und die anderen Kinder in ihren ansehnlichen Uniformen auf dem Weg zur Vorschule vorbeigehen zu sehen. Wir konnten uns keine Uniform leisten, also durfte ich nicht hingehen, egal wie lernbegierig ich war.

Es gab Menschen, die lange bevor die Flüchtlinge kamen, in Gaza lebten. Ihr Leben unterschied sich deutlich von unserem, und auch wenn sie nicht im Camp lebten, kamen die Kinder jeden Morgen an unserem Haus vorbei, während ich vor Eifersucht brannte und jedem, der es hören wollte, erzählte, wie ungerecht es war, dass nicht alle Kinder zur Schule gehen durften. Aber die Mehrheit der Leute, die wir kannten, waren in derselben Situation wie wir: zu sehr damit beschäftigt zu überleben, um sich darum Gedanken zu machen, ob sie das Geld für die Schulgebühren aufbringen konnten, um ihre Kinder in die Vorschule zu schicken.

Mit sechs Jahren kam ich in die Schule der Vereinten Nationen im Camp. Aber selbst in dieser Schule gingen die Preise an die Kinder, die am besten angezogen waren. Die Lehrer nannten es »Sauberkeitspreis«, aber wir wussten alle, dass er für die Kinder mit den schönsten Kleidern war. Ich trug eine abgelegte Hose, die so oft geflickt und gestopft worden war, dass sie mehr Ausbesserungsfäden hatte als originale. Es sollte noch ein paar Jahre dauern, ehe sich am System etwas änderte und die Schüler mit guten Leistungen die Aufmerksamkeit der Lehrer fanden. Das war meine Rettung.

Ich erinnere mich daran, wie aufgeregt ich an meinem ersten Morgen in der Schule war. Meine Mutter hatte einen Overall für mich aufgetan, ein Kleidungsstück, das ich nie zuvor gesehen hatte. Wie die meisten unserer Kleider war der Overall eine Altkleiderspende anderer Leute, oft sogar aus anderen Ländern. Ich machte mir Gedanken, weil ich mir nicht vorstellen konnte, wie ich aus dem Overall herauskommen sollte, wenn ich zur Toilette musste. Ich kam ganz gut durch den Tag, und als ich dann am Abend nach Hause kam, fand ich heraus, wie man den Overall an- und auszog. Die Erinnerung daran ist mir bis heute geblieben.

Doch der Overall blieb nicht meine einzige Sorge. Es stellte sich heraus, dass die Schule überbelegt war. An jenem ersten Tag wurde einigen Schülern, mich eingeschlossen, gesagt, sie sollten eine Schule besuchen, die etwas weiter von meinem Zuhause entfernt war. Die anderen Kinder, die es getroffen hatte, waren weder Nachbarn noch meine Brüder, deshalb wollte ich nicht mit ihnen gehen. Aber meine Eltern waren nicht da, um darauf zu bestehen, dass ich die Schule in der Nähe besuchen und bei meinen Freunden bleiben sollte. Ich hatte keine andere Wahl, ich musste in die andere Schule umziehen. Was ich nicht wissen konnte, war, dass ein Lehrer in der neuen Schule einer meiner wichtigsten Mentoren werden sollte. Er behandelte mich wie einen Sohn. Ich lernte daraus, dass man niemals etwas ablehnen sollte, was man nicht kennt, denn es könnte sich als der größte Glücksfall erweisen.

In jenem ersten Schuljahr hatte ich drei verschiedene Lehrer.

Einer saß nur auf seinem Stuhl und verteilte Aufgaben an uns, einer unterrichtete Musik, was ich sehr mochte. Der dritte war ein Mann, der sich so verhielt, als hätte er einen echten Studenten in mir entdeckt. Er widmete mir so viel Aufmerksamkeit, dass er mich, einen Erstklässler, am Ende des Jahres vollständig überzeugt hatte, dass ich alles lernen konnte, was ich lernen wollte, und alles werden konnte, was ich werden wollte. Er war ein außergewöhnlicher Mann.

Die Schule war völlig überfüllt. Wir saßen zu dritt an einem Pult und mit sechzig Kindern in einer Klasse, aber ich konnte es morgens kaum erwarten, dorthin zu gehen. Ich liebte die Schule, und wenn der Lehrer etwas fragte und ich meine Hand hob, um zu antworten, war ich glücklich. Das neue Wissen war wie ein Geschenk für mich.

Als ich sieben Jahre alt wurde, wurde von mir als dem ältesten Sohn erwartet, dass ich der Familie mit Geld helfen würde, um dieses oder jenes Loch zu stopfen. Die Vereinten Nationen gaben Berechtigungskarten für Milch aus, die wir vorlegen mussten, damit sie jedes Mal, wenn wir uns Milch holten, abgeknipst wurden. Aber nicht jeder wollte die Milch, und diese unbeanspruchten Rationen waren meine Chance. Meine Mutter sammelte die Karten all jener ein, die keine Milch wollten, und weckte mich dann um drei Uhr morgens, damit ich der Erste in der Schlange vor der Ausgabestelle wäre, wenn sie um sechs Uhr öffnete. Ich holte die Milch und verkaufte sie für den höchsten Preis, den ich kriegen konnte, an eine Frau, die daraus Joghurt, Käse und anderes machte, das sie wiederum in Gaza-Stadt verkaufte. Die Käufer hatten es immer eilig, ihre Milch zu bekommen, ihre Produkte daraus zu machen und auf den Markt zu bringen, sodass ein flinker und geschäftstüchtiger Junge früh morgens einiges verdienen und trotzdem rechtzeitig in die Schule kommen konnte. Alles, was ich verdiente, war für meine Familie. Wenn ich mal etwas für mich selbst kaufte, hütete ich es, als wäre es aus Gold.

Die Schule stattete jeden Schüler mit einem Schreibheft, Bleistiften und einem Radiergummi aus, was mir wie ein Schatz vorkam – so sehr, dass ich meine ganzen Besitztümer in einer »Schultasche« aufbewahrte, was eigentlich ein alter Mehlsack war, der oben Zugschnüre hatte.

Der Radiergummi war etwas ganz Besonderes, vielleicht weil er so klein war oder weil meine Mutter noch nie zuvor einen gesehen hatte. Jedenfalls machte sie ein Loch hinein und band ihn an eine Schnur, sodass ich ihn um meinen Hals tragen konnte. Aber ich war ja trotz allem doch ein Junge: Der Radiergummi, so kostbar er auch war, wurde zu einem

Spielzeug, und ich liebte es, ihn von meinem Hals zu nehmen und am Ende der Schnur durch die Luft zu schwingen. Eines Tages rutschte mir die Schnur aus den Fingern und verschwand in der Menschenmenge auf der Straße. Blitzschnell war ich auf den Knien und suchte überall, aber ich konnte meinen Radiergummi nicht finden. Ich konnte meiner Mutter nicht sagen, dass ich ihn verloren hatte. Sie würde mich mit Sicherheit versohlen. Also rannte ich zur Schule, gestand es dem Lehrer, der ihn mir gegeben hatte, und beteuerte unter Tränen, dass es mir leidtat. Er gab mir einen neuen und ermahnte mich eindringlich, achtsam zu sein. Er brauchte sich keine Sorgen zu machen, denn ihn ein Mal verloren zu haben war schlimm genug.

In meiner Nachbarschaft studierten wir den Koran und lernten ihn auswendig, sodass wir ihn im Wettstreit rezitieren konnten. Der erste Wettstreit, den ich gewann, war während des Ramadan, als ich zehn Jahre alt war. Der Preis wurde durch den ägyptischen Gouverneur des Gazastreifens, Ahmed Aljroudi, verliehen. Als er meinen Namen aufrief, konnte ich mein Glück kaum fassen. Der Gouverneur übergab mir genug Geld, um gut zwei Wochen lang Essen für die Familie zu kaufen. Da stand ein wirklich armes Kind in Kleidern, die aus Lumpen zusammengeflickt waren, auf der Bühne der Moschee des Camps von Jabalia und nahm zweieinhalb ägyptische Pfund in Empfang, ungefähr einen Dollar. Das war damals ein Vermögen, wenn man bedenkt, dass ein staatlicher Angestellter acht Pfund im Monat verdiente.

Meine Familie erhielt damals Unterstützung aus einem Sozialhilfefond der Gemeinde. Für fünfzig ägyptische Piaster oder ein halbes ägyptisches Pfund bekamen wir Öl, Butter, Reis und Suppe zum Einkaufspreis. Ich erinnere mich, wie ich einmal in der Schlange stand, um die Waren für meine Mutter zu holen, aber als ich vorne angekommen war und in die Tasche langte, um für die Lebensmittel zu bezahlen, entdeckte ich zu meinem großen Schrecken, dass das Geld verschwunden war. Es war durch ein Loch in meiner Tasche gefallen. War sie so oft geflickt worden, dass man darin keine Münzen mehr aufbewahren konnte? Hatte jemand mein Geld gestohlen? Ich wusste, dass meine Mutter sehr böse sein würde. Ich ging nach Hause und fürchtete mich bei dem Gedanken, ihr zu erzählen, was geschehen war.

Ich liebte meine Mutter, aber ich hatte auch Angst vor ihr. Und an dem Tag hat sie mich so sehr dafür geschlagen, dass ich das Geld verloren hatte, dass ich mich fragte, ob sie glaubte, dass ihre Schläge auf magische Weise die fünfzig Piaster aus meinen Knochen hervorzaubern würden. Danach schickte sie mich wieder auf die Straße, um nach dem Geld zu suchen. Ich krabbelte unter Tische und hinter die Marktstände. Ich wusste, dass es nicht da sein würde, aber ich hatte Angst, ohne das Geld zurückzukehren. Ich verstand nicht, warum sie das mit mir machte. Heute kann ich mir die Frustration erklären, die aufkommt, wenn man nicht genug hat, um seine Kinder satt zu bekommen, wenn das Leben einem einen Schlag nach dem nächsten verpasst und wenn man das Gefühl hat, dass, egal wie hart man arbeitet oder wie sehr man sich einer Sache widmet, alle Anstrengung vergeblich bleibt. Sie war verzweifelt, und manchmal waren die einzigen Ziele, gegen die sie ihre Wut richten konnte, diejenigen, die sie zu beschützen versuchte.

Es gab Zeiten, in denen ich mein Leben hasste, das Elend, in dem wir lebten, den Schmutz und die Armut. Ich hasste es, um drei Uhr früh aus dem Tiefschlaf geweckt zu werden, um arbeiten zu gehen. Und ich hasste mich dafür, nicht imstande zu sein, unsere Lage zu verbessern. In meiner Kultur wiegt die Verantwortung, die auf dem Ältesten lastet, sehr schwer. Ich war für meine Eltern ebenso verantwortlich wie für meine jüngeren Brüder und Schwestern. Ich fühlte mich, als würde ich ständig für jemand anderen leben, nie für mich selbst. Ich lehnte mich gegen viele Ungerechtigkeiten auf, als ich heranwuchs, aber heute schaue ich zurück und bin dankbar dafür, durch all das hindurchgegangen zu sein, dankbar für die Lehrer, die eine bessere Zukunft für mich sahen. Sie waren diejenigen, die mir das Selbstbewusstsein gaben, weiterzumachen. Es waren die Lehrer, die mir Türen öffneten und mich wissen ließen, dass es jenseits der drückenden Armut, in der wir lebten, eine Zukunft gab.

Ich werde oft gefragt, wie es war, im Flüchtlingscamp aufzuwachsen. Was haben wir gespielt? Womit haben wir uns vergnügt? Nun ja, manchmal sperrten wir zum Spaß Freunde in den Toiletten ein, oder wir spielten bei vierzig Grad Hitze stundenlang an den Wasserleitungen, spritzten einander und ahnungslose Passanten mit einem Schwall Wasser nass.

Einmal spielte ich an den öffentlichen Wasserstellen, die sich vor unserem Haus befanden und an denen wir alle unser Wasser holten. Unten am Fuß eines Wasserhahns lag Glas herum. Ich war so vertieft in das Spiel mit dem Wasser, dass ich hinfiel und mir meinen Arm und den Fuß aufschnitt. Meine Mutter musste alles stehen und liegen lassen und mich ins Gesundheitszentrum der Vereinten Nationen bringen, damit die Schnittwunde in meinem Fuß genäht werden konnte. Sie schimpfte dabei auf dem ganzen Weg mit mir.

Doch die Wahrheit ist die: Die stärksten Erinnerungen an die Zeit meines Heranwachsens in Jabalia habe ich an den Gestank der Latrinen, an den nagenden Schmerz des Hungers in meinem Magen, an die Erschöpfung nach dem Milchverkaufen so früh morgens, um das bisschen Geld zu verdienen, das für meine Familie so wichtig war, an die ängstliche Sorge, ob ich es schnell genug schaffen würde, um pünktlich in der Schule zu sein. Ich hatte arthritische Schmerzen in meinen Gelenken bekommen, und wenn ich müde war, war der Schmerz in meinen Beinen erbarmungslos, sodass selbst die Spiele nicht richtig Spaß machten.

Es stimmt schon, dass der Himmel immer wunderschön war, aber ich erinnere mich nicht, dass ich den Sonnenuntergang jemals bewundert oder den Sonnenaufgang des neuen Tages angeschaut hätte. Das Überleben lässt wenig Zeit für Poesie. In jenen Jahren hatte ich nur zwei Dinge im Sinn: meine Ausbildung und dort herauszukommen.

Eine gute Ausbildung war der einzige Weg, den Umständen zu entkommen, in denen wir lebten. Als ältester Sohn spürte ich, dass ich derjenige war, der vorangehen musste, aber es war nicht einfach. Ich saß auf dem Boden unseres Ein-Raum-Hauses und machte meine Hausaufgaben beim Licht einer Öllampe, während meine jüngeren Geschwister um mich herum tobten. Ich konnte den Lärm ausblenden und mich auf die Aufgaben konzentrieren, aber manchmal reichte die Konzentration einfach nicht. Mir ist ein Abend im Gedächtnis, an dem ich gerade sorgfältig meine Hausaufgaben machte. Plötzlich fiel ein Wassertropfen aufs Papier, und dann noch einer, und bald waren die Worte verschwommen und bekleckert und liefen die Seite hinunter. Es regnete durch das Dach hinein, meine Hausaufgaben waren zunichte, und ich musste von vorn anfangen.

Es gab keine Sommercamps, keinen Mannschaftssport oder Filme in diesen Jahren. Zum einen gab es so solche Freizeitmöglichkeiten in Gaza nicht, zum anderen konzentrierte ich mich ohnehin ausschließlich aufs Lernen, und wenn ich nicht in der Schule war oder lernte, dann verdiente ich Geld, um weiterlernen zu können.

Meine Mutter war wie eine Löwin, wenn es darum ging, uns zu beschützen, aber in dem, was sie von uns verlangte, war sie ebenfalls unerbittlich. Sie erwartete von mir, dass ich mir so viel Mühe gäbe wie sie, um unsere Situation zu verbessern, und wenn ich versagte, büßte ich dafür mit Schlägen. Die palästinensischen Mütter sind Heldinnen. Sie sind diejenigen, die das Überleben möglich machen. Sie geben jedem zu essen, bevor sie sich selbst etwas nehmen. Sie geben niemals auf, und sie gehen alle Hindernisse an, die ihren Kindern im Wege stehen. Für meine Mutter stand das Überleben stets an erster Stelle. Schule war wichtig, aber sie hatte nicht denselben Stellenwert wie eine Arbeit. Wenn ich Geld verdienen konnte, war sie dafür, dass ich den Unterricht ausfallen ließ, um es zu tun.

Es gibt einen kuriosen Vorfall, der mir in Erinnerung geblieben ist, auch wenn ich erst so richtig verstanden habe, was passiert ist, als ich erwachsen wurde. 1966, ein Jahr bevor der Sechs-Tage-Krieg Ägyptens Verwaltung Gazas beendete und durch die israelische Besatzung ersetzte, lud mich mein Cousin mütterlicherseits ein, mit ihm nach Ägypten zu kommen. Ich war elf Jahre alt, und die Vorstellung, nach Ägypten zu gehen, war ungeheuer aufregend für mich. Ich dachte an die Pyramiden, an die jährlichen Feierlichkeiten zu Ehren von Präsident Gamal Abdel Nasser, und ich wollte wahnsinnig gern in den Zoo. Abgesehen von einem Tag in Gaza-Stadt war ich nie außerhalb des Camps von Jabalia gewesen. Ich hatte von den Tieren im Zoo und den Pyramiden nur Fotos in Bildbänden gesehen. Über den ägyptischen Präsidenten wurde bei uns viel gesprochen. Ich stellte mir vor, ich könnte den Mann sehen, über den alle sprachen! Mein Cousin bereitete mich vorsichtig auf die Reise über die Grenze vor. Meine Mutter gab mir eine spezielle Jacke, die ich tragen sollte, in die sie Extra-Taschen genäht hatte. Sie gab mir auch ein Paar Schuhe, die mir viel zu groß waren. Mein Cousin stopfte die Taschen in der Jacke und die übergroßen Schuhe mit jeder Menge Socken aus, mit denen er Handel treiben wollte. Ich hatte nicht die geringste Ahnung, wozu das gut war, und dachte, es wäre einfach ein schlaue Art, als einzelne Person möglichst viel zu transportieren. Mir war nicht klar, dass Gaza zollfreie Zone war und mein Cousin beim

Übergang nach Ägypten vermeiden wollte, Steuern zu zahlen, um den Preis seiner Waren niedrig zu halten. Außerdem dachte ich, ich würde ihm bei seiner Arbeit helfen – was ja auch der Fall war –, und ich fühlte mich schon sehr erwachsen, weil ich für diese Aufgabe ausgesucht worden war.

Mein Cousin brach an diesem Tag mit einem seiner Partner im Auto nach Ägypten auf und setzte mich in Begleitung seines anderen Partners in den Zug, der über die Grenze ging. Als der Zollbeamte in den Zug kam, um die Pakete der Fahrgäste zu kontrollieren, und mich fragte, ob ich etwas zu verzollen hätte, sagte ich besten Gewissens »Nein«. Die Wahrheit ist, dass ich nicht wusste, wovon er sprach. Der Beamte glaubte mir nicht, öffnete meine Jacke und fand all die Socken. Er gab mir eine Ohrfeige. Ich wusste nicht, was ich falsch gemacht hatte, und er zog mich am Ohr und schrie mich an. Ich war zu Tode erschrocken. Im selben Zugabteil saß noch ein anderer Mann, ein Militär aus Indien, der Mitleid mit mir hatte und sagte: »Lassen Sie das Kind in Ruhe.« Als der Partner meines Cousins diese Bitte mit ein bisschen Bargeld unterstrich, kam der Beamte ihr nach. Ich zitterte für den ganzen Rest der Reise nach Kairo.

Als ich in der Stadt aus dem Zug stieg, konnte ich kaum glauben, was ich sah. In Jabalia gab es keinen Strom, aber Kairo war ein Festival aus Licht. Ich glaubte, ich sei in der Hauptstadt der Welt angekommen. Es war bunt, laut und in den Augen eines Kindes ein prächtiger Anblick. Aber wie ich bald herausfinden sollte, hatte ich keine Zeit, um diese großartige Stadt zu genießen. Der Partner meines Cousins brachte mich in ein billiges Hotel, wo wir meinen Cousin trafen. Hier machten die Händler ihre Geschäfte mit den Einheimischen, und dort blieb ich die ganze Zeit und sah zu, wie die Kunden kamen und gingen; ich saß herum, während mein Cousin und seine Kumpel ihre Geschäfte betrieben. Bei meiner einzigen

Reise als Kind aus Gaza heraus schmuggelte ich also Waren für meinen Cousin. Und mehr noch, er brachte mich wissentlich in Gefahr, aus der ich nur durch die Bemühungen eines indischen Militärangehörigen und mit Hilfe von Bestechungsgeld gerettet wurde. Und mein Lohn dafür? Ich bekam eine Wassermelone aus Ismailia, der Hauptstadt von Ägyptens Kanalregion, die ich meiner Familie mitbrachte. Als ich meiner Mutter erzählte, was passiert war, lachte sie, als hätte sie die ganze Zeit gewusst, dass ich als Kurier benutzt wurde.

Nach diesem Abenteuer ging ich wieder zur Schule und versuchte weiter, ein paar Piaster für die Familie zu verdienen. Ich verkaufte Eiscreme, Kerne zum Knabbern und Geranien. Ich nahm jede Arbeit an, die sich bot, und lernte nie das köstliche Vergnügen von Sommerferien kennen. Eine Zeit lang hatte ich einen Job in einer Ziegelfabrik, wo ich die Ziegel aufreihen und wässern musste, damit sie aushärteten. Dann mussten sie zu einer Palette gebracht und aufgestapelt werden. Jeden Nachmittag nach der Schule arbeitete ich hier. Ich bekam zwei Piaster für jeweils hundert gestapelte Ziegel. Man bedenke, dass einhundert Piaster ein ägyptisches Pfund ergeben und sieben Pfund einen Euro wert sind. Diese Ziegel zu schleppen, brachte mir nicht viel ein, aber ich nahm, was ich kriegen konnte, und auch wenn ich mich manchmal ärgerte (welches Kind würde nicht gern etwas von dem Geld, das es verdiente, behalten), gab ich alles meiner Mutter.

Die Schule war der Ort, wo ich meine Anerkennungen bekam. 1967, als ich in der sechsten Klasse war, wurde ich zum Ansagensprecher der Schule gewählt. Die Lehrer bereiteten jeden Tag Nachrichten vor, und ich las sie das ganze Schuljahr lang über Lautsprecher vor. Das gefiel mir. Ich mochte beinahe alles an der Schule, weil die Lehrer – nicht alle, aber die wichtigsten – mich davon überzeugten, dass ich mit einer guten Bildung alles werden konnte, was ich wollte. Ich arbeitete sehr hart, um an der Spitze der Klasse zu bleiben. Ich erinnere mich an den Tag im Juni, an dem die Ergebnisse der Jahresprüfungen aller Schüler der sechsten Klassen in Gaza bekannt gegeben werden sollten; es war der Tag, an dem der Sechs-Tage-Krieg begann. Zuerst ärgerte ich mich vor allem darüber, dass ich die Ergebnisse meiner Prüfungen nicht erfahren würde, dann erst, dass es Krieg geben würde. Ich begriff nicht, was für ein Krieg das war, der da soeben ausbrach. Aber ich lernte dazu.

Es war nicht der erste Krieg in meinem Leben, aber während der Suez-Krise 1956, als Großbritannien, Frankreich und Israel Ägypten am 26. Oktober 1956 angriffen, war ich noch ein Kleinkind gewesen. Seit Israel 1948 die Staatsgründung erklärt hatte, lagen Ägypten und Israel miteinander im Clinch. Mein Vater hatte mir erklärt, dass wir auf einem Pulverfass säßen, das es ständig Grenzstreitigkeiten oder die Androhung eines Angriffs gäbe. Daher waren die Menschen damals nicht überrascht, als der Sinai-Konflikt tatsächlich begann. Ägypten hatte beschlossen, den Suezkanal zu verstaatlichen, nachdem Großbritannien und die USA ein Angebot zurückgezogen hatten, den Bau des Assuan-Staudamms finanziell zu unterstützen. Aber wie bei den meisten Kriegen wurde durch den Sinai-Krieg von 1956 nicht viel gewonnen, er führte zu einer sechsmonatigen brutalen Besatzung durch Israel. In der Folge kamen wir unter ägyptische Verwaltung; ein Zustand, der elf Jahre andauern sollte. (Erst später erfuhr ich, dass es dieser Krieg war, der dem ägyptischen Staatsmann Gamal Abdel Nasser große Bekanntheit einbrachte und dass sich damals die Vereinigten Staaten als Chefunterhändler im Nahen Osten etablierten.)

Der Sechs-Tage-Krieg von 1967 war etwas ganz anderes. Aus der Perspektive eines Zwölfjährigen kam er aus dem Nichts. Ich wartete ungeduldig darauf, dass die Prüfungsergebnisse gemeldet würden. Doch meine Lehrer waren so mit den Spannungen zwischen Ägypten und Israel beschäftigt, dass sie nur eine Bestanden-Nicht-Bestanden-Liste aushängten. Auch wenn unter den Erwachsenen immer viel von einer Vergeltung für die Nakba von 1948 die Rede war, war dieses Gerede für mich als Schuljungen nur ein Hintergrundrauschen. Doch nun wurde aus dem Gewisper im Flüchtlingscamp lauter Jubel, dass dieser Krieg die Israelis schlagen würde. Dem war nicht so.

Er begann am 5. Juni und endete am 10. Juni 1967. In bloß sechs Tagen hatten die Israelis die ägyptische Luftwaffe vernichtet, noch ehe die Flugzeuge überhaupt abgehoben hatten. Und auch die benachbarten Armeen aus Ägypten, Jordanien, Syrien und den arabischen Staaten, aus Saudi-Arabien, Sudan, Tunesien, Marokko und Algerien, die für die Kämpfe ebenfalls Waffen oder Soldaten bereitgestellt hatten, hatten gegen die israelischen Streitkräfte keine Chance.

Im Grunde war es eine unerledigte Sache, die zum Krieg geführt hatte. Nach dem Sinai-Krieg von 1956 waren UN-Friedenstruppen vor Ort eingesetzt worden, die die ehemaligen Kriegsparteien in Schach halten sollten. Im Mai 1967 forderte Gamal Abdel Nasser den Rückzug der Friedenssicherungskräfte der Vereinten Nationen vom ägyptischen Territorium und dem Gazastreifen. Er schloss die Straße von Tiran für alle Schiffe unter israelischer Flagge oder solche, die Material transportierten, das für den Krieg verwendet werden konnte. Arabische Länder schlossen sich an, um die ägyptische Initiative zu unterstützen. Israel zog 70 000 Reservisten ein, und sein Kabinett stimmte dafür, eine Offensive zu starten, was für mehrere Wochen zu einer Pattsituation führte. Der Krieg begann, und nach nur wenigen Tagen hatte Israel gewonnen – und die Kontrolle über die Sinai-Halbinsel, den Gazastreifen, die West Bank, Ost-Jerusalem und die Golanhöhen errungen.

Der Sechs-Tage-Krieg hat noch heute Auswirkungen auf die Geopolitik der Region, aber es waren nicht diese geopolitischen Konsequenzen, die ihn zu einem Meilenstein in meinem Leben gemacht haben. Ich war erst zwölf Jahre alt. Der Krieg war nicht bloß etwas, das im Radio passierte oder durch die Gerüchteküche im Camp verbreitet wurde. Er geschah direkt vor meinen Augen, und es sah aus wie das Ende der Welt.

Israelische Panzer rollten direkt durch unsere Straßen. Das Granatfeuer, die Schüsse und die Feuer, die im ganzen Camp ausbrachen, waren zutiefst beängstigend. Die Menschen flohen, manche ließen ihre Kinder zurück. Es herrschten Chaos, Lärm und Panik. Die meisten Mitglieder meiner Familie machten sich auf den Weg zu einer Obstplantage in Beit Lahia, im Norden des Jabalia-Camps. Hunderte taten das Gleiche, aber als wir dort ankamen, merkten wir, dass einige der Kinder von ihren Familien getrennt worden waren und einige Familienmitglieder überhaupt nicht mitgekommen waren.

Wir blieben für drei oder vier Tage auf den Feldern, schliefen auf dem Boden und aßen die Äpfel und Aprikosen aus den Obstgärten, bis alles vorüber war. Als wir vorsichtig in unsere Häuser zurückkehrten, sahen wir, dass Menschen, die keinen Zufluchtsort gefunden hatten, Löcher in den Boden gegraben hatten, dort hineingesprungen waren und sich mit einem Stück Blech bedeckt hatten. Viele unserer Nachbarn waren getötet worden oder wurden vermisst. Die israelischen Verteidigungstruppen hatten Gaza besetzt. Überall in den Straßen waren Panzer und Soldaten, die ihre Gewehre auf uns gerichtet hielten, während wir nach Hause gingen. Ich hatte nie zuvor israelische Soldaten gesehen. Als Lautsprecher plötzlich bekannt gaben, dass sich alle Einwohner auf dem öffentlichen Platz in der Mitte des Jabalia-Camps versammeln sollten, war ich überzeugt, wir würden alle getötet. Der Platz war das Hauptwassersammelbecken für Regenwasser und Abwasser des gesamten Camps, aber da Sommer war, war das Wasserloch leer. Die Soldaten verlangten, dass wir uns um das leere Wasserloch herum aufstellten. Ich dachte, wir würden erschossen werden.

Aber alles, was die Soldaten taten, war, einige junge Männer zu verhaften und sie ins Gefängnis zu bringen. Dann sagten sie uns, wir sollten in unsere Häuser zurückkehren und keine der Vorschriften missachten; die wichtigste war die Ausgangssperre von sechs Uhr abends bis sechs Uhr morgens. Für mich war das das Ende des Sechs-Tage-Krieges. Fast niemand hatte sich so verhalten, wie ich es von ihnen erwartet hatte. Weder die Eltern, die ohne ihre Kinder fortgerannt waren, noch die Soldaten, von denen ich angenommen hatte, sie würden uns töten.

Dieses Wissen verunsicherte mich. Es machte mich aufmerksamer für das, was die Leute sagen und was sie tatsächlich tun. Ich erkannte schließlich, dass meine eigene Armut nicht das Einzige war, das mir im Weg stand. Ich begann Fragen zu stellen: Warum waren die Israelis so und wir so? Wie kam es, dass es einen Unterschied darin gab, wie wir behandelt wurden? Schließlich begann ich im Alter von zwölf Jahren, genauer hinzuschauen, um die Umstände, unter denen ich lebte, besser verstehen zu können.

Schon bald nach dem Sechs-Tage-Krieg begannen israelische Touristen die Teile des Gazastreifens zu besuchen, die immer schon floriert hatten, die Gegenden, in denen die Gazabewohner schon gelebt hatten, ehe die Flüchtlinge eintrafen. Der Fisch und die frischen Früchte der Region waren für die Israelis besonders attraktiv. Ich sah ihre Ankunft als Möglichkeit an, Geld zu verdienen. Ich trug ihre Einkaufstaschen und ihre Obstkisten. Ich ging die sechs Kilometer vom Jabalia-Camp bis Gaza-Stadt zu Fuß mit einem Korb, den ich an Riemen über der Schulter trug, und verdiente so ein wenig Geld.

Als im September 1967 das neue Schuljahr anfing, begann ich zum ersten Mal, Zweifel an meinen Zielen zu hegen. Warum machte ich mir Gedanken um die Schule, wenn wir besetzt waren und die Zukunft so trostlos zu sein schien? Ich war nun älter und verstand allmählich besser, was die Konsequenzen der

Besatzung waren. Ungeachtet meiner Schulnoten begann ich mich zu fragen, ob es wirklich einen Weg aus diesem Chaos gab. Noch dazu brauchte meine Familie verzweifelt das Geld, das ich verdienen konnte, und ich war gut darin, Jobs zu finden. Warum sollte ich es nicht einfach meiner Familie ein bisschen leichter machen? Als Ältester war es meine Aufgabe, mich darum zu kümmern. Vielleicht sollte ich meinen Traum aufgeben, unser Leben durch Bildung zu verbessern.

Also begann ich in der siebten Klasse, den Unterricht zu schwänzen. Wenn es einen Job gab, ging ich nicht zur Schule. Wenn ich vom nächtlichen Stapeln von Orangenkisten erschöpft war, ruhte ich mich lieber aus, statt zum Unterricht zu gehen. Mein Eltern wussten, dass ich in der Schule fehlte, aber sie dachten beide, dass es besser sei, zu arbeiten und Geld zu verdienen, statt etwas zu lernen. Ich hatte immer versucht, meinen Brüdern und Schwestern ein Vorbild zu sein, aber eine Zeit lang interessierte mich das alles überhaupt nicht.

Dann nahm mich mein Englischlehrer beiseite. Er sagte mir, dass ich ein guter Schüler sei, dass ich intelligent genug sei, um zur Universität zu gehen und einen richtigen Beruf zu ergreifen: als Arzt, Anwalt oder Ingenieur. Er bat mich inständig, die Folgen des Schuleschwänzens zu bedenken. Eigentlich hatte ich vorgehabt, die Schule zu verlassen, aber nachdem er mich zur Rede gestellt hatte, entschied ich, dass ich ihn nicht enttäuschen würde, auch wenn ich dennoch ab und an den Unterricht versäumte, wenn es notwendig war. Meine familiären Verpflichtungen drückten mich weiter, aber meine Lehrer hörten niemals auf, mir Mut zu machen, dabeizubleiben. Ich gab mein Bestes, um sie zufriedenzustellen, besonders meinen Englischlehrer.

Es war üblich, den Schülern in den Winterferien Hausaufgaben aufzugeben. Doch für mich waren die Ferien eine Gelegenheit zu arbeiten, und die konnte ich mir nicht entgehen lassen. Als also die Winterferien der achten Klasse heranrückten, machte ich all meine Englisch-Hausaufgaben im Vorhinein und gab sie zum Korrigieren ab, ehe die Ferien überhaupt angefangen hatten.

Am Ende der achten Klasse ließ ich kaum noch Unterricht ausfallen, aber ich hörte auch nicht auf zu arbeiten. In den Wintermonaten gab es immer Jobs beim Pflücken und Verladen der Zitrusfrüchte auf Lastwagen. In den Sommermonaten ging ich auf die Bauernhöfe und verlud Dünger. Das bedeutete, Mist in zwei Körbe zu schaufeln und die Ladung zu einem Lkw zu tragen. Ich kam mir vor wie ein Lastesel. Der Gestank war fürchterlich, die Sommerhitze beinahe unerträglich, und der Dung schien mehr zu wiegen als ich selbst.

Ich erinnere mich, dass ich zwei Stunden bis zum Bauernhof laufen musste. Das hieß, ich musste um vier Uhr aufstehen, um zum Beginn der Arbeit um sechs Uhr dort zu sein. All das Hin- und Herlaufen war schlimm für meine arthritischen Beine, und meine Gelenke schwollen an und entzündeten sich. Eines Tages stürzte ich und konnte nicht wieder aufstehen. Meine Beine konnten mich einfach nicht mehr tragen. Das Gesundheitszentrum der Vereinten Nationen überwies mich ins Al-Shifa-Krankenhaus in Gaza-Stadt.

Ich stellte den Ärzten und Krankenschwestern viele Fragen über die Schmerzen in meinen Beinen und erfuhr, wie ich mir mit hochdosiertem Aspirin helfen konnte. All das faszinierte mich. Die Ärzte und Krankenschwestern waren Palästinenser wie ich. Ich wollte wissen, was sie wussten, leben, wie sie zu leben schienen – mit guten Jobs und all dem Respekt, von dem sie umgeben waren. Ich wusste, dass einer der Ärzte fließendes Wasser in seinem Haus hatte und einen speziellen Raum, der Wohnzimmer hieß, wo die Leute nur bei Besuch zusammenkamen. Aber mehr als von alledem war ich von den medizinischen Behandlungen beeindruckt, von der Tatsache, dass es Medikamente oder Therapien gab, die den Verlauf einer Krankheit beeinflussen konnten. Ich konnte sehen, dass sie wahre Helfer waren. Dort entstand mein Traum, Arzt zu werden. Ich sah, dass ich als Arzt die Möglichkeit hätte, die Lebensbedingungen meiner Familie zu verbessern und gleichzeitig dem palästinensischen Volk zu dienen.

Die Krankenhauserfahrung hinterließ jedoch auch andere Eindrücke in mir. Ich teilte das Zimmer mit einem palästinensischen Mädchen, dessen Familie ihr zu essen brachte. Mengen an Essen, wie ich sie nie zuvor gesehen hatte. Das waren offensichtlich keine Flüchtlinge! Sie brachten ganze Bananenbündel mit. Wenn es bei uns zu Hause jemals eine Banane gab, schnitt meine Mutter sie in gleich große Stücke – eins für jedes Kind. Das Mädchen und ich teilten uns einen Schrank in dem Krankenzimmer, und eines Nachts nahm ich eine von ihren Bananen und aß sie. Ich entschuldigte die Tat, indem ich mir sagte, dass der Koran solches Benehmen erlaubt, wenn man hungrig ist.

Eine andere bleibende Erinnerung stellten die Beziehungen dar, die ich zwischen den weiblichen und männlichen Pflegern und den Ärzten beobachtete. Ich sah, dass sie Spaß an ihrer Arbeit hatten. Sie respektierten einander und halfen sich gegenseitig. Die Krankenhauskultur und die Art und Weise, wie Männer und Frauen miteinander umgingen, war sehr verschieden von dem, was ich zu Hause mitbekam. Es gab zum Beispiel Späße und Klatsch über Krankenschwestern und Ärzte, die eine intime Beziehung miteinander hatten. In meiner Welt würden Männer und Frauen nicht einmal zusammen arbeiten, ganz zu schweigen davon, miteinander Witze zu machen. Hier erlebte ich zwischen Männern und Frauen romantische Beziehungen, und das sah für mich völlig normal aus. Da, wo ich herkam, im Flüchtlingscamp, in meiner Straße, meinem Dorf, wäre das nicht möglich gewesen.

Als ich fünfzehn Jahre alt war, hatte ich die Chance, den Sommer über in Israel zu arbeiten, auf einem Bauernhof namens Moshav Hodaia in der Nähe der Stadt Aschkelon. Er gehörte der Familie Madmoony. Vierzig Tage lang lebte ich inmitten einer jüdischen Familie auf ihrem Hof. Ich hatte von sechs Uhr morgens bis acht Uhr abends verschiedene Aufgaben im Haus und arbeitete, solange es hell war. Abgesehen von meinem Ausflug nach Kairo hatte ich nie woanders als zu Hause geschlafen, und ich war so einsam, dass ich mich noch heute an den Schmerz in meinen Eingeweiden erinnern kann. Doch die Familie, sephardische Juden, war mir gegenüber sehr warmherzig, auch wenn ich Dinge tat, die sie sehr erstaunt haben mussten. Ich trug zum Beispiel immer noch gebrauchte Kleider, Spenden der Hilfsorganisationen, die in Gaza tätig waren. Ich hatte mir immer vorgestellt, dass die bisherigen Besitzer so reich waren, dass sie die Kleider wegwarfen, wenn sie keine Lust mehr hatten, sie zu tragen. Als ich also im Haushalt der Madmoonys einen Haufen Kleider auf dem Boden liegen sah, nahm ich an, sie würden sie wegschmeißen, sammelte sie auf und verstaute sie in meinem Rucksack, damit ich sie mit nach Hause nehmen konnte. Ich hatte keine Ahnung, dass ich die schmutzige Wäsche der Familie eingesammelt hatte! Nach einer Weile fragten sie mich, ob ich ihre Kleider gesehen hätte, und zu meiner großen Verlegenheit musste ich es gestehen.

Dieser Sommer hinterließ in vielerlei Hinsicht starke Eindrücke. Dass eine israelische Familie mich einstellen, mich anständig behandeln und mir so viel Freundlichkeit erweisen würde, war für mich völlig unerwartet. Diese Erfahrung wurde umso unvergesslicher durch die Ereignisse, die eine Woche nach meiner Rückkehr nach Gaza folgten.

Wir waren bettelarme Flüchtlinge, die zu diesem Zeitpunkt aus ihrer einräumigen Hütte, in der wir zusammengepfercht waren, in ein einfaches Haus mit zwei Zimmern im Block P-42 in Gaza gezogen waren, das ein Dach aus kleinen Zementziegeln hatte, durch die es hindurchregnete. Die öffentlichen Toiletten, die sich verschiedene Familien teilten, waren immer noch draußen. Aber auch wenn es als menschliche Behausung kaum geeignet war, war es dennoch unser Zuhause.

Zu dieser Zeit war Ariel Sharon der israelische Militärbefehlshaber im Gazastreifen. Er fand, dass die Straßen, die durch das Camp führten, nicht breit genug für seine patrouillierenden Panzer waren. Seine Lösung? Hunderte von Häusern wurden einfach mit dem Bulldozer plattgemacht. Es gab nichts, was wir dagegen tun konnten. Das Maß an Unmenschlichkeit war so groß, dass ich es bis heute nicht vergessen kann. Dass es ausgerechnet Ariel Sharon war, der die Zerstörung angeordnet hatte, hatte für uns umso größere Bedeutung, als unser Land in Houg von ihm übernommen worden war.

Als die Panzer des Nachts in unsere Straße kamen, schauderte meiner Familie bei dem Gedanken, was uns bevorstehen würde. Das Geräusch der knirschenden Ketten weckte jeden auf. Es war Mitternacht. Die Familien eilten zur Tür und sahen sich langen Geschützrohren gegenüber, die von den Geschütztürmen der Panzer auf sie gerichtet waren. Und ich frage mich heute noch: Wie haben sich diese Soldaten gefühlt, als sie ihre mörderischen Waffen auf Kinder richteten, die sich in den Türeingängen an ihre Mütter klammerten und sich den Schlaf aus den Augen rieben? Schon damals erkannte ich darin die reine Demonstration der Macht über die Machtlosen. Die Häuser entlang der Straße waren einfach, klein, ja sogar primitiv, aber sie waren alles, was wir hatten. Für Sharon waren es lediglich Hindernisse auf einem Weg, den er verbreitert haben wollte. Ich erinnere mich an das Gefühl, in der Falle zu sitzen, einer Gefahr ausgeliefert zu sein, die mein Zuhause betraf. Was für ein Haus auch immer man hat, es ist ein Haus, und es bedeutet, dass man nicht obdachlos ist.

Neununddreißig Jahre später, als ich Zeuge der Zerstörung Gazas während des israelischen Einmarschs vom Dezember und Januar 2008/2009 wurde, hatte ich denselben Gedanken. Ich sah, wie Menschen obdachlos wurden, als Bomben in ihre Wohnungen krachten, und mir wurde klar, dass die Angst von der Obdachlosigkeit mich nie verlassen hat.

Die Soldaten ordneten an, dass die Leute in meiner Straße die Häuser verlassen, sich gemeinsam aufstellen und warten sollten. Etwa acht Stunden vergingen. Als es dämmerte, sagten sie, wir hätten ein paar Stunden Zeit, unsere Häuser zur räumen. Doch es war nichts darin, das man hätte ausräumen können. Es gab nichts zu retten außer dem Haus selbst, seinen Mauern. Ein üppiger Weinstock hatte jahrelang über der Tür geblüht. Besonders im Sommer wussten wir ihn zu schätzen, wenn die Temperatur bis auf vierzig Grad kletterte und es im Haus unerträglich heiß wurde. Die ganze Familie schlief dann draußen unter der Weinlaube. Als die Soldaten also befahlen, das Haus zu räumen, fragte ich mich, wie man den Weinstock ausgraben und woanders hinbringen könnte.

Wir sollten nach Al Arish umziehen, eine Stadt im nördlichen Teil der Sinai-Wüste, wo Häuser leer standen, weil die Ägypter, die darin gewohnt hatten, geflohen waren, als die Israelis kamen und die Region besetzten. Aber wie hätten wir das tun können? Wir waren Palästinenser. Wir waren im Flüchtlingscamp von Jabalia aufgewachsen. Dieses kleine Haus war unser Heim, unser Palast. Konnte keiner verstehen, wie wichtig das für uns war? Es schützte uns im Winter vor der Kälte, dem Regen; es gab uns einen Platz, um zusammen zu sein, uns auszuruhen, gemeinsam zu essen.

Wir beschlossen zu bleiben. Aber weil wir uns weigerten umzuziehen, bekamen wir keine Entschädigung für unser Haus. Diese Erpressung war unfassbar. Man würde uns das Haus bezahlen, wenn wir uns mit der Vertreibung einverstanden erklärten und diesen Ort für einen anderen, uns unbekannten Ort verließen. Etwa fünf Familien aus unserer Straße erklärten sich bereit umzuziehen, aber sie kehrten wenige Monate darauf zurück. An diesem Tag lernte ich die bittere Lektion, was es heißt, der Macht eines einzigen Mannes ausgeliefert zu sein.

Die Bulldozer begannen um acht Uhr morgens ihr verheerendes Werk in unserer Straße. Wir kletterten herum, um herabfallende Ziegel einzusammeln, im Versuch, irgendetwas zu retten, um es an anderer Stelle zu verbauen. Wir wurden Zeuge, wie in nur einer Stunde unser Haus und hunderte anderer, die den Panzern im Weg standen, abgerissen wurden. Viele weitere Häuser im gesamten Flüchtlingscamp wurden auf Anweisung von Sharon in einer zweiwöchigen Aktion ebenfalls zerstört. Dann rumpelten die Soldaten in ihren unheilvollen Panzerkolonnen die Straße wieder zurück. Hatte unser Leiden irgendeinen Eindruck auf ihr Gewissen gemacht? Sahen sie uns als Opfer? Oder waren wir einfach namenlose, gesichtslose Wesen, die ihnen im Weg standen?

In dieser Nacht und in den Nächten darauf schliefen wir in einem Zimmer im Haus meines Onkels. Meine Eltern und Geschwister schliefen nebeneinander auf dem Boden, aneinandergereiht wie Zaunlatten. Ich legte mich ihnen zu Füßen. Unsere wenigen Besitztümer steckten in einem Karton vor der Tür, denn in dem Zimmer war kein Platz, um etwas unterzubringen. Ich war jetzt kein kleines Kind mehr. Ich hatte außerhalb des Landes gearbeitet und mein eigenes Geld verdient. Zu Füßen meiner Familie zu schlafen war demütigend, aber ich hatte einen Plan.

Ich hatte mit der Arbeit auf dem Madmoony-Hof in diesem Sommer 400 Lira verdient (etwa 110 Euro). Zusammen mit ein paar ägyptischen Pfund, die meine Mutter gespart hatte, hatten wir genug, um ein anderes Haus zu kaufen. Mein Vater war krank gewesen, während ich in Israel war. Es brach mir das

Herz, mit ansehen zu müssen, wie vor seinen Augen die einzige Unterkunft zerstört wurde, die seine Familie hatte. Aber ich wusste, dass es ihn stolz und froh machte, dass sein Sohn mit genügend Geld heimgekehrt war, um dieses enorme Problem zu lösen. Meine Brüder waren ebenfalls von mir beeindruckt, und bis zum heutigen Tage erzählen sie den Leuten, dass ich der Familie ein Haus kaufte, als ich erst fünfzehn Jahre alt war.

Das neue Haus war nicht viel besser als unser altes. Doch es war dort, in diesem auf Zerstörung gegründeten Haus, wo ich über den weiteren Verlauf meines Lebens nachdenken konnte. Der Widerspruch zwischen der warmen Gastfreundschaft der israelischen Familie, die mich in jenem Sommer eingestellt hatte, und der brutalen Gewalt von Sharons Soldaten machte mir bewusst, dass ich mich der Aufgabe widmen musste, an einer friedlichen Lösung der Versöhnung unserer beiden Völker mitzuarbeiten.

Ich hatte die Zerstörung unseres Hauses gesehen, und bis zum heutigen Tage begleiten mich diese Bilder, aber Hass kam mir nicht in den Sinn – ebenso wenig wie seinerzeit die Politik. Natürlich wusste ich von der Fatah und der PLO, der Palästinensischen Befreiungsorganisation. Die PLO hatte 1968 eine Satzung aufgestellt, die die Resolutionen des Palästinensischen Nationalrates (PNC) enthielt. Die Satzung umfasst dreiunddreißig Artikel, wovon der erste feststellt, dass Palästina die Heimat des arabischen Volkes der Palästinenser ist. Es ist ein untrennbarer Teil des arabischen Heimatlandes, und das palästinensische Volk ist ein integraler Bestandteil der arabischen Nation. Die Satzung besagt auch, dass die palästinensische Identität ein unverwechselbares, ursprüngliches und wesenhaftes Merkmal ist, die von den Eltern an die Kinder weitergegeben wird.

Ich ging mit meinen Brüdern und Freunden zu den Demonstrationen zur Unterstützung der PLO, doch ich kehrte danach immer zum Unterricht zurück. Ich war mir des Leidens meines

Volkes sehr bewusst, aber ich war auch überzeugt, dass die Waffe, die ich brauchte, weder Stein noch Gewehr war, sondern eine Ausbildung, sodass ich für die Menschenrechte eintreten und allen Palästinensern helfen konnte. Auch wenn ich manchmal an den Märschen teilnahm, die von der Fatah und der PLO organisiert wurden, spielten politische Demonstrationen keine große Rolle in meinem alltäglichen Teenager-Leben. Außer meinem Bruder Noor interessierten sich auch meine Geschwister nicht sehr dafür. Widerstand gegen die Besatzung wurde bei uns zu Hause zwar diskutiert, aber meine Eltern waren nicht sehr politisch. Ich hörte die Neuigkeiten auf der Straße, und wenn ich auch nie direkt beteiligt war, so wusste ich doch Bescheid.

Um die Lebensumstände in Gaza wirklich zu begreifen, muss man die Fatah und die PLO verstehen. Als der Staat Israel 1948 gegründet wurde, wurde das palästinensische Volk heimatlos. Auch wenn seit Jahrzehnten die Rede davon gewesen war, dass die Palästinenser den Weg für einen israelischen Staat frei machen müssten, hatten sich die meisten Palästinenser dieser Realität wohl verschlossen. Der erste palästinensische Nationalrat, dem Repräsentanten aus palästinensischen Gemeinden in Jordanien, dem Westjordanland, dem Gazastreifen, Syrien, Libanon, Kuwait, Irak, Ägypten, Katar, Libyen und Algerien angehörten, kam am 29. Mai 1964 zusammen und gründete mit Beschluss der Konferenz vom 2. Juni 1964 die palästinensische Befreiungsfront. Ihr Auftrag war die Befreiung Palästinas durch bewaffneten Kampf. Die ursprüngliche Gründungserklärung der PLO forderte die Schaffung eines Palästinas in den Grenzen, die vor der Zeit des britischen Mandats bestanden hatten.

Zusätzlich forderte die PLO das Rückkehrrecht für die Flüchtlinge, die durch Israel vertrieben worden waren, und am wichtigsten: das Selbstbestimmungsrecht der Palästinenser. Ägyptens Präsident Nasser hatte sich seit Langem dafür eingesetzt, dass alle

Araber in einem Staat lebten, aber nicht alle arabischen Führer waren damit einverstanden. Bei den Konferenzen, die Mitte der sechziger Jahre abgehalten wurden, waren die Vorschläge für die Grenzen des geplanten palästinensischen Staates ein frühes Warnsignal für die Schwierigkeiten, die noch kommen sollten. Die West Bank zum Beispiel sollte vom haschemitischen Königreich Jordanien kontrolliert werden, statt autonomes Gebiet zu sein, und der Gazastreifen würde in ähnlicher Weise keine eigene Regierung bekommen, die mit der ägyptischen Verwaltung kollidieren könnte. Kurz: Die arabischen Länder, die Palästina umgaben, wollten ihre eigenen Territorien vergrößern, und die Palästinenser wären von Jordaniern und Ägyptern beherrscht worden anstelle von Israelis.

Natürlich kannte ich aus der Schule und aus den Unterhaltungen auf der Straße und zu Hause die Namen der Palästinenserführer. Ahmad Schuqairi stand der PLO von Juni 1964 bis zum Dezember nach dem Sechs-Tage-Krieg 1967 vor. Ihm folgten Yahya Hammuda (24. Dezember 1967 bis 2. Februar 1969) und dieser Jassir Arafat, der bis zu seinem Tod am 11. November 2004 an der Macht blieb, worauf Mahmoud Abbas die Führung übernahm.

Die Fatah wurde 1959 von Angehörigen der palästinensischen Diaspora gegründet. Der Name Fatah ist ein Akronym aus den Anfangsbuchstaben des arabischen Namens der Bewegung: *Harakat at-Tahrir al-watani al-Filastini*, was »Bewegung zur nationalen Befreiung Palästinas« bedeutet; zusammengesetzt und rückwärts gelesen ergeben die Anfangsbuchstaben das arabische Wort für »Öffnung, Eröffnung, Befreien (Hindernisse wegschaffen)«. Dies spiegelt den Hauptgedanken der Organisation wider: die Befreiung Palästinas. Jassir Arafat, der zu dieser Zeit den Vorsitz des Dachverbands aller palästinensischen Studentenorganisationen innehatte, war einer der Gründer der Fatah, und seine Stellung in diesen beiden Organisationen ermöglichte seinen allmählichen Aufstieg in die Führung der PLO.

Nach dem Sechs-Tage-Krieg wurde die Fatah zur beherrschenden Kraft der palästinensischen Politik. Sie vereinte 1967 ihre Kräfte mit der PLO, und bis zum heutigen Tage ist sie der größte Flügel der PLO und hat den größten Einfluss auf den Nationalrat. Ich war mir als Teenager all dessen bewusst, aber ich machte mir darum keine größeren Gedanken. Wir hatten kein Radio und keinen Fernseher. Ich hörte auf der Straße das Gerede über neue Anführer, aber es war auch klug, vorsichtig zu sein und darauf zu achten, was man sagte oder tat. Es war zum Beispiel verboten, eine palästinensische Fahne zu schwingen, und man konnte wegen Unterstützung der PLO verhaftet werden, wenn man die stundenlangen Radiosendungen hörte, in denen Fatah Radio jeden Abend seine Botschaften übertrug.

Es gab in Gaza auch so etwas wie eine Hackordnung. Einige Palästinenser lebten schon in der Region, bevor 1948 die Flüchtlinge kamen. Und auch wenn die Flüchtlinge die einheimische Bevölkerung zahlenmäßig bald übertrafen, hatten Letztere ihre Wurzeln dort und wir nicht. Von 1948 bis 1967 unterstand der Gazastreifen der ägyptischen Administration. Die Vereinten Nationen sorgten nach ihrer Ankunft 1949 für medizinische Erstversorgung, Grundschulausbildung und soziale Dienste (Lebensmittelrationen, Speiseöl, Kleiderspenden). Der Rest – höhere Schulen, Gesundheitsversorgung, Polizei, Sicherheit, Passkontrollen und allgemeine Verwaltung – wurde von den Ägyptern betrieben. Nach dem Sechs-Tage-Krieg ersetzten die Israelis die Ägypter als De-facto-Regierung. Obwohl die Oberschule, auf die ich ging, zuerst vom ägyptischen und dann vom israelischen Militär betrieben wurde, waren die Lehrer immer Palästinenser. Zwischen den einzelnen Gruppen wurden ständig Allianzen geschlossen und wieder aufgehoben. Das war nichts, was mich interessierte, aber hier lernte man früh, dass es Leute gab, denen man Beachtung schenken und die man respektieren musste und solche, die keine Verbindungen hatten.

1970, als ich fünfzehn Jahre alt war, begann ich meine weiterführende Schulausbildung an der El-Faloja-Oberschule. Ich wurde wieder zum eifrigen Schüler und verschlang die Bücher geradezu. Wenn irgendwo Bücher herumlagen, schnappte ich sie mir. Ich las lieber Romane als Politisches, aber nicht nur aus Unterhaltungsgründen: Ich wollte das Arabische sprachlich besser beherrschen. Lesen wurde zu meiner Leidenschaft.

Trotzdem arbeitete ich weiter, um Geld zu verdienen. Jetzt, wo ich älter war, wurden die Jobs allmählich besser. Ich sortierte Orangen der Größe nach, packte sie in Obstkisten und stapelte sie zum Transport. Die Orangenkisten fielen auseinander und mussten repariert werden; wann immer also während des Sortierens Zeit dafür war, machte ich zusätzlich noch ein bisschen Geld, indem ich die Kisten reparierte. Nachdem die Israelis die Ausgangssperre eingerichtet hatten, konnte ich die Fabrik nicht mehr früh genug verlassen, um nach Hause zu kommen, also schlief ich mit den anderen Jungen dort. Morgens wuschen wir uns das Gesicht in einem Eimer und machten uns auf den Weg zur Schule, wo wir als Schüler ein einfaches Frühstück, Milch und Vitamine bekamen. Ich erinnere mich, sehr hungrig und immer müde gewesen zu sein.

Eines Morgens, als der Lehrer uns in der Klasse aufstellen ließ, wurde mir schwindelig, und ich fühlte mich schwach. Ich versuchte, mich auf den Füßen zu halten, aber es drehte sich alles um mich, und ich brach zusammen. Die Lehrer wussten, wie viel ich arbeitete und wie arm wir waren, und standen mir bei. Ich weiß nicht, wie ich es ohne sie geschafft hätte.

Unter all den fürchterlichen Jobs, die ich gemacht habe, gab es nur einen, den ich wirklich gehasst habe. Als ich alt genug war, bekam ich Arbeit auf dem Bau. Im Süden von Aschkelon wurde ein Wohnhaus errichtet, und ich war Teil der Arbeitstruppe, die an Freitagen und Feiertagen arbeitete. Ich verabscheute diese Arbeit: Die Sonne brannte mir im Rücken, das schwere Heben, das erbarmungslose Tempo. Aber ich bekam gutes Geld dafür – so viel wie nie zuvor.

Meine Mutter wollte so sehr, dass wir erfolgreich im Leben wären. Doch wie sollte ich Erfolg haben, wenn ich den ganzen Nachmittag und Abend arbeiten musste und am nächsten Morgen wieder. Wenn ich meine Hausaufgaben im Licht der Petroleumlampe machen musste und dabei auf dem Betonboden saß und hoffte, es würde nicht regnen, damit meine Papiere nicht nass würden. Meine Klagen stießen bei ihr auf taube Ohren, und sie schalt mich, wenn ich nicht der Klassenbeste war. Mit ihren anderen Kindern war sie ebenso streng; die meisten Eltern waren so. Die Härte ihres Lebens schlug sich auf den Umgang mit den Kindern nieder. Ich erinnere mich, dass ich weinte, als einmal jemand eine bessere Note in Mathe hatte als ich. Ich frage mich heute, worum es bei diesen Tränen eigentlich ging. War es die Angst, nie aus dieser elenden Armut herauszukommen, wenn ich nicht der Beste war? War das Glänzen mit schulischen Leistungen mein einziger Stolz, die einzige Würde, die ich zu bieten hatte? Oder war es einfach mein Ehrgeiz? Aber wenn ich zurückschaue und an meine Mutter denke, sehe ich auch die Frau, die forderte, dass ich trotz aller Hindernisse auf meinem Weg erfolgreich wäre, und ich höre die Lehrer, die mir sagten, ich solle meine Tränen trocknen. Und ich denke an Ahmed Al Halaby, den Lehrer aus der ersten Klasse, der mir das Gefühl gegeben hatte, alles sei möglich. Von beiden – meiner Mutter und von diesem Lehrer – lernte ich, dass ich auf dem richtigen Weg war, und ich achte und ehre ihr Andenken.

Von den neun Kindern in unserer Familie haben acht die Hochschulreife und vier auch Hochschulabschlüsse erlangt, darunter ein Apotheker, ein PR-Berater, ein Lehrer und ich, der Arzt. Wir schulden unserer Mutter Anerkennung für unseren

Erfolg, auch wenn sie durch die Umstände gezwungen war, Überleben als wichtiger anzusehen als Bildung.

Ich machte 1975 meinen Schulabschluss. Ich bewarb mich sofort um ein Stipendium und wurde schließlich an der Universität Kairo zum Studium zugelassen. Mir ist heute klar, dass erst dadurch, dass ich von zu Hause fort und nach Kairo ging, die Familie der ersten Ehefrau und die der zweiten Ehefrau meines Vaters zusammenfanden. Ich war der Erste unter den Abuelaishs, der an einer Universität zugelassen wurde. Meine Abreise nach Kairo war ein großes Ereignis für meine Brüder und Schwestern, in der Tat für die gesamte Familie und jeden aus meinem Heimatdorf Houg. Aus dem Camp Jabalia waren nur vier Studenten zum Medizinstudium zugelassen worden.

Aus meiner Familie kamen alle, um auf Wiedersehen zu sagen, selbst meine Halbbrüder. Einer von ihnen kam den ganzen Weg von Saudi-Arabien angereist, um mir Glück zu wünschen. Diese Zusammenkunft half mir zu erkennen, dass es besser ist, nach vorn zu sehen, statt in der Vergangenheit hängen zu bleiben. Und es gab so Vieles, dem man entgegensehen konnte. Ich nahm die Fragen, die mich seit meiner Kindheit so stark beschäftigten, mit in die weite Welt. Wie kam es, dass ein palästinensisches Kind nicht wie ein israelisches Kind lebt? Warum müssen palästinensische Kinder in irgendwelchen harten Jobs schuften, nur um zur Schule gehen zu können? Wie kann es sein, dass wir keine medizinische Hilfe bekommen, wenn wir krank sind, während das für israelische Kinder selbstverständlich ist? Unaufhörlich wunderte ich mich über diese Trennung zwischen Israelis und Palästinensern und darüber, dass es so aussah, als könnte sie nicht überwunden werden. Wir waren Menschen, die mehr gemeinsam hatten, als sie trennte, und obwohl ich jung und ahnungslos war, hatten mir meine Arbeitserfahrungen in Israel einen gewissen Stolz verliehen, der für mich zu einer

Art Mantra geworden war: »Ich bin ein Palästinenser aus dem Flüchtlingscamp von Jabalia im Gazastreifen, und ich bin genau wie ihr.«

DREI
Ein eigener Weg

1975 verließ ich Gaza, um mein Studium an der Universität von Kairo aufzunehmen. Dieses Abenteuer würde mich meinem Traum, der erstickenden Armut meiner Familie zu entkommen, einen Schritt näher bringen. Ich war aufgeregt und voller Erwartungen an diese neue Etappe meines Lebens. Das Stipendium war ein Tor zur Welt, ein Zugang zum Lernen, das meine Leidenschaft geworden war. Ich fühlte mich am Anfang einer Reise, um die ich gebetet hatte, seit ich ein kleines Kind war.

Ich hatte mich während meines letzten Schuljahres um das Stipendium beworben. Die Universität von Kairo ließ jedes Jahr zweihundert palästinensische Studenten in zwanzig verschiedenen Fakultäten zu, darunter Medizin, Ingenieurswesen, Pharmazie, Lehramt und Jura. Ich hatte Spitzennoten, daher hoffte ich, ich könnte an die medizinische Fakultät gehen, aber ich bewarb mich für alle Fälle für sämtliche Fakultäten. Das System funktionierte so, dass man sich bewarb und dann ein ganzes Jahr nach dem Schulabschluss warten musste, bevor man erfuhr, ob man genommen worden war oder nicht. Ich würde Geld für Verpflegung und Unterkunft in Kairo brauchen, also arbeitete ich jeden Tag, den ich konnte, in Israel.

Die Grenze zwischen Gaza und Israel war damals offen, sodass es einfach war, täglich hin und her zu pendeln. Man musste bei einer Durchfahrt nur seinen Ausweis vorlegen, und der israelische Diensthabende winkte einen durch. Das bedeutete, dass ich Geld sparen konnte, indem ich zu Hause wohnte, aber es bedeutete auch, dass ich jeden Morgen sehr früh aufbrechen musste, um mich in Aschkelon rechtzeitig mit den anderen Tagelöhnern auf einem Platz in der Innenstadt einzufinden, wo die Arbeitgeber die Arbeiter für den Tag aufsammelten. Ich war siebzehn Jahre alt und dreist genug, mich den vielversprechendsten Arbeitgebern auf diesem Höker-Markt feilzubieten, indem ich mich als stark, sachkundig und hart arbeitend anpries. Ich nahm jeden Job: Fabrikarbeit, Arbeit auf dem Feld oder auf dem Bau, was ich jedoch hasste, weil es bedeutete, in der Sonne zu schwitzen. An manchen Tagen gab es keine Arbeit, egal wie sehr ich meine Dienste anbot, und ich musste mit leeren Händen heimgehen. Keine Arbeit hieß keine Hilfe für meine Familie, keine Ersparnisse für die Universität, und ich litt sehr unter diesen Zurückweisungen.

Eines Tages suchte ein Mann nach zwei Arbeitern, die einen Hühnerstall bauen sollten. Es war ein Job für zwei Tage. Er nahm mich und einen anderen jungen Mann, aber am zweiten Morgen kam ich zu spät zu dem Platz, ich weiß nicht mehr warum. Ich erinnere mich, wie ich atemlos zum Sammelpunkt rannte und sah, wie der andere Arbeiter mit seinem Cousin loszog, um den Job zu machen, für den ich eingestellt worden war. Ich schrie und schimpfte, dass er meinen Job einem anderen gegeben hatte, aber ein anderer israelischer Arbeitgeber, der das Drama mit angesehen hatte, sagte: »Vergiss es, komm und arbeite für mich. Ich baue auch einen Hühnerstall, aber es ist mehr als ein Zwei-Tage-Job.« Am Ende arbeitete ich für diesen Mann beinahe acht Monate lang. Er zeigte mir nicht nur, wie man einen Hühnerstall mit Draht umzäunte, sondern brachte mir auch bei, wie man Elektrizität und Wasser installierte und das Metall außen mit Rostschutzmittel korrosionsfrei machte.

Ich lernte viel bei ihm. Nach zwei oder drei Monaten machte er mich zum Vorarbeiter. Ich brachte Jungen aus meiner Nachbarschaft zur Arbeit mit und bezahlte sie genauso wie mich nach Leistung. Auf diese Weise wurde sogar noch mehr Arbeit erledigt, weil jeder noch härter arbeitete, da er sah, wie viel Geld er damit verdienen konnte. Ich arbeitete dort bis zu dem Tag, an dem ich nach Kairo ging. Und ich erhielt sogar ein Abschiedsgeschenk.

Ich erinnere mich noch genau an den Augenblick, als ich aus Gaza nach Kairo abreiste. Ich war an der medizinischen Fakultät angenommen worden, und es war ein sehr emotionaler Tag für uns alle. Meine Mutter wollte so sehr die Mutter eines Arztes sein, und auch ich hatte davon geträumt, Medizin zu studieren. Mein Herz klopfte bis zum Hals.

Meine Kleider waren in einen blauen Kunststoffkoffer gepackt, und in einer Tasche hatte ich Oliven, Seife, rote Chili-Schoten und hausgemachte Brote und Kuchen meiner Mutter. Von den Stufen des israelischen Busses, der mich durch die Sinai-Wüste nach Ägypten bringen würde, winkte ich meiner Familie zu, die vor Freude weinte.

Die Fenster des Busses waren übermalt, sodass wir nicht hinaussehen konnten, denn wir fuhren durch den israelisch besetzten Sinai, und die Israelis wollten nicht, dass wir ihre Militäranlagen sahen. Als wir an der ägyptischen Grenze waren, übernahm das Rote Kreuz den Transfer zu einem ägyptischen Bus, der uns in ein Quarantäne-Camp brachte, wo unsere Impfpässe kontrolliert und jeder von uns untersucht wurde, für den Fall, dass wir meldepflichtige Krankheiten nach Ägypten brachten, ein Vorgang, der mehrere Tage in Anspruch nahm. Zu guter Letzt zogen wir in unsere Studentenquartiere in Kairo.

Als Student in Kairo anzukommen war unglaublich aufregend. Ich wollte alles auf einmal sehen und erleben. In Gaza gab es nicht solche Geschäfte oder Cafés wie hier, keine Musik, die aus Lautsprechern plärrte. Kaum war ich jedoch angekommen, musste ich auch schon wieder weiter. Der Campus, dem ich zugeteilt worden war, war hundert Kilometer entfernt. Ich war furchtbar enttäuscht, bis ich herausfand, dass ich, wenn meine Noten gut genug waren, am Ende des ersten Jahres auf den Campus in Kairo wechseln konnte. Ich nahm mir gemeinsam mit zwei anderen Studenten eine Wohnung und begann mit dem Studium.

In meinem Kurs war ein palästinensisches Mädchen, das bald mit mir flirtete. Sie war sehr schön, und ich hielt ihr immer einen Platz neben mir frei. Ich mochte sie, aber ihr Verhalten irritierte mich auch. Ich fragte mich, was sie wollte. Sollte ich mich in Ägypten verlieben? Der Gedanke schockierte mich dermaßen, dass ich mich entschied, nicht zu den Partys zu gehen, nicht einmal ins Kino. Ich würde Tag und Nacht lernen, um mein Ziel zu erreichen. Das Mädchen machte noch ein paar Annäherungsversuche, und ich war freundlich zu ihr, aber ich hatte Angst vor einer Beziehung, aus der mehr werden könnte als Freundschaft. Ich war noch so jung.

Ich bestand meine ersten Prüfungen, und im nächsten Jahr zog ich auf den Campus in Kairo und begann, das Leben in der großen Metropole zu kosten. Jeden Winkel der Stadt wollte ich kennenlernen. Ich ging mit meinen Freunden in Clubs, auch wenn ich nie Alkohol trank, bis heute nicht. Ich knüpfte Kontakte zu Studenten aus anderen arabischen Ländern, trat dem Club ausländischer Studenten bei, sprach bis tief in die Nacht über Politik und Mädchen und hielt die Augen weit offen. Eine Freundin hatte ich nicht, aber meine Kollegen sprechen mich heute noch gern auf das Leben an, das wir als Studenten geführt haben: von Party zu Party zu ziehen und bis zum Morgengrauen unterwegs zu sein.

Doch ich verlor nie mein Studium aus dem Blick. Wir mussten uns zwar – auch praktisch – mit jedem der verschiedenen medizinischen Fachbereiche wie Kinderheilkunde, innere Medizin oder Chirurgie befassen, aber es waren Geburtshilfe und Gynäkologie und ihre enge Beziehung zum Wunder des Lebens, die mich so sehr begeisterten, dass ich kaum atmen konnte, wenn ich dafür lernte. Als ich das erste Mal bei der Entbindung eines Neugeborenen assistierte, war ich fasziniert. Dass dieses Kind soeben unter meinen Händen das Licht der Welt erblickt hatte, dass diese Frau auf dem Entbindungstisch sicher durch die neun Monate gekommen war und nun vor Liebe, Freude und Stolz strahlte, war wie ein Wunder für mich. Von dem Tag an begriff ich Schwangerschaft als einen genauso natürlichen Prozess wie Essen und Trinken. Später, während meiner Praktikumszeit in Kairo, wusste ich genau, dass ich mich auf diesem Gebiet spezialisieren wollte. Babys auf die Welt zu bringen begeisterte mich. Eine Mutter schrie unter der Geburt vielleicht, dass sie das nicht noch einmal mitmachen würde, aber hinterher sagte sie dann: »Ich wette, ich sehe Sie in ein oder zwei Jahren wieder.«

Ich erinnere mich an das erste Mal, als ich eine Frau behandelte, die während einer Fehlgeburt starke Blutungen hatte. Sie hätte daran sterben können. Doch ich schaffte es, die Blutung unter Kontrolle zu bekommen und rettete ihr Leben. Meine Fähigkeiten einzusetzen, um ein Leben zu retten, einem Patienten in seinem Kummer zu helfen oder ein Neugeborenes auf die Welt zu bringen, wurde zum Aufregendsten in meinem Leben. Ein anderes bleibendes Erlebnis waren unsere studentischen Feiern des Ramadan. Ungefähr fünfzehn von uns trafen sich zum gemeinsamen Essen bei jemandem zu Hause. Danach brachen wir ins Kairoer Nachtleben auf und nahmen an den Festlichkeiten teil – den Gesängen und dem Geschichtenerzählen bis zum Sonnenaufgang. Es waren sorgenfreie, kostbare Tage, wie ich sie nie zuvor und auch niemals wieder erlebt habe.

Nach einem Vorbereitungsjahr, weiteren fünf Jahren medizinischer Ausbildung und einem praktischen Jahr am Universitätskrankenhaus der Universität Kairo schloss ich 1983, acht Jahre nach Beginn des Abenteuers, mit der Promotion zum Dr. med. ab und erhielt die Approbation zum praktischen Arzt. Ich war jung, voller Leidenschaft und bereit zu arbeiten. Aber nach dem, was ich als Kind in Gaza durchgemacht hatte, sah ich mich selbst als einen Menschen, der etwas über das Leben im Flüchtlingscamp nach draußen bringen konnte. Es wurde Zeit, dass das, was mit den Palästinensern geschah, mehr Aufmerksamkeit erhielt. Es gab nach wie vor keine anständige Gesundheitsversorgung oder genug zu essen. Meine Familie sah in mir ein Vorbild, und ganz ohne Frage waren wir darin einig, dass die Lebensumstände der Palästinenser verändert werden mussten. In meiner Kultur studieren wir nicht einfach, um uns selbst weiterzuentwickeln; wir studieren, um den Lebensstandard unserer Brüder und Schwestern zu verbessern.

Es war auch das Jahr, in dem mein Bruder Noor verschwand. Niemand aus meiner Familie hat seit 1983 mehr etwas von ihm gehört. Die Israelis hatten ihn inhaftiert, als er achtzehn Jahre alt war, weil er für die Fatah arbeitete. In der Tat glaube ich, dass er an die falschen Menschen geraten war. Er war entmutigt, seine Selbstachtung war tief gesunken, und er hatte angefangen, mit Haschisch zu dealen. Als er aus dem Gefängnis kam, sagte er, er wolle nach Gaza zurückkehren oder im Libanon neu anfangen. Er kam zu mir nach Kairo und blieb sechs Monate lang. Ich wollte ihm helfen, Arbeit in einem der Golfstaaten zu finden, aber er nahm mein Angebot nicht an und entschied, in den Libanon zu gehen. Das letzte Mal, als ich ihn sah, sagte er: »Ich will dir keine Schwierigkeiten machen, lass mich gehen.« Ich sagte ihm, dass ich ihn nicht einfach sich selbst überlassen könne, dass er mein Bruder sei und dass ich ihn immer lieben und mich für ihn verantwortlich fühlen würde, aber er ging.

Wir könnten davon ausgehen, dass er getötet wurde und dass nie jemand seine Leiche gefunden hat, aber das tun wir nicht. Solange wir nicht wissen, was geschehen ist, gibt es noch Hoffnung. Ich denke, er hätte sich gemeldet, wenn er noch am Leben wäre, aber für mich und meine Familie halte ich die Hoffnung aufrecht, dass ich ihn wiedersehen werde.

Meine Heimkehr nach Hause war bittersüß. Mir war eine Assistenzstelle angeboten worden, um meinen Facharzt in Geburtshilfe und Gynäkologie in Kairo zu machen, aber ich lehnte sie ab, und zwar nicht nur, weil ich es mir nicht leisten konnte zu bleiben, sondern weil meine Eltern wollten, dass ich nach Hause kam. Mein Vater litt an einer Leberkrankheit, und er hatte sehr auf den Moment gewartet, seinen Sohn als Arzt zu sehen. Seine Gesundheit verschlechterte sich täglich, und er war nicht in der Lage, zu meiner Promotionsfeier an der medizinischen Fakultät nach Kairo zu kommen. Die ganze Familie blieb zu Hause bei ihm, und bevor also niemand bei meiner Feier dabei wäre, fuhr ich lieber heim und verpasste sie selbst.

Nach Gaza zurückzukehren war wie ein Schock. Ich konnte dort, wo ich geboren und aufgewachsen war, keine Arbeit finden, dort, wo man mich so sehr brauchte. Die Israelis hatten Gaza 1967 besetzt, jetzt schrieben wir das Jahr 1985. Wenn man eine Anstellung wollte, musste man der Sohn einer wichtigen Person mit Kontakten zu den Israelis, ein Millionär oder ein Kollaborateur sein. Schließlich wurde mir eine Stelle in der Fachabteilung für Geburtshilfe und Gynäkologie am Nasser-Krankenhaus in Khan Yunis angeboten, etwas fünfunddreißig Kilometer vom Jabalia-Camp entfernt. Viel weiter konnte man sich von meinem Wohnort nicht entfernen, ohne den Gazastreifen zu verlassen. Für diese Stelle wurde ein Taschengeld bezahlt; ich nahm sie dennoch an, aber ich wusste, ich würde bald etwas anderes finden müssen.

Nur acht Monate nach meiner Rückkehr starb mein Vater. Er hatte hart gearbeitet und viel gelitten. Er war ein erfolgreicher Bauer gewesen, der Sohn eines angesehenen Landbesitzers, aber dann wurde er obdachlos, lebte in einem Flüchtlingscamp und verdiente nie genug Geld. Das war demütigend für ihn. Ich spürte seine Niedergeschlagenheit meine ganze Kindheit hindurch, und als sich mein Leben mit dem Medizinstudium in Kairo zu verbessern begann, bedauerte ich, dass es meinem Vater nicht vergönnt gewesen war, seinen Kindern das Vorbild zu sein, das er gerne gewesen wäre. Er hat Tag und Nacht gearbeitet, um Geld für meine Ausbildung und Lebenshaltungskosten in Kairo aufzubringen. Er war bei der UNRWA, dem Flüchtlingshilfswerk für Palästina, angestellt gewesen, als einfacher Arbeiter, der von fünf oder sechs Uhr morgens bis zwei Uhr nachmittags arbeitete. Danach hatte er weiter gearbeitet, sei es in Gaza oder in Israel, von fünf Uhr nachmittags bis zum nächsten Morgen. Er hatte darauf gewartet, dass sein Sohn seinen Abschluss an der medizinischen Hochschule machte. Traurigerweise konnte mein Vater die Früchte nicht ernten, deren Samen er gesetzt hatte.

Die letzten Tage seines Lebens waren schwierig. Er litt an hepatischer Insuffizienz – seine Leber versagte. Er übergab sich, konnte nichts essen und bekam kaum mit, dass seine Familie um ihn herum war. Als er ins Koma fiel, nahmen wir ihn mit nach Hause, denn in der Al-Shifa-Klinik konnte man nichts mehr für ihn tun. Ich fühlte mich als Arzt so hilflos. Ich war derjenige, der dem Patienten helfen sollte, aber mein Vater konnte nicht gerettet werden. Ich hatte geschworen, meiner Familie ein besseres Zuhause und genug zu essen zu ermöglichen, wenn ich erst meinen Abschluss hätte, und mein Vater sollte sehen, was er mir bedeutete. Ich würde all das sein, was ihm verwehrt worden war, doch als ich gerade begann, mein Versprechen einzulösen, ist er von uns gegangen. In meinem Herzen lebt die Trauer über seinen Tod immer noch fort. Daher halte ich mich an die drei

Dinge, die Muslime zum Gedenken der Toten tun: ihr Wissen und ihre Weisheit an andere weiterzugeben, für den Verstorbenen zu beten und Wohltätiges in seinem Namen zu tun.

Ich war vom Nasser Hospital in Khan Yunis zum Al-Shifa-Krankenhaus in Gaza-Stadt gewechselt, aber auch dieses Krankenhaus wurde von Leuten betrieben, die eher wegen ihrer Verbindungen und nicht wegen ihrer Verdienste dort arbeiteten. Ein Kommilitone war der Sohn des Generaldirektors der Gesundheitsbehörde im Gazastreifen. Seine Mutter war die Leiterin der Abteilung für Geburtshilfe und Gynäkologie im Al-Shifa. Er hatte einen exzellent bezahlten Job bekommen, obwohl er an der Uni eher ein Playboy gewesen war, der keine besonders guten Noten gehabt hatte. Und dann musste ich feststellen, dass er sich so benahm, als wäre er mein Vorgesetzter, ein großer Boss, der mir ständig Anweisungen gab.

Also kündigte ich und bewarb mich um eine Stelle beim Gesundheitsministerium in Saudi-Arabien. Letztlich war dies ein weiterer Fall, bei dem sich aus etwas Schlechtem etwas Gutes ergab. Ich bekam den Job, aber er war tausend Kilometer entfernt, in Dschiddah. Ich kannte mich dort nicht aus, und als mein Onkel sagte: »Die gute Zeit, die du beim Studium in Kairo hattest, muss nun abgearbeitet werden«, fragte ich mich, ob es eine gute Entscheidung gewesen war. Ich hatte jedoch einen guten Freund aus der Studienzeit, der aus Saudi-Arabien stammte, und ich rief ihn an, um mich nach den Lebensbedingungen in Dschiddah zu erkundigen. Er war der Sohn eines Botschafters, und so hatte auch ich jetzt Verbindungen. Er beschaffte mir den perfekten Job auf der Entbindungsstation von Al-Azizyah, wo ich mich um die Palästinenserinnen kümmern sollte. Es war nicht Gaza, aber ich war für das Wohlergehen von Palästinensern verantwortlich, und es war eine Gelegenheit, Erfahrungen auf dem Fachgebiet zu machen, das mich angezogen hatte, seit ich mich an der Hochschule mit Geburtshilfe und Gynäkologie befasst hatte.

Unnötig zu sagen, dass mir der Job gut gefiel, zumal er mir auch zum ersten Mal erlaubte, einen Freundeskreis aufzubauen und mich finanziell abgesichert zu fühlen. Ich verdiente genug, um meiner Mutter zu helfen, die Reparaturen an unserem Haus in Jabalia zu bezahlen und meinen Bruder Atta dabei zu unterstützen, auf den Philippinen Medizin zu studieren, auch wenn er bald nach Gaza zurückkam und zur Pharmazie wechselte. Und ich half meinem anderen Bruder, Shehab, mit Geld, sodass er heiraten konnte. Einer meiner Halbbrüder lebte auch in Dschiddah, sodass wir uns gegenseitig besuchen konnten. Ich genoss diese Art des geselligen Lebens, in einem anderen Haus willkommen zu sein, zu reden, zu essen, Geschichten auszutauschen, die Zeit zu haben, etwas anderes zu tun als zu arbeiten. Nur zwei Jahre, nachdem ich mit dieser Tätigkeit begonnen hatte, hatte ich genügend Geld beisammen, um nach Gaza zurückzukehren und zu heiraten.

Nadia und ich heirateten 1987 im Camp von Jabalia. Nur wenige Tage nach den Feierlichkeiten musste ich zunächst alleine nach Saudi-Arabien zurückkehren, weil sie noch kein Visum hatte und ich ihr keines hatte beschaffen können, solange wir nicht verheiratet waren. Sie kam etwa einen Monat später nach. Wir lebten in einem gemieteten Haus, und wenn wir auch darüber unglücklich waren, so weit von unseren Familien entfernt zu sein, hatte ich doch zumindest meinen Halbbruder bei mir in Dschiddah. In unserer Kultur hat es einen hohen Stellenwert, Familie in der Nähe zu haben.

Zwei Monate nach unserer Hochzeit begann die Erste Intifada. Sie begann genau in meiner Nachbarschaft, in Jabalia, und breitete sich rasch über ganz Gaza bis in die West Bank und nach Ostjerusalem aus. Niemand weiß genau, wodurch sie ausgelöst wurde. Manche sind der Meinung, sie sei durch einen Vorfall vom 8. Dezember 1987 ausgelöst worden: Ein israelischer Lastwagen fuhr in eine Gruppe Palästinenser aus Jabalia und tötete vier von ihnen, sieben weitere wurden verletzt. Ein paar Tage zuvor war ein israelischer Geschäftsmann erstochen worden, und viele Palästinenser hatten den Eindruck, der sogenannte Unfall sei eigentlich ein Racheakt gewesen.

Eine andere Lesart besagt, dass es eine Vergeltungsaktion für einen anderen Unfall war: Eine Woche bevor die Intifada begann, war den Palästinensern vorgeworfen worden, in ein Ausbildungslager der israelischen Streitkräfte im Libanon eingedrungen zu sein und sechs israelische Soldaten getötet zu haben.

Was immer der Auslöser war, die Menschen waren aufgebracht und gingen auf die Straße. Die Demütigungen der Besatzung kannten keine Grenzen. So waren sich israelische Soldaten nicht zu schade, einen Palästinenser dazu zu zwingen, wie ein Esel zu laufen, nur um sich über ihn lustig zu machen. Jeder kleine Vorfall, real oder eingebildet, konnte einen Aufstand auslösen, aber ich denke, dass die Unruhen vor allem dadurch verursacht wurden, dass niemand etwas unternahm, um die Situation der Palästinenser zu verbessern.

Es gab keine Anzeichen für die Gründung eines palästinensischen Staates; die Palästinenser aber brauchten eine Identität und eine Staatsangehörigkeit. Die Impulse, die von den anderen arabischen Staaten hätten kommen müssen, um diese Probleme zu lösen, waren zu schwach geblieben. Die Palästinenser hatten auf eine Veränderung gehofft, auf eine Befreiung von den nunmehr zwanzig Jahre andauernden Einschüchterungen und Nötigungen. Es war also nicht überraschend zu sehen, dass auf unseren Straßen die Gewalt ausbrach.

Zuerst brannten Autoreifen, und Steine flogen gegen israelische Truppen. Die Antwort der Israelis war unangemessen: sie begegneten den Steine werfenden Jugendlichen mit M16-

Sturmgewehren. Mein Bruder Rezek wurde ohne ersichtlichen Grund verhaftet. Meine Schwester hatte eine Fehlgeburt, die mit großer Wahrscheinlichkeit durch den Stress der Intifada verursacht worden war. Die Tageszeitungen, die wir in Saudi-Arabien lasen, waren voller Berichte über die Toten und Verletzten, die es gegeben hatte. Die Feindseligkeit nahm von Tag zu Tag zu. Es gab Boykotte israelischer Waren, Barrikaden wurden errichtet, Anschläge ausgeübt, Molotow-Cocktails und Handgranaten flogen. Es war kein guter Zeitpunkt, um von zu Hause fort zu sein, weil Nadia und ich uns ständig Sorgen machten, was unseren Familien und Freunden als Nächstes passieren würde. Andererseits würde Nadia bald entbinden, und Freude und Aufregung rangen mit der wachsenden politischen Spannung zu Hause um die Vorherrschaft in unseren Herzen.

Unser Tochter Bessan kam im Juli 1988 zur Welt. Eigentlich ging es uns gut, sehr gut sogar. Ich gewann an medizinischer Erfahrung hinzu, wie ich es immer gewollt hatte. Meine Familie wuchs und gedieh, und trotz des Wunsches meiner Mutter, dass ich gerade in diesen bewegten Zeiten als Oberhaupt der Großfamilie nach Hause zurückkehren sollte, entschied ich, dass wir noch eine Weile in Saudi-Arabien bleiben würden.

Ein wesentlicher Faktor bei dieser Entscheidung war, dass sich mir erneut die Möglichkeit bot, mich weiter in Geburtshilfe und Gynäkologie zu spezialisieren. Anfang März 1988 erhielt ich ein Stipendium vom Gesundheitsministerium in Saudi-Arabien. Ich hatte ein großes Interesse für die Behandlung von Unfruchtbarkeit entwickelt. Im Camp von Jabalia ist Unfruchtbarkeit sehr verbreitet, was den hohen Geburtsraten, die jeder bei palästinensischen Familien vermutet, entgegensteht. Paradoxerweise weisen Orte mit hoher Fruchtbarkeit auch eine hohe Unfruchtbarkeitsrate auf. Ich beschloss, meine Arbeit zu diesem Thema zu schreiben. Die meisten der Veranstaltungen fanden in Riad, der Hauptstadt von Saudi-Arabien, statt, doch einige

Kurse waren am Institut für Geburtshilfe und Gynäkologie in London angesetzt.

Ich hatte ein gültiges Visum, um nach Großbritannien zu reisen, und mein palästinensischer Pass verursachte beim Reisen keinerlei Probleme. Bebend vor Aufregung ging ich an Bord meines ersten Fluges. Ich sprach bereits Englisch, sodass ich keine großen Sprachbarrieren zu überwinden hatte, und London wurde zu einer überragenden Erfahrung für mich. Es war so anders als Gaza – kalt, dunkel und regnerisch und dennoch lebendig, faszinierend und weltoffen. Es war ein Ort, wo Menschen aus aller Welt, aller Rassen und Religionen zusammenlebten, auch wenn ich mir des Konfliktes zwischen den Briten und der IRA bewusst war. Das Einzige, was mich wirklich störte, war die Art, in der gebürtige Briten manchmal auf Leute herabsahen, die keine Engländer waren. Zum Glück traf das auf die Seminare nicht zu, sodass mein Studium davon nicht betroffen war.

Meine Forschungsarbeit gab mir einen Vorgeschmack auf das, was ich in diesem Fach leisten könnte, und ich war völlig hingerissen. Ich hatte viele Frauen unter Empfängnisschwierigkeiten leiden sehen. In einer männlich dominierten Kultur wie der meinen gibt man der Frau die Schuld an der Unfruchtbarkeit. Doch natürlich kann die Ursache der Unfruchtbarkeit genauso beim Mann liegen. Die Frau wird für das Geschlecht des Babys verantwortlich gemacht, auch wenn die Y-Chromosomen, die Söhne zeugen, ein ausschließlich männlicher Faktor im Zeugungsprozess sind. Ich wollte Männer über die Fakten aufklären, damit sie damit aufhörten, den Frauen die Schuld zu geben, und ich wollte diese Frauen vom beschämenden Gefühl befreien, »steril« zu sein. In meiner Kultur sind unheilvolle Ausdrücke wie »ein fruchtloser Baum sollte gefällt werden« allgemein verbreitet. Ich wollte die Menschen aufklären, damit sie nie wieder solche Dinge über Frauen sagen würden.

Wenn man mit Paaren arbeitet, die versuchen, ein Kind zu bekommen, weiß man, wie schmerzhaft das für sie ist. Wie enttäuscht sie jeden einzelnen Monat sind, in dem die Empfängnis nicht glückt. Aber besonders schmerzlich ist es für die Frauen, und ich wollte meine Anstrengungen darauf richten, ihnen zu helfen.

Als meine Untersuchungen zur Unfruchtbarkeit Fortschritte machten und meine klinische Arbeit mit unfruchtbaren Paaren in London und Dschiddah hervorragende Ergebnisse zeigte, beschloss ich, meine berufliche Tätigkeit diesem Spezialgebiet zu widmen. Nachdem ich 1989 die Weiterbildung beendet hatte, kehrte ich nach Saudi-Arabien und auf meine Stelle auf der Entbindungsstation von Al-Azizyah zurück. Ich war so froh, wieder mit meiner Familie zusammen zu sein. Doch Nadia, die in Dschiddah geblieben war, um sich um Bessan und Dalal, unsere zweite Tochter, die während meines London-Aufenthalts geboren worden war, zu kümmern, wollte nach Gaza zurückkehren. Saudi-Arabien war viel konservativer als Gaza; wir fühlten uns fremd, auch wenn die Saudis als unsere arabischen Brüder galten. Ich konnte mich nicht frei bewegen, und ich machte mir Sorgen, dass ich als Außenseiter mit meiner beruflichen Karriere nicht weiterkommen würde. Also entschieden wir abzureisen, aber es war nicht einfach damit getan, die Sachen zu packen und ins Auto zu steigen. Als Gegenleistung für die Zusatzqualifizierung, die ich durch Saudi-Arabien erhalten hatte, hatte ich zustimmen müssen, für drei Jahre im medizinischen Dienst zur Verfügung zu stehen. Erst wenn diese Verpflichtung erfüllt war, würden wir heimkehren können.

Das Leben war weiterhin kompliziert: Politik und Krieg beeinflussten alles. Die Ereignisse des Zweiten Golfkriegs erschwerten die Bedingungen für die Palästinenser in den Golf-Staaten. Im August 1990 äußerte sich Jassir Arafat so, als würde er Saddam Husseins Einmarsch in Kuwait gutheißen, und plötzlich waren die Palästinenser in Saudi-Arabien unerwünscht. Zum Glück befanden meine Arbeitgeber im November 1990, dass ich meine Verpflichtungen im Krankenhaus von Dschiddah erfüllt hätte, und Nadia und ich konnten mit unseren Töchtern nach Hause fahren. Als am 17. Januar 1991 der Luftkrieg gegen den Irak begann, waren meine Familie und ich zurück in Gaza.

Als wir zu Hause ankamen, war die Intifada noch immer in vollem Gange. An jeder Ecke sah man israelische Gewehre und Panzer. Als sei der ganze Wahnsinn noch nicht genug, kam es auch noch zu einem Blutvergießen unter Brüdern. Schätzungsweise eintausend Palästinenser wurden der Kollaboration mit den Israelis beschuldigt und von unseren eigenen Leuten hingerichtet, obwohl es keinerlei Beweise für irgendwelche geheimen Absprachen gegeben hatte. Als die Erste Intifada am 20. August 1993 mit dem Osloer Abkommen endete, waren über 2100 Palästinenser tot, 1000 von der Hand ihrer eigenen Brüder und 1100 von israelischen Soldaten getötet. 160 Israelis waren von den Palästinensern getötet worden.

Das Ergebnis der Intifada ist schwer zu beurteilen. Sicher hat die Welt den Palästinensern seither mehr Aufmerksamkeit geschenkt, und Israels Ansehen hat wegen der Behandlung der Palästinenser gelitten. US-Präsident Bill Clinton besuchte Gaza und Bethlehem im Dezember 1998 und war damit der erste amerikanische Präsident, der je palästinensisches Gebiet betreten und direkt mit den palästinensischen Führern und Institutionen über ihr Land gesprochen hat. Während des Besuches gab der Präsident wichtige Erklärungen ab, die der Anerkennung des palästinensischen Rechtes auf Selbstbestimmung sehr nahe kamen. Er wurde von seiner Familie und einer großen offiziellen Delegation begleitet, zu der auch der Staatssekretär und der nationale Sicherheitsberater gehörten. Er sprach auf einer Konferenz, an der Jassir Arafat als Sprecher des palästinensischen Nationalrates sowie Mitglieder des Zentralrats und des palästinensischen

Legislativrates teilnahmen sowie palästinensische Leiter von Ministerien und andere hochrangige Persönlichkeiten.

Dass die Vereinigten Staaten die Palästinensische Befreiungsorganisation offiziell als legitime Repräsentantin des palästinensischen Volkes anerkannten, wurde als Sieg angesehen. Doch während der Intifada war auch eine neue Waffe mit katastrophalen Auswirkungen erprobt worden: Selbstmordattentate. Am 16. April 1993 fuhr ein Palästinenser sein mit Sprengstoff beladenes Auto auf einem Parkplatz in Mehola Junction (Beit El), einem Rastplatz am Jordantal-Highway, zwischen zwei Busse und zündete die Bombe. Die Explosion ging nach oben anstatt zu den Seiten los, sodass die meisten Leute verschont blieben. Ein Palästinenser, der auf dem Rastplatz arbeitete, wurde getötet, auch der Attentäter starb. Zwanzig israelische Soldaten und Zivilisten wurden verletzt. Dieses furchtbare Ereignis war der Anfang einer Reihe schrecklicher Selbstmordattentate, die viele Regionen des Nahen Ostens vor Angst lähmten und zum Tod vieler unschuldiger Menschen führten.

Die Selbstmordattentate haben die Lage der Menschen in Gaza, dem Westjordanland und Israel nicht besser gemacht. Wie bei den meisten Kriegen und Aufständen war der Blutzoll der Intifada und der Selbstmordattentate für alle Beteiligten viel zu hoch.

Mit den Ersparnissen aus Saudi-Arabien hatte ich eine private Abendklinik in Gaza eröffnet, sodass ich die Armen der Stadt behandeln konnte. Ich widmete mich der Aufgabe, für die medizinische Versorgung der Menschen zu sorgen, die sie sich nicht leisten konnten. Außerdem nahm ich die Stelle des Gynäkologen beim Hilfswerk der Vereinten Nationen an. Während meines Studiums an der Universität London war mir aufgefallen, dass die meisten Quellen, auf die ich mich für meine Arbeit zur Unfruchtbarkeit stützte, von israelischen

Professoren stammten. Daher beschloss ich, einen kühnen Schritt zu wagen und Kontakt zur israelischen Ärztezunft aufzunehmen. Auch wenn die Intifada sich unvermindert fortsetzte, hielt sie mich nicht davon ab, mit meinen Kollegen in Israel ins Gespräch zu kommen und schließlich sogar zusammenzuarbeiten.

Ich war auf ein wichtiges Fachbuch zweier Professoren der Ben-Gurion-Universität in Be'er Scheva zum Thema Unfruchtbarkeit gestoßen: Dr. Bruno Lunenfeld und Dr. Vaclav Insler. Ich rief sie an, sagte ihnen, wer ich war und was ich wollte, und war überrascht, dass sie bereit waren, sich mit mir zu treffen und mich bei der Versorgung meiner Patienten mit Ratschlägen zu unterstützen. Mit der Zeit begann ich, palästinensische Patienten in Dr. Lunenfelds Klinik mitzunehmen. Einige von ihnen brauchten eine Bauchspiegelung, und ich überwies sie an Marek Glezermann, der zu dieser Zeit der Leiter der Abteilung für Geburtshilfe und Gynäkologie am Soroka Medical Center in Be'er Scheva war. Marek kennenzulernen war ein Wendepunkt in meiner Karriere und in meinem Leben. Er erkannte sofort den Wert, den es hätte, mich zu einem Mitglied seines Teams zu machen, und suchte nach einem Weg, sein Vorhaben in die Tat umzusetzen. Da ich bisher keine formale Verbindung zu den Ärzten im Soroka-Krankenhaus hatte, schlug er vor, dass ich für eine Hospitanz ans Krankenhaus kommen sollte, um mich mit dem israelischen Gesundheitssystem vertraut zu machen und zu erfahren, wie die Ärzte in Sachen Geburtshilfe und Gynäkologie, insbesondere auf dem Gebiet der Unfruchtbarkeit, arbeiteten. Es war das Zeitalter der Reproduktionsmedizin, und ich wollte an vorderster Front dabei sein. Ich war begierig, dazuzulernen und mein Wissen zu erweitern. Mein Traum war es immer noch, eine offizielle Facharztausbildung in Geburtshilfe und Gynäkologie zu machen, aber das erforderte einen immensen Zeitaufwand – vier Jahre –, und auch das Finanzielle wollte bedacht sein. Lange Zeit war ich skeptisch, ob dieser Traum Wirklichkeit werden könnte.

Während ich zwischen meiner Stellung bei den Vereinten Nationen in Gaza und der Hospitanz am Soroka pendelte, wurde ich zur Teilnahme am ersten Weltkongress zu Geburtswehen und Entbindung in Jerusalem 1994 eingeladen. In Jerusalem versuchte ich, die jüdische Familie ausfindig zu machen, für die ich als Teenager gearbeitet hatte. Ich hatte immer wieder an sie gedacht, aber nie zuvor versucht, ihren Hof aufzusuchen. Da ich von Jerusalem nach Soroka zurückfahren musste, beschloss ich, dass dies der richtige Zeitpunkt war, die Familie, die mir ermöglicht hatte zu erkennen, wie klein der Unterschied zwischen unseren zwei Völkern in Wirklichkeit ist, zu besuchen. Ich brannte darauf, ihnen zu zeigen, dass der palästinensische Jugendliche, der einmal für sie gearbeitet hatte, ein Arzt geworden war, dem es gut ging. Dieses Wiedersehen hatte ich mir seit Langem vorgestellt. Ich wusste, dass sie nahe eines Dorfes namens Hodaiah lebten, irgendwo an der Straße von Jerusalem nach Be'er Scheva. Aber wo genau war es gewesen? Würde ich es wiederfinden? Die Gegend hatte sich sehr verändert, und die Großeltern würden in ihren Achtzigern sein. Ich fragte mich, ob sie noch lebten.

Ich fand das Gehöft schließlich, und es war die Enkelin, die damals, als ich abreiste, erst wenige Tage alt gewesen war, die die Tür öffnete. Sie fragte mich, was ich wollte. Ich antwortete: »Ich möchte deinen Vater sehen.« Ich hatte auch für ihren Großvater gearbeitet, aber es war ihr Vater, den ich am besten kannte.

Er saß auf dem Sofa am Fenster. Er hatte das arabische Nummernschild bemerkt, als ich mit dem Wagen in die Auffahrt eingebogen war, und er hatte angenommen, dass ich ein arabischer Geschäftsmann wäre, der ihnen etwas verkaufen wollte.

»Erkennst du mich nicht?«, fragte ich. »Ich sage dir, wer ich bin. Ich bin Izzeldin, der hier gearbeitet hat.« Da sprang er vom

Sofa auf, küsste und umarmte mich. Als seine Frau mich sah, umarmte auch sie mich und nannte mich ihren Sohn. Sie sagte: »Izzeldin, ich erinnere mich an dich, du warst der Junge, der in den Hühnerställen arbeitete und sich immer die Nase zuhielt, weil er den Gestank nicht ertragen konnte. Ich hatte Mitleid mit dir und dachte, es sei nicht die richtige Arbeit für einen jungen Burschen.«

Ich war so glücklich, dass ich die Familie gefunden hatte und sah, dass sie alle am Leben waren und es ihnen gut ging. Ich war froh über die Gelegenheit, ihnen zu erklären, wie viel mir der Sommer auf ihrem Hof bedeutet hatte; dass die Zeit bei ihnen mir gezeigt hatte, dass Juden und Palästinenser wie eine Familie sein könnten. Sie sagten mir, dass sie nie erwartet hätten, dass aus einem Ort wie dem Flüchtlingscamp von Jabalia, einem Ort voller Kämpfe und Feindseligkeit, ein Arzt hervorgehen könnte. Ich wollte ihnen die Zuneigung, ja die Liebe, zeigen, die ich für sie empfand. Denn ich hatte erfahren, wie viel wir erreichen können, wenn wir die Schranken niederreißen, die uns daran hindern, unsere Träume zu verwirklichen.

Wieder zurück im Soroka Hospital, bestärkten mich meine Kollegen weiter darin, in der dortigen Abteilung für Geburtshilfe und Gynäkologie den Facharzt zu machen. Ich hatte bloß keine Ahnung, wie das gehen sollte. Ich betrieb immer noch meine Klinik in Gaza, verdiente genug Geld für meine Familie und kam regelmäßig nach Soroka, um mich mit meinen neuen Kollegen zu beraten und von ihnen zu lernen.

Marek Glezermann schnitt die Weiterbildung so auf mich zu, dass sie passte, und empfahl mich als ersten palästinensischen Assistenzarzt in seiner Abteilung, verließ aber das Krankenhaus für eine andere Stellung, ehe er das Vorhaben zu Ende führen konnte. Er wurde durch einen anderen Leiter ersetzt, Moshe Mazor, der die Idee ebenfalls unterstützte, obwohl es nicht einfach war. Das Krankenhaus musste für vier verschiedene

Zertifikate sorgen, ehe ich beginnen konnte. Ich musste einen speziellen Ausweis bei mir tragen, außerdem brauchte ich eine Arbeitserlaubnis, die für ein Jahr galt, eine Erlaubnis, die es mir ermöglichte, in Israel zu übernachten, wenn ich es nicht nach Hause schaffte, und eine spezielle Erlaubnis, die Grenze in meinem eigenen Auto zu passieren (damals war der Grenzübergang mit Autos noch möglich). Shimon Glick und Margalith Carmi, beide Professoren an der medizinischen Fakultät der Ben-Gurion-Universität, überzeugten die MacArthur-Foundation, ein Stipendium einzurichten, das mein Gehalt abdecken würde.

Dr. Shlomo Usef, der zu der Zeit Direktor des Soroka Hospital wurde, war ebenfalls eine wichtige Unterstützung. Er erinnerte sich später einmal:

> »Izzeldin war ein besonderer Mensch, mit einer ausgeglichenen Sicht auf den israelisch-palästinensischen Konflikt … Er sah den Konflikt von beiden Seiten und sich selbst als die Person, die zwischen beiden eine Brücke sein konnte. Darüber hinaus hatte er den Ehrgeiz, in seiner eigenen Arbeit neue Standards zu erreichen. Daher war ich überzeugt, dass wir ihn ausbilden könnten. Wir mussten uns um alles Mögliche kümmern: seinen Ausbildungsgang, die nötigen finanziellen Mittel, alle Genehmigungen, die er von unserer und seiner Regierung brauchen würde, damit dies möglich wurde. Wir wickelten das alles über die Ben-Gurion-Universität ab. Ich sah, wie sehr Izzeldin darauf brannte, voranzukommen. Also wollte ich dazu beitragen, dass diese Facharztausbildung auch wirklich stattfinden konnte. Den Rest hat er selbst geleistet.«

Ich begann mit der Assistenzzeit 1997, beinahe genau ein Jahr, nachdem unser erster Sohn, Mohammed, geboren worden war.

Nadia war mit ihm und unseren fünf Töchtern zu Hause. Ich weiß, dass es für sie schwierig war. Ich war während der Woche ständig unterwegs und oft auch noch an den Wochenenden, wenn ich im Krankenhaus Schicht hatte. Der Grenzübergang zwischen Gaza und Israel war unkalkulierbar. Ich wusste nie, ob ich rechtzeitig hinüberkäme, also mietete ich eine kleine Wohnung in Be'er Scheva und gab einen Teil der zweitausend Dollar meines monatlichen Gehaltes dafür aus. Sonst hätte ich mir Sorgen gemacht, zu spät zu meinen Seminaren zu kommen oder zu einer Patientin, die mich brauchte, oder zu spät, um einen anderen Assistenzarzt von der Schicht abzulösen. Auch wenn ich mit der Zeit eine ganze Reihe israelischer Soldaten kannte und diese mich nicht schikanierten, gab es immer wieder neue, die mir endlosen Kummer bereitet haben, so wie sie es mit den anderen Palästinensern machten, die nach Israel kamen.

Ich erinnere mich, dass sie einmal von mir verlangten, mein Auto über den Werkstattgraben zu fahren, wo die Soldaten die Unterseite der Autos inspizierten. Ich saß mit meiner Aktentasche an der Seite, sah dem Prozedere zu und versuchte geduldig zu bleiben. Als die Untersuchung endlich vorbei war, fuhr ich weiter. Erst als ich beim Krankenhaus ankam, merkte ich, dass ich meine Aktentasche mit meinem Führerschein, meinem Pass, all meinen Dokumenten und wichtigen Papieren am Treppenabgang neben dem Auto hatte stehen lassen. Ich rief beim Grenzübergang an, aber niemand nahm ab. Also fuhr ich die vierundvierzig Kilometer zurück zur Grenze und berichtete den Soldaten von meinem Dilemma. Der Diensthabende hob kaum den Kopf und sagte: »Wir dachten, es sei ein verdächtiges Paket und haben es gesprengt.«

Ich verstand das Sicherheitsanliegen, sie wollten kein Risiko eingehen. Aber diese Soldaten kannten mich, und sie hätten in der Lage sein sollen, mich als menschliches Wesen und nicht als feindlichen Palästinenser zu behandeln. Ich war einfach nur ein Mann, der seine Aktentasche vergessen hatte. Dennoch versuchte ich die Demütigung zu schlucken, weil ich die Chance, im Soroka Hospital zu lernen, nicht gefährden wollte. Ich brauchte zwei Monate, um all die vernichteten Papiere neu zu beschaffen.

Meine wissenschaftliche Arbeit betrieb ich in einer Forschungsgruppe zur Fertilität. Meine Patienten waren israelische, palästinensische und arabisch-israelische Paare, die von ungewollter Kinderlosigkeit betroffen waren. Die Abteilung war ein eigener Kosmos und ging weit über die zwei Welten hinaus.

Das Leben ist nie einfach, aber für Paare, die mit Unfruchtbarkeit zu kämpfen haben, ist es besonders schwierig. Seit Beginn meiner Ausbildung habe ich versucht, diesen fundamentalen Schmerz der Frauen und Männer zu lindern, die Eltern werden wollten und doch nicht schwanger werden konnten. Und es ist nach wie vor der Grund, warum die Arbeit auf diesem Gebiet immer noch so wichtig für mich ist.

Die Arbeit konfrontierte mich immer wieder mit unvergleichlichen Herausforderungen auf dem Weg zu einer friedlichen Koexistenz. So wurde zum Beispiel eine schwer kranke Frau aus Gaza zur Behandlung eingeliefert. Sie hätte sterben können, wenn sie in Gaza geblieben wäre. Die zehnfache Mutter litt unter akutem Nierenversagen und lag mit der Diagnose einer tiefen Venenthrombose seit zwei Wochen in einem Krankenhaus in Gaza. Als sie hohes Fieber und andere Komplikationen bekam, entschied man, sie ans Soroka zu überweisen. Es ist nicht einfach, Patienten über die Grenze hinweg zu verlegen. Eine palästinensische Ambulanz musste sie zum Grenzpunkt Eres bringen. Die Ambulanz des Soroka musste ihr entgegenkommen und die Patientin übernehmen. Es war und ist immer noch schwierig, die Erlaubnis zum Grenzübertritt nach Israel zu erhalten. Und nicht nur das. Die palästinensischen

Verantwortlichen mussten sich einverstanden erklären, die Kosten für die medizinische Behandlung zu übernehmen, ehe sie gehen konnte. Trotz des anhaltenden Misstrauens auf beiden Seiten wurde die Überweisung organisiert, und sie wurde nach Soroka verlegt. Ich wurde hinzugezogen, als sie ankam, um festzustellen, ob es einen gynäkologischen Grund für das hohe Fieber gäbe. Als ich sie auf Arabisch ansprach und ihr sagte, ich sei ein Palästinenser aus dem Camp von Jabalia, griff sie nach meiner Hand und wollte sie nicht wieder loslassen. Sie war noch nie in Israel gewesen und hatte Angst, man würde sie misshandeln. Aber es waren die israelischen Ärzte, die ihr Leben retteten.

Ich liebe meine Arbeit, weil das Krankenhaus ein Ort ist, an dem man die Menschlichkeit entdecken kann, an dem die Menschen gleich und ohne rassistische Vorurteile behandelt werden. In der Medizin legen wir mit dem Examen einen Eid ab, dass wir den Kranken helfen werden. Ob dies nun der Hippokratische Eid ist, das Gebet des Maimonides oder das Genfer Gelöbnis, egal wo in der Welt wir unsere Zulassung erwerben oder welche Sprache wir sprechen, wir lassen unsere Verschiedenheiten außen vor und widmen uns ganz der Rettung von Leben. Natürlich kann ich nicht für alle sprechen, aber meiner Erfahrung nach haben die Israelis, mit denen ich gearbeitet habe, den Patienten gesehen, nicht seine Nationalität oder ethnische Zugehörigkeit.

Und noch eine andere Erfahrung aus meiner Zeit am Soroka Hospital möchte ich hier wiedergeben. Ich war entschlossen, Hebräisch zu lernen, weil ich nicht wollte, dass ein Patient je das Gefühl hätte, ich könnte sein Patientenblatt nicht lesen oder würde seine Symptome nicht verstehen. Ich hatte Sorge, dass meine Patienten das Vertrauen in meine Arbeit verlieren könnten, wenn ich die Sprache nicht genügend beherrschte. Also war ich sehr darauf bedacht, korrektes Hebräisch zu sprechen.

Eines Tages wurde eine Beduinin mit schwerem Bluthochdruck während der Schwangerschaft eingeliefert, aber sie weigerte sich, im Krankenhaus zu bleiben. Ich musste einen Entlassungsbericht schreiben und den Umstand vermerken, dass sie meinen ärztlichen Rat abgelehnt hatte. Im Hebräischen ist das Wort für »abgelehnt« *meseravet*. Ich war mir bei der Schreibweise der hebräischen Schriftzeichen nicht sicher und wollte nicht, dass die Frau oder ihr Mann das merkten. Allein aus diesem Grund versuchte ich die Patientin zu bewegen, im Krankenhaus zu bleiben. Sie tat es nicht. Schließlich bat ich sie, mit ihrem Mann zum Auto zu gehen und ihren Pass zu holen, sodass sie lange genug aus dem Raum waren und ich eine Krankenschwester fragen konnte, wie man das hebräische Wort schreibt. Als das Ehepaar zurückkam und ich sie bat, das Entlassungsformular zu unterschreiben, sagten sie mir, dass keiner von beiden seinen Namen schreiben konnte. Und ich hatte mir solche Gedanken gemacht, dass ich in ihrem Beisein einen Fehler machen könnte. Ich befürchtete immer, dass man mir Versagen vorwerfen könnte, ob das nun meine medizinischen Fähigkeiten betraf, die Sprache oder zwischenmenschliche Beziehungen. So genau wie ich wusste, dass ich mit der Facharztausbildung am Soroka die Chance meines Lebens bekommen hatte, wusste ich auch, dass ich in den Augen meiner israelischen Kollegen einen Versuch darstellte und dass mein Erfolg anderen palästinensischen Ärzten die Türen öffnen könnte. Mein Scheitern könnte diese Tür verschließen.

Die meisten jüdischen Israelis hielten mich irrtümlich für einen arabischen Israeli, aber ich klärte sie rasch auf, dass ich ein Palästinenser aus dem Gazastreifen sei. Auch wenn ich ein Namensschild mit einem palästinensischen Nachnamen trug und Hebräisch mit einem Akzent sprach, schien niemand Einwände gegen mein Hiersein zu haben. Krankheiten kennen keine Grenzen. Aber ich muss zugeben, dass Politik und Vorurteile die Dinge doch beeinflussen. Ich wollte im Krankenhaus nur meinen Job machen und die Politik am Checkpoint zurücklassen, aber sie folgte mir bis in die Notaufnahme.

Ich war zum Beispiel einmal in der Notaufnahme der gynäkologischen Abteilung, als eine völlig verzweifelte Frau ankam. Sie war im frühen Stadium der Schwangerschaft und hatte Blutungen. Ich untersuchte sie, machte einen Ultraschall, stellte fest, dass die Schwangerschaft fortbestand, aber dass sie von einer Fehlgeburt bedroht war. Die einzig mögliche Behandlung war Bettruhe. Ich sagte ihr, es gäbe eine Fünfzig-Fünfzig-Chance für die Schwangerschaft. Sie verließ das Krankenhaus, kehrte aber um Mitternacht zurück; die Blutungen waren schlimmer geworden. Dieses Mal fing ihr Ehemann, ein sephardischer Jude aus Marokko, an, mich anzuschreien, ich würde das Baby töten. Er drohte, mit mir dasselbe zu tun. Ich war damit beschäftigt, mich um die Patientin – seine Frau – zu kümmern. Er bedrohte mich weiter, bis die Krankenschwester nach dem Sicherheitspersonal rief. Dieser Mann hätte einen israelischen Arzt nicht so behandelt. Er gab mir die Schuld für den Zustand seiner Frau, weil er mich als Araber sah. Er beschwerte sich beim Leiter des Krankenhauses, der den Mann mit in sein Büro nahm, auf die Regale voller medizinischer Fachbücher zeigte und sagte: »Was Dr. Abuelaish gemacht hat, entspricht den Lehrbüchern.« Er stand voll und ganz hinter mir, und der Mann beruhigte sich.

Damals leistete ich als inoffizieller Botschafter für den Frieden in der Region mit aller Kraft meinen Beitrag für die Koexistenz: Ich brachte ein Wochenende im Monat ganze Gruppen von Israelis bei mir oder bei meinen Freunden unter. Wir unternahmen Touren durch das Jabalia-Camp und Gaza-Stadt, ließen sie das beengte Leben der Palästinenser kennenlernen und nahmen uns dabei viel Zeit, sodass sie mit den Menschen sprechen, ihnen Fragen stellen und ihre eigenen Schlüsse ziehen konnten. Dann tranken wir gemeinsam Kaffee und aßen Süßes dazu, alle gemeinsam, Israelis und Palästinenser. Wir diskutierten und stritten miteinander. Diese Zusammenkünfte brachten mir nahe, wie ähnlich wir uns in Gesellschaft sind. Wir sind expressiv, wir sprechen laut, und die Dezibelstärke steigt mit der Intensität der Unterhaltung. Je interessanter es wird, desto lauter werden wir. So sind wir, Palästinenser wie Israelis. Und noch die lautstärksten Auseinandersetzungen unserer Treffen endeten mit dem Austausch von Telefonnummern und neuen Freundschaften. Dann war es plötzlich vorbei.

Im September 2000 begann die Zweite Intifada, als eine Reihe entfesselnder Ereignisse sich wie zu einem Sturm vereinigten. Ariel Sharon besuchte den Tempelberg, das drittwichtigste Heiligtum der islamischen Welt, als wollte er demonstrieren: »Versucht nicht, mich aufzuhalten!« Die Gespräche beim Friedensgipfel von Camp David im Juli waren gescheitert; bei tätlichen Angriffen von beiden Seiten kamen Menschen ums Leben. Dann begannen das Steinewerfen, das Bombenzünden und die Tränengaseinsätze. Unruhen folgten. Die Grenze wurde geschlossen, und meinem kleinen Grüppchen von Peacemakern war es nicht länger gestattet, sich zu treffen.

Ich fuhr für einen Tag in der Woche mit der Arbeit in meiner eigenen Klinik in Gaza fort, wo ich umsonst behandelte. Aber auch ich konnte während der ersten paar Wochen nicht nach Israel hinüber und die geschätzten 100 000 anderen Gazabewohner, die Jobs in Israel hatten, konnten auch nicht arbeiten gehen. Es fühlte sich an, als sollten wir in unserer Existenz vernichtet werden. Keine Jobs und kein Geld bedeuten nichts zu essen und nichts zu kaufen. Auch wenn es später noch viel schlimmer werden sollte, sahen die Palästinenser keine Zukunft mehr für sich. Sie empfanden ihr Leben als nutzlos. Wenn dann einer durchdreht und zum Selbstmordattentäter wird, hält niemand in seiner Umgebung ihn mehr davon ab. Stattdessen wird er zum Helden.

Ich wollte zurück nach Israel, um zu arbeiten. Im Interesse meiner eigenen Sicherheit beriet ich mit vielen palästinensischen Freunden, ob ich gehen sollte oder nicht. Ich wollte wissen, ob es ethisch noch vertretbar sei. Die meisten sagten:

»Izzeldin, geh an deine Arbeit. Es ist für dich, für uns und zum Wohl der Israelis.« Ich hatte immer noch die Papiere, die mir erlaubten, nach Israel einzureisen, und trotz der Tatsache, dass die Intifada immer noch tobte, schien alles ganz normal, als ich sie an der Grenze zeigte.

Als ich das erste Mal nach sechzig Tagen an das Genetik-Institut zurückkehrte, empfingen mich meine israelischen Kollegen und Freunde wie einen Sohn, der nach langer Abwesenheit heimkehrt. Sie sagten mir, dass sie alle an mich gedacht hätten, und der Leiter des Instituts, Ohad Burke, hieß mich mit Blumen und einer dicken Umarmung willkommen. Einer meiner israelischen Freunde im Soroka sagte zu mir: »Izzeldin, ich habe gehört, du hattest Angst zurückzukehren. Ich sage dir, ich bin bereit, mein Leben für deine Sicherheit zu opfern, wenn irgendein Israeli versuchen sollte, dir etwas anzutun.« Wie könnte irgendjemand mehr tun?

Aber es gab auch Kollegen in Gaza, die meine Beweggründe infrage stellten. Einer sagte: »Wie kannst du diesen jüdischen Frauen helfen, Babys zu bekommen? Sie werden zu Soldaten heranwachsen, Bomben auf uns werfen und uns erschießen.« Ein anderer sagte mit zusammengebissenen Zähnen: »Es macht mich sehr wütend, dass du das tust.« Einige waren der Ansicht, ich würde einer neuen Generation von Besatzern auf die Welt verhelfen. Ich versuchte, ihnen zu sagen, dass all diese israelischen Kinder genauso gut auch Ärzte werden könnten.

Wir waren dem Frieden so nahe gewesen. Wie viele andere hatte ich große Hoffnung gehegt. Ich hatte meine Touren geführt und hatte in Gaza mit Hilfe von israelischen Ärzten sogar Kliniken eröffnet, die alle wieder schließen mussten. Man hatte es fast zu einer Friedensvereinbarung gebracht und ließ nun unsere Beziehung so rasch wieder kaputtgehen. Als die Zweite Intifada ausbrach, war jede Seite nur noch mit ihrem eigenen Schmerz beschäftigt und gab der anderen die Schuld, statt zu erkennen, dass wir die Rechte beider Völker auf ein Leben in Ruhe und Frieden anerkennen müssen. Ich wünschte, ich könnte meine Augen schließen, und wenn ich sie öffnete, wären wir wieder an dem Punkt, wo wir waren, bevor die Zweite Intifada begann und wir noch miteinander redeten.

Die Zweite Intifada hat mehr als alles andere bewiesen, wie sehr wir Palästinenser und Israelis miteinander verbunden sind und dass wir einen Weg finden müssen, miteinander zu leben. Das Scheitern des Friedensprozesses war ein Versagen beider Seiten. Ich bewegte mich auf einem sehr schmalen Grat, als ich versuchte, die beiden Seiten einer äußerst aufgeladenen Debatte zusammenzubringen. Ich dachte, wenn ich mehr palästinensische Ärzte dazu bewegen könnte, ihren Facharzt in israelischen Krankenhäusern zu machen, würden sie die wahren Israelis kennenlernen, die an den Frieden glauben. Und umgekehrt würden die Israelis die menschliche Seite der Palästinenser erfahren.

Meiner Meinung nach ist das Gesundheitswesen die beste Brücke zwischen unseren beiden Völkern. Als Arzt mache ich keinen Unterschied zwischen Israelis, Palästinensern, arabischen Israelis, Neu-Einwanderern oder Beduinen. Meine Pflicht ist es, dafür zu sorgen, dass jedes Kind gesund geboren werden kann. Aber was passiert, wenn diese unschuldigen Kinder groß werden? Wer bringt ihnen die Dinge bei, die sie zu Feinden statt zu Freunden werden lassen?

Obwohl der Konflikt weiter anhielt, beschlossen meine Brüder und ich, ein neues Haus zu bauen: ein vierstöckiges Gebäude, in dem jeder für sich und doch alle gemeinsam wohnen könnten, ein Bruder auf jedem Stockwerk und unsere Mutter im Erdgeschoss. Wir steuerten alle etwas bei, auch wenn ich das meiste bezahlte, und bauten ein Haus in Jabalia-Stadt, in den Außenbezirken des Camps. Mein Bruder Shehab lebte in der Nähe, während meine drei Schwestern bei den Familien ihrer Ehemänner im Camp von Jabalia und in Gaza-Stadt wohnten. Aber wie alles in unserem Leben brachte das neue Haus eine weitere knifflige Situation mit sich. Unsere Mutter, Dalal, die stärkste Frau, die ich je kennengelernt habe, weigerte sich, bei uns einzuziehen. Sie wartete immer noch darauf, dass mein Bruder Noor nach Hause käme. All die Jahre lüftete sie seine Hemden und bügelte seine Hosen in der Hoffnung, dass er zur Tür hereinkäme und alles wäre wie früher. Mutter träumte regelmäßig, dass sie ihn nach Hause kommen sah, doch er ist seit achtzehn Jahren verschollen. Sie wollte das kleine Haus im Flüchtlingscamp, das mit dem Geld gebaut worden war, das ich mit fünfzehn verdient hatte, nicht verlassen, um zu vermeiden, dass Noor heimkäme und uns nicht fände. Natürlich wusste jeder, wo wir jetzt waren, und sie würden ihm sagen, wo er uns finden könnte. Aber unsere Mutter beharrte darauf, sodass abwechselnd einer der Söhne bei ihr blieb. Einer meiner Brüder nannte seine Tochter Noor, ein anderer seinen Sohn. Wir behielten ihn auf diese Weise in der Familie. Das war alles, was wir tun konnten.

Am 11. September 2001 hatte ich Dienst in der Notaufnahme der gynäkologischen Abteilung am Soroka Hospital. Wir hatten viele Patienten an dem Abend, es gab so viel zu tun, dass ich nicht mal dazu kam, mich am Kopf zu kratzen. Etwa um Mitternacht sagte einer der Putzleute: »In Amerika stürzen Häuser ein.« Ich ging in einen Raum mit einem Fernseher und sah, wovon er gesprochen hatte. Der erste Tower des World Trade Centers brach gerade zusammen. Niemand hätte gedacht, dass der Terror die Vereinigten Staaten erreichen könnte. Doch so war es.

Als Palästinenser wusste ich einiges über Terror. Ich hatte einen Großteil meines Lebens mit ihm gelebt. Bald nach der Tragödie von 9/11 war ich zu einer Podiumsdiskussion anlässlich eines Symposiums eingeladen, das die American Friends of Soroka Medical Center of the Negev in New York veranstalteten. Es trug den Titel: »Nach dem terroristischen Anschlag – ein Dialog des Heilens«. Auf dem Podium saßen außer mir ein Journalist, David Makovsky, ein Wissenschaftlicher Mitarbeiter am Washington Institute for Near East Policy, der Anwalt Steven Flatow, der Vater von Alisa Flatow, die durch einen Selbstmordattentäter in Gaza getötet wurde, und Esther Chachkes, die Direktorin des Instituts für Sozialarbeit an der medizinischen Fakultät der New York University. Mir war sofort klar, dass ich die Einladung annehmen und mich vor diesem Publikum gern zu dem Thema äußern wollte. Doch dann erfuhr ich von der Organisatorin, Mona Abramson, einer Kollegin und Freundin aus meiner Zeit am Soroka Hospital, dass einer der Podiumsteilnehmer gefordert hatte, dass meine Einladung zurückgezogen würde.

Es war Steven Flatow, der Mona gefragt hatte: »Wieso nimmt ein Palästinenser aus Gaza an der Konferenz teil? Meine Tochter wurde in Gaza getötet.« Aber sie überzeugte ihn, indem sie sagte: »Urteile nicht vorschnell und impulsiv und sage nicht Nein, bevor du ihn kennenlernst.« Als Mona mir davon erzählte und mich fragte, ob ich immer noch teilnehmen wollte, sagte ich ihr, dass ich dazu bereit sei. Ich sah es als eine Gelegenheit, um die jüdische Gemeinschaft zu erreichen. Genau dort musste die Heilung beginnen. Ich bereitete das, was ich zu sagen hatte, sorgfältig vor, denn ich wollte, dass jedes Wort Gewicht hätte.

Ich flog mit dem festen Vorsatz nach New York, dort meine Sicht der Wahrheit zu schildern, aber ich konnte mir auch gut vorstellen, was mir als einziger palästinensischer Stimme unter lauter Juden auf dem Podium bevorstehen würde. Als ich ankam, war klar, dass auch das Publikum hauptsächlich aus Juden bestand. Noch bevor die Podiumsdiskussion begann, schleuderten mir Leute aus dem Publikum provokative Sätze entgegen:

»Ihr erzieht eure Kinder zum Hass auf uns.« Ich wollte ihnen klarmachen, wie das Leben für Palästinenser wirklich war. Es war eine Gelegenheit, ihnen die Augen zu öffnen. Ich schaute ins Publikum und begriff das Ausmaß dieser Aufgabe. Man sieht es den Leuten an, wenn sie geistige Scheuklappen tragen – sie sitzen zurückgelehnt auf ihren Stühlen, vermeiden Augenkontakt und benehmen sich, als seien sie nur pro forma anwesend. Vielleicht waren sie nur dort, um zu erleben, wie ich von den anderen Podiumsteilnehmern auf meinen Platz verwiesen würde. Das kann auch passieren, aber für gewöhnlich endet es anders. Ich hatte Informationen, die sie nicht hatten, ich hatte Geschichten zu erzählen und Argumente vorzubringen. Ich ermahnte mich selbst zu lächeln, wenn ich an der Reihe war zu sprechen.

Es waren etwa dreihundert Leute im Raum. Ich hatte als Dritter das Wort. Sie hatten bereits die Geschichte von Steven Flatow gehört, als ich das Podium betrat. Anfangs fragte ich mich, ob sie angesichts des Ausmaßes der terroristischen Tragödie, die sie gerade erlitten hatten, überhaupt imstande waren, mir zuzuhören. Konnten sie die quälenden Leiden anderer nachvollziehen, wo sie selbst gerade angegriffen worden waren? Ich wollte ihnen von den letzten vier Wochen im Nahen Osten berichten, von der extremen Spannung zwischen Israelis und Palästinensern. Von Ariel Sharon, der gesagt hatte: »Jeder hat seinen Osama bin Laden, unserer ist Jassir Arafat«, von den unschuldigen palästinensischen Kindern, die getötet worden waren, dem Lynchen israelischer Soldaten in Ramallah, dem antiarabischen Pogrom in Nazareth. Der 11. September hat auch auf meiner Seite der Welt seinen Tribut gefordert.

Ich wollte nicht über die Balfour-Deklaration und Friedensvereinbarungen, über jüdische Siedlungen und Schmuggel-Tunnel zwischen Gaza und Ägypten sprechen. Ich wollte die Aufmerksamkeit auf etwas anderes lenken. Ich wollte mein Wissen darum teilen, dass wir, Israelis und Palästinenser, uns so ähnlich sind.

Wir müssen begreifen, dass es in jedem Land, jeder Religion, jeder Kultur Menschen mit schlechter Gesinnung gibt. Aber es gibt in jedem Land auch ein Lager stiller Menschen, die an dasselbe glauben wie ich. Daran, dass wir die beiden Gesellschaften einander näherbringen können, indem wir den jeweils anderen Sichtweisen und Anliegen Gehör schenken. Ich bin sicher, dass es im Grunde so simpel ist. Ich weiß es aus der Erfahrung meines gesamten Lebens.

Sehen Sie sich den Nahen Osten an, das geschundene Heilige Land, den seit Generationen andauernden Hass und das Blutvergießen. Nur Dialog und gegenseitiges Verständnis können diese Qual beenden. Vertrauen ist im Nahen Osten heute ein seltenes Gut, ein schwaches Pflänzchen, das gepflegt werden muss. Doch man kann den Menschen nicht sagen, sie sollen friedlich zusammenleben, wenn sich die eine Seite einer Lösung beugen muss, die nur für die andere von Nutzen ist. Stattdessen müssen beide aufhören, einander die Schuld zu geben, und einen Dialog in Gang setzen, in dem jeder zu seinem Recht kommt. Jeder weiß, dass Gewalt nur Gegengewalt erzeugt und noch mehr Hass in die Welt bringt. Ich kann all jenen Politikern, die behaupten, für mich zu sprechen, nicht trauen. Sie verfolgen Ziele, die nicht die meinen sind. Wenn ich aber mit meinen Patienten, meinen Nachbarn und Kollegen – Juden wie Arabern – rede, stelle ich fest, dass es ihnen so geht wie mir: Zwischen uns gibt es mehr Gemeinsamkeiten als Unterschiede, und wir alle haben genug von der Gewalt.

Als Arzt, der in Israel und Gaza praktiziert, sehe ich die Medizin als Brücke, genauso wie Bildung und Freundschaften. Wir alle wissen, was zu tun ist, was hält uns auf? Wer hält die Schranken zwischen unseren beiden Seiten aufrecht? Wir müssen einander verstehen, indem wir die jeweils andere Realität zu unserer machen, Zeichen der Toleranz setzen und das Heilen an die Stelle des Hasses setzen.

Ich beobachtete die jüdisch-amerikanischen Zuhörer, während ich sprach. Ich konnte sehen, wie sie die Wahrheit aufnahmen, als ich ihnen vom Leben in Gaza berichtete. Sie lehnten sich nicht mehr demonstrativ auf ihren Stühlen zurück, um darauf zu warten, dass ich fertig wäre. Wie alle anständigen Menschen waren sie schockiert über das, was ich ihnen zu sagen hatte, und ein bisschen überrascht von der schlichten Botschaft. Ich wusste, dass ich gewonnen hatte, als Steve Flatow, der Mann, der meine Teilnahme am Podium nicht gebilligt hatte, aufstand und sagte: »Du bist morgen zum Sabbatessen bei mir eingeladen.« Am nächsten Tag schickte er ein Auto, um mich abzuholen. Wir aßen mit seiner Mutter zu Mittag, und er sagte: »Izzeldin, was kann ich für die Menschen in Gaza tun?« Ich hätte an diesem Tag kein schöneres Geschenk bekommen können.

Im Februar 2002 starb meine Mutter, und ich spürte, dass ich den Menschen verloren hatte, der am meisten für mich geopfert hat. Sie war diejenige, die die Familie zusammenhielt, als ich Kind war. Es war ihre Strenge, die uns alle vorantrieb.

Nur wenige Tage bevor sie starb, traf ich sie auf der Straße an, wo sie darauf wartete, von jemandem zum Haus ihrer Cousine mitgenommen zu werden; und ich fuhr sie in meinem Wagen hin. Sie schien ganz so zu sein wie immer, kräftig und gesund.

Wir hatten gerade das Opferfest Id al-adha gefeiert. Meine Mutter war vor Freude, dass sie all ihre Kinder und Enkelkinder bei sich hatte, völlig aus dem Häuschen. Danach fuhr ich nach

Hause, um zu packen, weil ich nach San Francisco musste, um an einer Konferenz teilzunehmen. Gerade als ich zur Tür hereinkam, rief mein Bruder an, um zu sagen, meiner Mutter ginge es nicht gut. Als ich wieder bei ihrem Haus ankam, stellte ich fest, dass sie einen Schlaganfall gehabt hatte, und setzte sie in mein Auto, um sie ins Al-Shifa-Hospital in Gaza zu fahren. Nachdem sie auf die Intensivstation eingewiesen worden war, rief ich im Soroka an, um die Reise abzusagen, und meine Kollegen schlugen vor, dass ich sie zu ihnen bringen sollte. Ich dachte über das Angebot nach, denn das Al-Shifa hatte nicht immer die Ausstattung, die die Patienten brauchten. Aber als ich sie im Krankenhaus besuchte, stattete gerade der Gesundheitsminister der palästinensischen Autonomiebehörde einen offiziellen Besuch ab. Bei seinem Rundgang hielt er beim Zimmer meiner Mutter an, um mich zu begrüßen. Von da an sorgte das Personal dafür, dass meine Mutter alles bekam, was sie brauchte. Im Al-Shifa kommt es immer noch darauf an, wen man kennt. Aus meiner Sicht als Arzt war mir klar, dass es für meine Mutter das Beste war, ihr alles so angenehm wie möglich zu machen. Als sie wieder zu Bewusstsein kam und nach Bessan fragte, die über die Jahre viele Nächte bei ihrer Großmutter verbracht hatte, sorgte ich dafür, dass meine Tochter sie besuchen kam. Wir blieben Tag und Nacht an ihrem Bett, drei Tage später starb sie.

Ich empfand große Trauer über diesen Verlust. Ich hatte ihr ein besseres Leben verschaffen, mich um sie kümmern, sie für die Härten, die sie erlitten hatte, entschädigen wollen. Der Abschluss meiner Facharztausbildung und der Umstand, dass ich damit zum ersten palästinensischen Arzt wurde, der in einem israelischen Krankenhaus Dienst tat, hätte sie so stolz gemacht, aber dafür war es noch ein paar Monate zu früh. Als wir sie zum Friedhof brachten, um sie zu beerdigen, fuhr der Trauerzug an dem Haus vorbei, das meine Brüder und ich gebaut hatten. Näher ist sie ihm nie gekommen.

Einen Monat, nachdem meine Mutter gestorben war, gab es ein Selbstmordattentat in einem Hotel in Israel. Auch wenn ich am anderen Ende des Landes war und offensichtlich nichts damit zu tun hatte, wurde ich sofort für die Einreise nach Israel gesperrt, daran gehindert, meine Patienten zu sehen und meine Arbeit zu tun. Erst nach zwei Monaten und der Intervention meiner israelischen Kollegen aus dem Krankenhaus und sogar Angehörigen der Knesset, des israelischen Parlamentes, wurde das Verbot rückgängig gemacht und mir wurde wieder erlaubt, die Grenze zu passieren.

Die Leute sagen mir oft, sie würden mich für meine Geduld bewundern und für die Fähigkeit, voreiliges und impulsives Handeln zu vermeiden. Und ich sage ihnen, dass ich das beim Schlangestehen am Checkpoint von Eres gelernt hätte.

Im Jahr 2003 wurde unser zweiter Sohn, Abdullah, geboren. Unsere Familie war nun vollständig. Geduld hin oder her – auf meinem Weg über die Grenze fragte ich mich, in was für einer Welt diese meine Familie wohl aufwachsen würde.

In diesen Jahren war ich viel von zu Hause fort. Sobald ich meine Weiterbildung beendet hatte, erhielt ich von den American Friends of Ben-Gurion University und den American Friends of Soroka eine Förderung für eine Fortbildung in Fetalmedizin und Genetik am Krankenhaus Vittore Buzzi in Mailand und dem Hôpital Erasme in Brüssel.

Diese Reisen öffneten mir auch die Augen für die Notwendigkeit von Verbesserungen in der Gesundheitspolitik, insbesondere für eine Bevölkerung wie der palästinensischen. Ein Freund organisierte für mich ein Treffen mit einem Dekan an der Harvard University's School of Public Health, und dieser sagte mir: »Sie können von uns profitieren und wir auch von Ihnen.« Was er meinte, war: Ich hatte Erfahrungen mit dem öffentlichen Gesundheitswesen in einem überfüllten Flüchtlingscamp, und er war der Fachmann für das Entwickeln von

Strategien im Gesundheitswesen. Gemeinsam könnten wir neue Beiträge zu gesundheitspolitischen Theorien leisten. Doch in Boston zu studieren hieße, schon wieder für eine lange Zeit von zu Hause fort zu sein. Und ich war unsicher, ob ich in der Lage war, eine weitere Reihe von Prüfungen zur Aufnahme in Harvard abzulegen. Seit Jahrzehnten hatte ich für irgendwelche Prüfungen gelernt. Dennoch ließ das Thema des öffentlichen Gesundheitswesens mir keine Ruhe. Ich wusste, es war für die Arbeit, die ich vorhatte, wie das fehlende Puzzleteil. Schließlich fasste ich den Entschluss, die Studienmöglichkeit wahrzunehmen, die Harvard bot, und brach 2003 für ein einjähriges Master-Programm in Gesundheitspolitik und Management auf.

Es sollte zu einer unschätzbaren Erfahrung werden, verschaffte mir Zugang zu einem völlig anderen Bereich der medizinischen Welt und machte mir die Möglichkeiten zur Verbesserung der palästinensischen Gesundheitsversorgung bewusst. Das Gesundheitssystem des Gazastreifens ist völlig zersplittert; die Versorgungsbereiche überlagern sich teilweise und sind untereinander wenig koordiniert, sodass sie den Bedürfnissen der Menschen nicht gerecht werden können. Die Vereinten Nationen decken immer noch die medizinische Erstversorgung ab, die palästinensische Autonomiebehörde übernimmt den Rest. Aber viele Menschen bleiben unversorgt. Wenn man nur leicht erkrankt, ist alles in Ordnung, aber bei ernsten Erkrankungen muss man außerhalb Gazas behandelt werden. Das wirkt sich natürlich auf den Gesundheitsstatus der Menschen aus. Genau betrachtet sieht es so aus, dass sich jedes Mal, wenn es einen Wechsel in der Verwaltung gab, auch ein Wandel im Gesundheitswesen vollzog, der sich mehr an den Verantwortlichen im Amt als an den Bedürfnissen der Bevölkerung orientierte. Ich wollte einen Weg finden, dieses Verhältnis umzukehren.

Die Schattenseite meines Studienaufenthaltes in Harvard war, dass ich nicht einmal besuchsweise nach Gaza zurückkehren durfte, weil ich mit einem Studentenvisum eingereist war. Die Visabestimmungen waren so strikt, dass ich mein Studium nicht hätte beenden können, wenn ich auch nur für die lange Weihnachtspause in Harvard meine Familie besucht hätte. Also blieb ich für das ganze akademische Jahr in Boston und konzentrierte mich auf das Studium, auch wenn ich meine Familie vermisste.

Ich gebe zu, dass ich mit der Erwartung nach Amerika kam, Amerikaner seien arrogante Menschen. Bei ihnen zu leben lehrte mich, dass man die Menschen nicht nach ihren Regierungen beurteilen darf. Dies war eine offene, wettbewerbsorientierte Gesellschaft, die auf dem Grundsatz des Erfolges aufbaute. Meine Zeit in Boston zeigte mir, dass die meisten Amerikaner nette Leute und gute Nachbarn sind. Sie als arrogant zu verurteilen wäre so, als wollte man alle Israelis Besatzer und alle Palästinenser Unruhestifter nennen.

Doch selbst in den vom demokratischen Klima in Harvard geprägten Kursen tauchten die altbekannten Themen des Nahen Ostens wieder auf. Als ich ein Seminar zur Gesundheitsökonomie belegen wollte, gab es zwei Professoren, die den Kurs gaben, den ich brauchte; einer von ihnen war Jude. Ein Studienkollege aus den Vereinigten Arabischen Emiraten riet mir, lieber zu einem anderen Professor zu gehen, weil er sagte, der jüdische Professor hasse die Araber. Ich schrieb mich dennoch für den Kurs bei ihm ein, weil er als Experte auf dem Gebiet der Gesundheitsökonomie galt. Aber ich hatte den Eindruck, er ignoriere mich im Unterricht. War das bloß Paranoia, weil man mich vor ihm gewarnt hatte, oder behandelte er mich wirklich anders als die übrigen Studenten? Ich beschloss, ihn um ein persönliches Gespräch zu bitten. Als ich mich mit ihm traf, sagte ich ihm geradeheraus: »Sie wissen, dass ich Palästinenser bin. Ich weiß, dass Sie Jude sind. Man empfahl mir, nicht in Ihren Unterricht zu gehen, weil Sie mich nicht fair behandeln würden. Ich habe den Eindruck, dass Sie mich im Unterricht ignorieren, und ich wollte fragen, ob das zutrifft.« Er war völlig entgeistert. Er sagte, er wäre nie darauf gekommen, dass ich mich im Seminar vernachlässigt fühlte. Wir sprachen darüber, und als ich versuchte, ihm Beispiele zu nennen, die meine Bedenken belegten, merkte ich, dass sie belanglos und unbedeutend waren und dass ich mich von meinem Kommilitonen hatte beeinflussen lassen. Ich kam mir danach sehr töricht vor und fragte mich, ob er mir mein Misstrauen anlasten würde. Aber das war nicht der Fall. Vielmehr nahm er mich ein paar Wochen nach unserem Gespräch zur Seite, um mir zu sagen, dass eine Sprecherin der Weltbank kommen würde und er mich mit ihr bekannt machen wolle.

Am 10. Juni 2004 machte ich meinen Abschluss, und am 12. Juni war ich zurück in Gaza. Ich wünschte, meine Familie hätte bei der Abschlussfeier in Harvard dabei sein können. Ich wünschte, meine Mutter und mein Vater hätten aus ihren Gräbern steigen können, um mich, ihren Sohn, einen Jungen aus armen Verhältnissen, zu sehen, wie ich meine Urkunde in Empfang nahm. Ich wollte, dass alle Palästinenser diesen Augenblick mit mir teilten, auch wenn das nicht möglich war. Die Fakultät hisste neben drei anderen die Flagge Palästinas; ich war stolz auf das, was ich war, und auf das, was wir gemeinsam waren.

Meine Heimkehr war nicht ganz einfach – ich war so lange weg gewesen, dass sich die Kinder mir entfremdet hatten. Mein Sohn Abdullah, der bei meiner Abreise erst ein Jahr alt gewesen war, erkannte mich nicht einmal. Er hörte, wie seine Cousins Onkel zu mir sagten, also sagte er auch Onkel zu mir. Ich hatte drei Koffer voller Geschenke für die Kinder dabei, darunter einen dunklen Wollmantel für Bessan, der mehr gekostet hat, als ich je zuvor für etwas ausgegeben hatte, Kleider für meine anderen Töchter und Spielzeug für die kleineren Kinder. Traurigerweise waren meine ältesten Töchter gar nicht da. Bessan, Dalal und Shatha waren im Peace-Camp in Santa Fe, New Mexico. Ich musste noch zwei weitere lange Wochen warten, bevor ich sie wiedersehen konnte. Doch meine Brüder und ihre Familien waren da und die ganze Nachbarschaft ebenfalls. Wir redeten, lachten und aßen meine Lieblingsspeisen, die Nadia zubereitet hatte. Zwei Wochen lang dauerten das Feiern, der Spaß und der Lärm. Es war schön, wieder zu Hause zu sein.

VIER
Mit Herz und Verstand

So vieles, was in meiner Heimat geschieht, resultiert aus Entscheidungen, die weit entfernt von den Straßen von Jabalia-Stadt gefällt wurden, in denen ich lebe. Im Osloer Abkommen von 1993 wurde vereinbart, dass der Gazastreifen ebenso wie die West Bank Teil des palästinensischen Autonomiegebietes werden sollte; ein Korridor zwischen beiden könnte dann letztlich den palästinensischen Staat bilden. PLO-Chef Jassir Arafat war das Regierungsoberhaupt beider Gebiete mit ihren zwei politischen Flügeln, der Hamas und der Fatah, die um die Anhängerschaft unter den Palästinensern konkurrierten. Im Westjordanland herrschte die Fatah, während die Hamas ihr Hauptquartier in Gaza hatte. Und es war die Hamas, die die Selbstmordattentate im April 1993 in Gang setzte und sie erst im April 2006 wieder aufgab.

Im September 2005 wurden die israelischen Siedler aus Gaza abgezogen, womit das Versprechen der israelischen Regierung eingelöst wurde, das Gebiet von den Palästinensern beherrschen zu lassen. Es war ein wichtiger Schritt in die richtige Richtung, obwohl die Grenzübergänge immer noch von den Israelis kontrolliert wurden. Der Abzug brachte Schlagzeilen in der ganzen Welt, doch was sich täglich in Gaza abspielte und die Befindlichkeit und Stimmungslage der Menschen beeinflusste, interessierte die Medien eher nicht. Ich war in einige solcher Ereignisse verwickelt, wenn auch nicht unbedingt freiwillig.

Ein paar Monate, bevor die israelischen Siedler am 21. Juni 2005 abzogen, versuchte eine Frau aus Jabalia, das Krankenhaus anzugreifen, in dem ich in Israel arbeitete. Ihr Name war Wafa Samir Ibrahim al-Biss, sie war eine einundzwanzigjährige Palästinenserin, die wegen Verbrennungen, die sie beim Kochen erlitten hatte, im Krankenhaus gewesen war. Nach ihrer Entlassung wurde ihr als ambulanter Patientin ein spezieller Pass ausgestellt, der ihr erlaubte, für weitere Behandlungen nach Israel einzureisen. Doch was dann geschah, schockierte uns alle. Auf ihrem Weg zum Krankenhaus wurde sie in Eres aufgehalten, weil ein alarmierter Sicherheitsoffizier Verdacht geschöpft hatte. Es stellte sich heraus, dass sie zehn Pfund Sprengstoff um die Hüften trug. Sie hatte vorgehabt, sich im Krankenhaus selbst in die Luft zu sprengen und so viele Menschen mit in den Tod zu reißen, wie sie konnte, selbst Kinder.

Ich war so außer mir, dass ich einen offenen Brief an die *Jerusalem Post* schrieb, der am 24. Juni veröffentlicht wurde; darin brachte ich meine Abscheu vor ihrer Tat und meine Solidarität mit dem Krankenhaus zum Ausdruck. Ich schrieb: »Am selben Tag, an dem sie ihre Bombe zünden wollte, warteten zwei Palästinenser in kritischem Gesundheitszustand darauf, für dringende medizinische Behandlung nach Soroka überführt zu werden.«

Es gibt verschiedene militante Splittergruppen, die solche abscheulichen Aktionen planen. Wer immer sie geschickt hatte, wollte, dass sie die Leute in Israel tötete, die Palästinenser aus dem Gazastreifen und der West Bank heilten. Was, wenn israelische Krankenhäuser daraufhin behandlungsbedürftige Palästinenser aussperrten? Wie würden die, die diese junge Frau geschickt hatten, sich fühlen, wenn ihren eigenen Verwandten die Behandlung in Israel verweigert würde?

Ich fuhr in meinem offenen Brief fort:

> »Sie hätte eine Botschafterin des Friedens unter ihren Leuten sein und den Ärzten für die Behandlung ihrer Verbrennungen Blumen und Achtung entgegenbringen sollen … Ein derartiges Vorhaben ist ein Akt des Bösen. Kinder, Frauen, Patienten, Ärzte und Pflegepersonal waren das Ziel. Ist das der Dank für die Freundlichkeit? Ist dies ein Aushängeschild für den Islam, einer Religion, die menschliches Leben respektiert und heiligt? Dies ist Aggression und Gewalt gegen die Menschlichkeit.«

Ich nahm an, dass man sie einer Gehirnwäsche unterzogen hatte. Wie hätte sie sich sonst gegen die Menschen wenden können, die ihr geholfen hatten? Viele in Gaza teilten meine Meinung und sagten, ich hätte in diesem Brief auch für sie gesprochen. Selbst manche Politiker, die sich nicht öffentlich dazu äußern wollten, ließen mich wissen, dass ich gesagt hätte, was sie sich nicht zu sagen wagten. Wafa al-Biss ist nun in israelischer Haft, und ich bezweifle, dass sie so bald entlassen werden wird.

Während meiner Zeit in Harvard setzte sich in mir der Gedanke fest, in die Politik zu gehen. Ich hatte die politische Arena immer gescheut, denn ich war der Überzeugung gewesen, dass dies nicht der Weg sei, auf dem ich meinem Volk helfen könne. Aber als ich Gesundheitspolitik studierte und mir klar wurde, wie viel ein gut durchdachter Plan mit sorgsam ausgearbeiteter Strategie bewirken könnte, fühlte ich mich immer mehr zur Politik hingezogen. In Gaza standen Wahlen bevor, und als ich nach Hause kam, sondierte ich die Lage für die mögliche Bewerbung um ein Amt. Monatelang besuchte ich jede einzelne Gemeindeveranstaltung im nördlichen Teil des Gazastreifens. Meine Botschaft war: »Ich bin für euch da, und ich werde für Veränderungen im Gesundheits- und Erziehungswesen sorgen.«

Da es bis zu den Wahlen noch ein paar Monate hin war, nahm ich eine Stelle als Berater für Reproduktionsmedizin beim Maram-Projekt an, einem kleinen Programm, das die palästinensische Autonomiebehörde mit Spenden der USAID bestritt. Da ich aufgrund meiner Tätigkeit durch den ganzen Gazastreifen reisen musste, nutzte ich diese Reisen auch dafür, in der Öffentlichkeit über mein Vorhaben zu sprechen, bei den nächsten Wahlen anzutreten. Außerdem unterrichtete ich am Soroka-Krankenhaus und hielt sogar bei mir zu Hause medizinische Vorträge. Damit hatte ich gute Voraussetzungen, um Beziehungen aufzubauen und die Leute wissen zu lassen, was ich vorhatte.

Das Gesundheitssystem befand sich – angefangen bei der Verwaltung bis hin zur praktischen Umsetzung – in einem schlechten Zustand. Alles, was zählte, war Macht: die Macht, Jobs zu vergeben, anstatt den Bedürfnissen der Menschen gerecht zu werden. Inzwischen hatte ich internationale Erfahrungen gesammelt. Ich hatte für die Vereinten Nationen gearbeitet und war in verschiedenen Krankenhäusern in Gaza, Israel und Saudi-Arabien tätig gewesen. Ich hatte gesehen, wie gute Gesundheitssysteme arbeiteten, und ich wusste, wie man sie in Gaza etablieren könnte. Darüber hinaus hatte ich Kontakte zu Ärzten und Verwaltungsleuten in allen internationalen Zentren geknüpft, die ich kennengelernt hatte, und ich konnte auf ihre Hilfe zählen.

Die Lebensbedingungen in Gaza hatten sich drastisch verschlechtert, während ich in Harvard gewesen war, und ich wusste, dass wir dringend neue Gesichter in der Politik brauchten. Auch wenn ich zwei Jahre im Ausland verbracht hatte, war ich überzeugt, dass die Menschen die Veränderungen wollten, die ich vorschlug.

Und so machte ich für den Rest des Jahres 2005 Wahlkampf. Meine Brüder und Freunde halfen mir. Wir waren der Meinung, dass ich gute Aussichten auf Erfolg hätte. Manche fragten mich, wieso ich auf mein Einkommen als Arzt verzichten würde, nur um Wahlkampf zu machen, aber das Geld kümmerte mich nicht. Ich verdiente als Berater genug, um unsere Rechnungen zu bezahlen; das Einzige, das ich wirklich wollte, war, dem palästinensischen Volk zu helfen.

Als der 25. Januar 2006 als Wahltermin bekannt gegeben wurde, fragten mich Vertreter der Fatah, ob ich in den Vorwahlen im Oktober für sie kandidieren würde. Zu der Zeit ging man noch nicht davon aus, dass auch die Hamas zur Wahl antreten würde. Sie war in Gaza zwar populär, aber die Fatah schien immer noch die besseren Karten zu haben. Ich wollte eigentlich als unabhängiger Kandidat antreten und eine basisorientierte Form der Politik machen, bei der die einfachen Wähler auch wirklich eine Wahl hätten. Politik ist in Gaza immer noch Clan-orientiert, von Parteien und ihren Geldgebern abhängig. Ich wollte diesem System die Stirn bieten. Aber die Fatah ging davon aus, dass ich auf ihrer Seite war, und in Abwägung aller Vor- und Nachteile erschien es mir doch besser, mit ihnen zu kooperieren.

Ich war ein Neuling im Wahlgeschäft. Ich dachte, ich wüsste Bescheid und könnte mich allein durchschlagen, aber bald wurde mir vorgeschrieben, was ich sagen, für welche Politik ich eintreten und wie ich auf Fragen antworten sollte. Es ging nicht mehr darum, wer ich war und wofür ich stand: Es ging um meine Verbindungen und darum, wie man sie nutzen konnte. Als ich im nördlichen Gaza um Stimmen warb, in der Region, die ich zu vertreten hoffte, galt ich als eine neue Stimme, als ein Mann mit gesundem Menschenverstand. Aber am Tag der Vorwahlen stürmten ein paar Militante der Fatah mit Maschinengewehren in das Wahllokal. Sie zerstörten die Wahlurnen, erschreckten die

Leute fast zu Tode und ruinierten jede Aussicht auf eine faire Wahl. Die Ergebnisse in Nord-Gaza wurden annulliert.

Ein älterer Herr, den ich kannte und sehr respektierte, nahm mich beiseite und sagte: »Lassen Sie sich nicht in diese schmutzigen Spielchen hineinziehen. Kandidieren Sie als Unabhängiger. Ich werde Sie unterstützen.« Und ich befolgte seinen Rat. Was auch immer die Konsequenzen wären, ich würde die Wahlen im kommenden Januar als Parteiloser bestreiten. Als man bei der Fatah realisierte, dass es mir ernst war mit der freien Kandidatur, machten sie mir Lockangebote, damit ich bei ihnen bliebe: Sie würden mich zum stellvertretenden Premierminister machen und meine Wahlkampagne bezahlen, aber ich ließ mich nicht darauf ein. Stattdessen lieh ich mir 35 000 Dollar von meinen Brüdern und Freunden, um die Kosten der Kampagne zu bezahlen.

Der Wahltermin rückte näher, und uns wurde bewusst, wie unwägbar die Situation war. Ich trat an, um Armut, Arbeitslosigkeit und Krankheit zu beseitigen, Gesundheits- und Bildungswesen zu verändern und um den Status der Frauen in Gaza zu verbessern. Die Hamas wurde für die Fatah zu einer ernsten Herausforderung, mit einem Programm, das meinem ähnlich war, wenngleich sie gewiss nicht mit Frauenthemen warben. Ihr Wahlslogan war »Wiederaufbau und Wandel«. Sie versprachen, wieder aufzubauen, was von den Raketenangriffen der Israelis und auch von der Autonomiebehörde selbst zerstört worden war. Man warf der Autonomiebehörde Missmanagement, Korruption, schlechte Gesinnung und Amtsmissbrauch vor. Und die Hamas versprach, dies zu ändern.

Die Hamas-Kampagne war außerordentlich gut organisiert. Am Tag der Wahl holten sie Wähler mit Autos ab, sie nutzten Computer, um herauszufinden, wer wahlberechtigt war und wo die Leute wohnten. Dem war die Fatah nicht gewachsen. Ich vertraute immer noch darauf, dass ich im nördlichen Gaza gewinnen würde. Hunderte Menschen kamen, um mich zu unterstützen. Am letzten Tag machten auch meine Kinder und Nadia Wahlwerbung und forderten die Menschen auf, für Izzeldin zu stimmen. Doch am Wahltag selbst gaben neunundsiebzig Prozent der Wähler ihre Stimme der Hamas. In ganz Gaza konnte sich kein einziger unabhängiger Kandidat durchsetzen. Die Hamas erzielte 76 von 132 Sitzen in der West Bank und übernahm die Regierung in Gaza.

Und obwohl ich fest mit einem Sieg gerechnet hatte, ergab sich wie so oft in meinem Leben etwas Gutes aus dem Schlechten. Unmittelbar nach der Wahl begannen in der neuen Regierung Streitigkeiten. Ich war froh, dass ich nicht mittendrin steckte. Mein Ziel war es, Veränderungen für das Volk herbeizuführen, mich auf Gesundheit, Bildung, Justiz und die Rechte der Frauen zu fokussieren. Noch am Wahlabend wurde mir klar, dass es für mich kein Drama war, verloren zu haben.

Der ganze Vorgang war dennoch interessant, und ich habe eine Menge aus dem Wahlbetrieb gelernt. Ich begriff, dass man in politischen Angelegenheiten nicht immer darauf bauen kann, dass die Menschen auch das tun, was sie sagen. Manche sichern ihre volle Unterstützung zu, gehen in die Wahlkabine und stimmen dann doch für eine andere Partei.

Bald nach der Wahl stellte sich heraus, dass wir jemanden unter uns gehabt hatten, der den Namen unserer Familie in den Schmutz zu ziehen versucht hatte. Als wir die Computer und andere Bürogeräte, die wir uns für die Wahlkampagne geliehen hatten, zurückgeben wollten, fehlte vieles.

Ein Mann aus Jabalia-Stadt hatte uns während der Kampagne geholfen. Er war bei mir zu Hause gewesen und hatte an meinem Tisch gegessen. Als wir überprüften, wer wann wo gewesen war, merkten wir bald, dass dieser Mann mit einiger Wahrscheinlichkeit die Computer gestohlen hatte. Ich rief die Polizei, und er wurde festgenommen. Die Ausstattung fand sich zu großen Teilen bei ihm zu Hause. Alles wurde den rechtmäßigen Besitzern zurückgegeben, und der Mann wanderte ins Gefängnis. Was blieb, war ein bitterer Nachgeschmack.

Doch bald gab es größere Probleme, die uns in Gaza beschäftigten. Die Chance auf Frieden war vertan worden, die Zweite Intifada ein Resultat des Scheiterns. Bevor die Wahlen überhaupt ausgerufen worden waren, hatte die palästinensische Autonomiebehörde ihren internationalen Partnern, insbesondere den Amerikanern, mitgeteilt, dass sie noch nicht so weit sei. Doch die Wahlen fanden statt, und es war die Hamas, die siegreich aus ihnen hervorging. Da die Hamas im Ruf stand, eine terroristische Organisation zu sein, wurden rasch Sanktionen gegen uns verhängt. Das palästinensische Volk musste wieder einmal zahlen.

Mit Wahlschulden von 35 000 Dollar und einer Familie mit acht Kindern musste ich so schnell wie möglich einen Job finden. Wir hatten Nadias gesamten Goldschmuck und sogar das Gold, das wir für die Ausbildung der Kinder beiseitegelegt hatten, verkauft. Jetzt war es Zeit, nach einer neuen Stelle zu suchen.

Am Tag nach der Wahl schickte ich meinen Lebenslauf an die Weltgesundheitsorganisation (WHO). Ich wusste, dass es für jemanden aus Gaza selbst mit einem beeindruckenden Lebenslauf sehr schwer ist, eine Stelle in einer internationalen Organisation zu bekommen. Doch ich hörte beinahe umgehend von ihnen und war überrascht, als sie sagten, sie wollten mich als WHO-Berater des Gesundheitsministers in Afghanistan haben. Diesen Job anzunehmen, würde bedeuten, schon wieder von meiner Familie getrennt zu sein, aber wir brauchten das Geld dringend. Es gab allerdings Verzögerungen – wir waren schließlich im Nahen Osten. Die WHO verlangte von mir, dass ich ihr Büro in Kairo aufsuchen sollte, um den Vertrag zu unterzeichnen, aber seit die Hamas gewonnen hatte, waren die

Grenzen absolut dicht. Die israelischen Behörden teilten mir mit, dass ein Treffen zur Vertragsunterzeichnung kein hinreichender Grund für eine Ausreiseerlaubnis wäre. So hing ich in Gaza fest, bis mir die WHO eine Einladung zu einer Konferenz in Alexandria ausstellte. Dafür erhielt ich die Ausreiseerlaubnis; ich flog nach Alexandria und fuhr weiter nach Kairo, um den Vertrag zu unterschreiben. Mitte Juli 2006 ging ich nach Afghanistan.

Da Afghanistan Krisengebiet war, war die Arbeitszeit so geregelt, dass man sechs Wochen am Stück arbeitete und dann zehn Tage frei hatte. Die Situation im Land war schockierend. Die Bevölkerung war völlig verängstigt. Die Lebensbedingungen der meisten Afghanen erinnerten mich an die Beschreibungen unserer Dörfer vor hundert Jahren. In Gaza haben wir eine instabile politische Situation, aber unser Gesamtsystem ist weitaus fortschrittlicher als das afghanische. Der Flughafen von Kabul war rückständig und baufällig. Das Land war durch Gewalt zerrüttet worden. Die Infrastruktur war zerstört, und die meisten Versorgungssysteme, von Strom und Wasser bis hin zu gesundheitlichen und sozialen Einrichtungen, arbeiteten nur noch teilweise und schlecht. Ich dachte, Gaza wäre schlimm. Afghanistan war viel schlimmer. Die Krankenhäuser waren alt, schlecht ausgestattet und konnten keine vernünftige Patientenversorgung bieten. Ich war im Grunde froh, dass mein Job der eines strategischen Beraters war und dass ich bei meiner Position meine Zeit im Büro verbrachte und nicht auf den Stationen.

Ich kam alle sechs Wochen für zehn Tage nach Hause, und es war immer ein Fest, wenn ich mit meinen Taschen voller afghanischer Teppiche und traditionellen afghanischen Kleidern für die Kinder oder Kleidung und Schmuck vom Dubai Airport zurückkehrte. Ich brauchte für gewöhnlich drei Tage, um nach Hause zu fahren, aber nur anderthalb zurück nach Kabul (wegen der üblichen Reisebeschränkungen für Palästinenser), und sämtliche Reisetage gingen von meinen zehn Ruhetagen ab. Ich behielt diesen Turnus bis Juni 2007 bei, weil der Job es mir ermöglichte, meine Familie zu ernähren, meine Kampagnenschulden zurückzuzahlen und oft genug in Gaza zu sein, um Anteil an den Entwicklungen dort zu nehmen. Jeder Besuch zu Hause war zunehmend von beunruhigenden Vorfällen gekennzeichnet.

Die Situation war seit der Wahl komplizierter geworden. Mahmud Abbas war immer noch der Präsident der palästinensischen Autonomiebehörde, auch wenn die Partei der Fatah besiegt worden war. Obwohl beide Parteien versuchten, eine Regierung zu bilden, stand dieses Bündnis von Anfang an auf unsicherem Grund, und die Flügelkämpfe wurden schlimmer. Es war ein Bruderzwist, dessen gewaltsame Aktivitäten einen Großteil des Gazastreifens betraf. Mein Land drohte zu implodieren.

Als ich am 11. Juni 2007 von Kabul aus zu Hause anrief, um anzukündigen, dass ich auf dem üblichen komplizierten Weg über Islamabad, Dubai und Amman nach Hause kommen würde, sagte mir mein Bruder, dass die Hamas das Haus der Fatah-Anhänger umstellt hätte. Später an diesem Tag sah ich im Internet, dass in diesem Haus zwei meiner Brüder von der Hamas getötet worden waren. Die Hamas hatte den nördlichen Teil Gazas zum Militärgebiet erklärt, ihre Soldaten hatten das Gebiet umzingelt und die Polizeistationen und Militärposten übernommen. Niemand konnte hinein oder heraus.

Ich kam am 13. Juni in Jordanien an und nahm ein Taxi zum Grenzübergang Eres. Ich rief zu Hause an, um meinen Bruder Nasser zu bitten, mich auf der Gazaseite von Eres abzuholen. Meine Tochter Shatha ging ans Telefon und sagte mir, dass Nasser krank sei und nicht kommen könne. Ich glaubte ihr nicht. Ich wusste, dass etwas nicht stimmte.

Sobald ich bei Eres die Grenze passierte, spürte ich förmlich, wie es in Gaza brodelte. Nord-Gaza hatte sich in ein bewaffnetes Lager verwandelt, das von der Hamas kontrolliert wurde. Die palästinensischen Nationalgarden, die normalerweise die Leute an der Grenze überprüfen, standen am Straßenrand und trauten sich nicht, sich zu rühren. Die Straßen waren leer. Es war, als sei der Krieg erklärt worden.

Als ich nach Hause kam, erklärte mir mein Bruder Atta, wie dieser Krieg in unsere Familie hatte kommen können. Mein Neffe Mohammed, Nassers Sohn, war in Knie und Fußgelenke geschossen worden. Mein Bruder war nicht zu krank gewesen, um mich abzuholen, er war verstört. Mohammed war ein Offizier in der Nationalgarde der palästinensischen Autonomiebehörde, und Schützen der Hamas hatten auf ihn geschossen, weil er sich auf die Seite der Fatah gestellt hatte. Viele junge Männer im nördlichen Gaza waren verwundet und ohne Versorgung. Nasser hoffte, ich könnte helfen, aber ich konnte anfangs meist nicht einmal zu ihnen gelangen. Die Sicherheitsstützpunkte der palästinensischen Autonomiebehörde waren von der Hamas eingenommen worden, und eine furchtbare Woche lang, vom 13. bis 20. Juni, herrschte ein wahrer Bürgerkrieg. Als er vorüber war, hatte die Hamas die Streitkräfte der Fatah besiegt und die Kontrolle im Gazastreifen übernommen.

Solange die Kämpfe andauerten, blieben wir im Haus – niemand traute sich auf die Straße. Wenn wir etwas zu essen brauchten, legten wir eine Route zum Markt fest, wagten uns hinaus und hasteten zurück. Überall war Gewehrfeuer, Schüsse in allen Straßen. In einem Bürgerkrieg weiß man nie, wo sich der Feind wirklich befindet. Ich hatte das letzte Jahr in Afghanistan zugebracht und dasselbe Durcheinander aus politischen und ideologischen Stammesfehden gesehen. Hier in meinem Stammgebiet Gaza wusste ich nicht, wer gegen wen kämpfte. Als die Straßenkämpfe nachließen, sorgte ich dafür, dass die schwer Verwundeten einschließlich meines Neffen ins Soroka Hospital überführt wurden. Mohammed blieb zwei Monate im Krankenhaus. Die Ärzte konnten seine Beine retten, aber er humpelt bis heute noch stark.

Mohammed war ein 24-jähriger Student, der bei der Nationalgarde der palästinensischen Autonomiebehörde arbeitete, um seine Familie zu unterstützen. Er war gezwungen, diese Stelle anzutreten, als mein Bruder Nasser seinen Job verlor, weil er nach der Schließung der Grenze zwischen Gaza und Israel nicht mehr zur Arbeit kommen konnte. Mohammed hatte gerade Dienst, als die Hamas-Milizen einen Posten im Norden Gazas, etwa fünfhundert Meter von meinem Haus entfernt, angriffen. Mohammeds Befehlshaber wurden getötet und viele andere, darunter der Sanitäter, wurden schwer verletzt. Mohammed und einige, die mit ihm Dienst taten, flohen von ihrem Posten und versteckten sich in einem Schuppen, den die Hamas schließlich auch durchsuchte. Sie fanden die Jungs, fesselten sie und verbanden ihnen die Augen. Sie wurden geschlagen und gefoltert. Dann warf man sie auf einen Wagen der Hamas und fuhr sie in die Nähe des Al-Awda-Krankenhauses. Dort mussten sie sich mit dem Gesicht zu einer Wand in einer Reihe aufstellen. Sie rechneten damit, erschossen zu werden. Aber Palästinenser aus der Umgebung hatten beobachtet, was passiert war, und griffen ein. Die jungen Männer wurden nicht getötet, sondern in Knie und Knöchel geschossen. Dann ließ man sie liegen, damit sie verbluteten.

Sie mussten ins Alqud-Krankenhaus in Gaza-Stadt gebracht werden, da sie so viel Blut verloren hatten. Sie standen alle unter Schock. Mohammed bekam acht Blutkonserven. Ich kam ins Krankenhaus und fand es voller junger Männer mit schweren Verletzungen an ihren unteren Gliedmaßen. Mohammed war in kritischem Zustand. Ich erfuhr, dass er in der Nacht zuvor operiert worden war, aber als ich nach dem medizinischen

Bericht fragte, stand nichts darin. Ich hörte von meinem Bruder, dass er Brüche und Gefäßverletzungen erlitten hatte. Wegen der vielen Patienten mit schweren Verletzungen konnte keiner vom medizinischen Personal meine Fragen beantworten. Ich hatte nie zuvor so viele junge Männer vor Schmerz und Qual schreien hören. Ohne Unterbrechung kamen Ambulanzen an, die immer noch mehr Verletzte brachten. Ich dachte daran, Mohammed in ein israelisches Krankenhaus überführen zu lassen, aber was war mit den anderen? Sie waren alle in der gleichen schwierigen Lage.

Nach ein paar Tagen verschlechterte sich Mohammeds Situation noch weiter, er litt unter Fieber, dem Blutverlust und starken Schmerzen. Der zuständige Arzt erkannte den besonders bedrohlichen Zustand meines Neffen und überwies ihn an ein israelisches Krankenhaus. Ich sprach mit meinen Kollegen im Soroka, und mir wurde zugesichert, dass sie ihn behandeln würden. Doch wegen der geschlossenen Grenze zwischen Gaza und Israel sollte es noch zwei weitere Tage dauern, ehe die Überführung stattfinden konnte. Ich rief all meine Freunde an und nutzte meine Verbindungen, und endlich wurde er verlegt. Er verbrachte einen Monat im Soroka und wurde dreimal operiert. Er kehrte mit Krücken und im Rollstuhl nach Gaza zurück und brauchte noch weitere zwei Monate Physiotherapie. Später erfuhr ich, dass viele seiner Freunde, die zur Behandlung in Gaza geblieben waren, Amputationen ihrer Gliedmaßen hatten hinnehmen müssen.

Die Wendung der Ereignisse in Gaza brach mir das Herz. Wie sollte diese frische Wunde je heilen, und wie würden wir mit den Narben umgehen? Alles, was wir erreicht hatten, schien sich in sein Gegenteil zu verkehren. Die Israelis reagierten auf den Konflikt mit immer neuen drakonischen Einschränkungen, was den Zugang und den Warenverkehr nach Gaza anging. Und umso größer das Leiden im Gazastreifen wurde, umso mehr flogen Raketen auf israelische Städte in der Nähe der Grenze.

Die vergangenen zehn Jahre waren eine besonders schlimme Zeit in diesem zermürbenden Konflikt. Unsere Anführer streiten sich wie die Kinder, brechen ihre Versprechen, führen sich wie Tyrannen auf und gießen Öl ins Feuer des Konflikts. Doch die Menschen, mit denen *ich* spreche – Patienten, Ärzte, Nachbarn in Gaza, Freunde in Israel –, sind nicht wie unsere Regierenden. Sie machen sich Sorgen um meine Familie, so wie ich mir Sorgen um ihre mache. Wir alle klagen über die verlorenen Jahrzehnte und über die unsichere Zukunft. Dennoch glauben wir aneinander und an unsere Fähigkeit, dieses heilige Land gemeinsam zu bewohnen.

Es ist immer wieder verblüffend zu erkennen, wie ähnlich unsere beiden Völker sind, die Art, wie wir unser Kinder großziehen, die Bedeutung, die der Familie und der Großfamilie zukommt, und die lebhafte Art, in der wir gern Geschichten erzählen. Wir sind streitsüchtige, ausdrucksstarke, emotionale Menschen. Wir entstammen beide den semitischen Religionen und Sprachen. Wir haben mehr gemeinsam, als uns unterscheidet, und doch sind wir seit sechzig Jahren nicht in der Lage, die Teilung zwischen uns zu überwinden.

Wie kann es angehen, dass wir ein Leben für wertvoller erachten als ein anderes? Sehen Sie sich die Säuglinge auf einer Entbindungsstation an: Sie sind unschuldige Kinder, die das Recht haben, zu gebildeten Erwachsenen heranzuwachsen. Doch wir stopfen ihnen die Köpfe mit Geschichten voll, die Hass und Furcht das Wort reden. Jedes menschliche Leben ist von unschätzbarem Wert, und es ist so leicht durch Kugeln, Bomben oder Hass zu zerstören. Hass frisst die Seele und nimmt den Menschen ihre Chancen. Es ist wie ein verzehrendes Gift.

Seit meiner Zeit in Harvard bekomme ich viele Einladungen in die USA, um über die israelisch-palästinensischen Beziehungen zu sprechen. Bei diesen Veranstaltungen höre ich manchmal

Kommentare von Leuten, die wirklich keine Ahnung haben, was es bedeutet, unter solchen Bedingungen zu leben. Und es interessiert sie oft gar nicht, sich über die wirklichen Umstände informieren zu lassen. Es gab zahlreiche Situationen, in denen ich unterbrochen, niedergeschrien und beschuldigt wurde, die andere Seite nicht zu sehen. Doch die meisten Menschen im Publikum warten ab, bis das Geschrei sich gelegt hat, um zu hören, was ich zu sagen habe. Ich erläutere, wie wir meiner Ansicht nach vorgehen müssen, um unsere Probleme mit Israel zu lösen. Wenn die Leute mir zum Beispiel sagen, dass wir dafür dankbar sein sollten, dass Israel seine Soldaten nach vielen Jahren der Besatzung endlich abgezogen hat, versuche ich zu erklären, dass die Art, wie der Abzug vonstatten ging, mehr Probleme geschaffen als gelöst hat.

Bei einer dieser Veranstaltungen passierte das alles auf einmal – ich wurde unterbrochen, angeschrien und der Einseitigkeit beschuldigt. Aber als dieser unerfreuliche Teil erst einmal überstanden war, stellte ich fest, dass die folgenden Fragen durchdacht und in guter Absicht gestellt wurden. Jemand fragte: »Was können wir, als Israelis in den Vereinigten Staaten, hier tun, um den Dialog voranzutreiben?« Eine andere sagte: »Es ist großartig, dass Sie hier zu uns sprechen, aber tragen Sie dieselbe eindringliche Bitte um Frieden auch der anderen Seite, ihrer eigenen Gemeinschaft, vor?« Meine Antwort darauf war: »Ja, selbstverständlich, ich bitte sie genauso darum« – das ist genau die Art der Unterhaltung, die wir führen müssen. Wenn wir unserem Unmut nicht Luft machen, werden wir ihn nie überwinden.

Ein Mann fragte jedoch auch scharf: »Sie sprechen vom Dialog zweier Nationen, aber mit wem sollen wir sprechen – mit der Hamas? Sie sagen, wir müssen einander respektieren, aber Ihre gewählte Regierung ist nicht einmal bereit, die Existenzberechtigung des Staates Israel anzuerkennen. Was für eine Art von

Respekt ist das?« Ich konnte nur versuchen zu erklären, dass es einen Weg aus dem Chaos gibt. Dass wir voranschreiten müssen, statt in dem stecken zu bleiben, was bisher war. Das klingt nach einer groben Vereinfachung, aber es ist die einzige Möglichkeit, aus dem Morast herauszukommen, in dem wir feststecken. Darüber zu streiten, wer was getan hat und wer mehr gelitten hat, bringt uns nicht weiter. Wir müssen kavod (Respekt) und shivyon (Gleichheit) stärken. Man kann niemandem vertrauen, den man nicht kennt. Also lasst uns einander kennenlernen, indem wir einander zuhören und die Augen für die andere Seite öffnen. Und wir müssen uns auf realistische Ziele konzentrieren. Wir haben uns von großen Plänen täuschen lassen. Jetzt müssen wir auf das schauen, was heute machbar ist.

Manche sagen, ich würde eine rosarote Brille tragen und mich weigern, die Hoffnungslosigkeit der Situation zu sehen. Vielleicht haben sie recht. Doch ich sehe nie etwas als hoffnungslos an – weder wenn ich ein Baby zur Welt bringe, das in Not ist, noch wenn ich die Blutung einer Frau stille, und auch nicht, wenn ich Kranke behandle, die als unheilbar gelten. Warum sollte ich also die Streitigkeiten zischen zwei Völkern als hoffnungslos ansehen? Ich kümmere mich um Menschen. Ich bin ein Mensch wie jeder andere. Wir sind so geschaffen: soziale Wesen, die mit anderen zusammenleben. Abgrenzung ist unnatürlich.

Aber ich komme von meiner Geschichte ab.

Im Sommer 2007 war ich erneut auf der Suche nach einem Job. Ich hatte mich entschieden, meinen Vertrag mit der WHO in Afghanistan nicht zu erneuern, weil es bedeutet hätte, zu viel Zeit von meiner Familie getrennt zu sein, und die Lage in Gaza war viel zu angespannt. Ich konzentrierte mich darauf, Honorarverträge zu bekommen, im Rahmen des Columbia International Medical Program an der Ben-Gurion-Universität Vorlesungen zu halten, Patienten in Gaza zu behandeln und hier und da Beratertätigkeiten für die Europäische Union zu übernehmen.

Im vorangegangenen Dezember war ich zur dritten nationalen Konferenz zu Fragen der Gesundheitspolitik in Jerusalem eingeladen worden. Dort hinzugelangen stellte mich auf die übliche Probe, aber den Genehmigungen hinterherzujagen und mich in Geduld zu üben war die Mühe allemal wert, wie sich herausstellte: Auf der Konferenz lernte ich Mordechai Shani kennen, den Leiter und Gründer des Gertner Institute. Das 1991 gegründete Institut dient als Forschungseinrichtung für epidemologische Studien und Gesundheitspolitik. Es betreibt breit angelegte Untersuchungen zu chronischen Krankheiten und begleitet die Ausarbeitung einer nationalen Gesundheitspolitik. Mich faszinierte diese Arbeit.

Als Arzt hatte ich mich viele Jahre lang gefragt, wie man den vielen palästinensischen Familien helfen konnte, die von genetischen Defekten wie der Sichelzellenanämie betroffen waren, einer rezessiv vererbbaren Erkrankung der roten Blutkörperchen, oder von Hermaphroditismus, bei dem ein Kind mit beiden, den männlichen wie den weibliche Geschlechtsmerkmalen geboren wird. Auch andere angeborene Missbildungen wie Phokomelie, eine Fehlbildung, bei der die Babys mit Gliedmaßen zur Welt kommen, die wie die Flossen einer Seerobbe aussehen, oder Anophthalmus, das Fehlen von einem oder beider Augen bei der Geburt, treten bei uns durchaus häufiger auf.

Weder die Patienten noch ihre Familien erhielten die Hilfe, die sie benötigten, und niemand forschte auf diesem Gebiet. Ich fragte mich, ob das Gertner Institute der Ort sein könnte, das Studien zu diesen Anomalien durchführen würde. Aber es gab auch andere Forschungsfragen. Das Institut führte gerade Erhebungen zu palästinensischen Patienten, die in israelische Krankenhäuser kamen, durch. Wer sind sie? Wie viele Patienten sind es, welches Alter und Geschlecht haben sie? Worunter leiden sie? Und was bedeutet das? Als Mordechai Shani mir sein Institut beschrieb, schossen mir eine Vielzahl möglicher Forschungsvorhaben durch den Kopf. Ich wusste sofort, dass ich dort arbeiten wollte. Mordechai ist ein Mann der Tat und weniger Worte, und seine Entscheidungen trifft er genauso. Nachdem ich mein Anliegen und meinen Hintergrund erklärt hatte, sagte er: »Fangen Sie sofort mit Ihren Forschungen an« – und das tat ich. Noch vor dem Ende des Jahres 2007 gehörte ich dem Team des Gertner Institute am Sheba Hospital in Tel Aviv an.

Schon meine bisherige Honorartätigkeit hatte es mir erlaubt, durch ganz Gaza zu reisen. Nun konnte ich das, was ich auf meinen Reisen an Fakten gesammelt hatte, als Teil des Problems des palästinensischen Gesundheitssystems in meine Forschungen einbringen: die Arbeitslosigkeit, die Unterversorgung aufgrund der Blockade, der schlechte Gesundheitszustand großer Teile der Bevölkerung, soziale und ökonomische Strukturen. Beinahe alles ist Ausdruck eines Verlusts. Die landwirtschaftlichen Erträge sind auf die Hälfte der üblichen Ernte geschrumpft, und die Produktivität in der Industrie ging um erschreckende neunzig Prozent zurück. Es gelangt kaum Baumaterial nach Gaza, und bestimmte Medikamente sind nicht zugelassen. Die Israelis haben die Kalorienzahl berechnet, die man zum Überleben braucht, und lassen nur das Allernotwendigste über die Grenze in den Gazastreifen. Früchte wie Aprikosen, Pflaumen, Weintrauben und Avocados, selbst Molkereiprodukte galten plötzlich nicht mehr als Bestandteil der Grundversorgung und wurden uns verwehrt.

Das verschärfte Embargo, die Einmärsche, Angriffe und Verhaftungen beeinflussten die Psyche der Menschen. Das Internationalen Komitee vom Roten Kreuz (IKRK) kritisierte in einem Bericht vom Dezember 2007 mit dem Titel »Verweigerte Würde in den besetzten palästinensischen Gebieten« das aktuelle Embargo:

> »Die Palästinenser sind in ihrem täglichen Leben großen Härten ausgesetzt; sie werden an allem gehindert, was den Alltag im Leben der meisten Menschen ausmacht. Sie befinden sich in einer großen humanitären Notlage, in der Millionen von Menschen ihre Würde verwehrt wird, und zwar nicht gelegentlich, sondern täglich. Die Menschen in Gaza sind von der Außenwelt abgeschnitten und sitzen in der Falle. Sie sind kaum in der Lage zu überleben, denn die Familien können sich um vierzehn Prozent im Preis gestiegene Lebensmittel nicht leisten; die Rechte der Palästinenser werden Tag für Tag mit Füßen getreten. Im besetzten Gaza zahlen die Palästinenser den Preis für den Konflikt mit ihrer Gesundheit und ihrem Leben.«

Wir haben gelernt, mit wenig zu wirtschaften und mit dem Mangel klarzukommen – seit nunmehr sechzig Jahren. Wenn irgendjemand glaubt, das hätte keine Auswirkung auf die physische und mentale Verfassung der Menschen, soll er nach Gaza kommen und es am eigenen Leib erfahren.

Die Situation ist schlicht unhaltbar. Das IKRK hält fest, dass »jeden Tag 69 Millionen Liter teilgeklärte oder ungeklärte Abwasser – eine Menge, die 28 olympischen Schwimmbecken entspricht – direkt ins Mittelmeer gepumpt werden, weil sie nicht aufbereitet werden können«. Als ich noch ein kleiner Junge war, hatten wie kein fließendes Wasser im Haus. Jetzt, fünfzig Jahre später, haben wir Zugang zu fließendem Wasser, aber nur an bestimmten Tagen. Warum? Weil das Wasserversorgungssystem wie alles in Gaza beschädigt ist und das Baumaterial, das zur Reparatur benötigt wird, auf der Embargoliste steht.

Die Wasser- und Sanitärversorgung steht kurz vor dem Kollaps. Man kann nur ahnen, welches Ausmaß die drohende Katastrophe im Gesundheitswesen annehmen wird. Man stelle sich vor, wir würden mit Krankheiten konfrontiert, die durch

Wasser übertragen werden. Es würde Chaos und unnötige Todesfälle geben, bloß weil Ersatzteile und Wasserleitungen an der Grenze gestoppt worden sind. Seit mehr als einem Jahrzehnt versuche ich, die Verantwortlichen vor den Konsequenzen eines zusammenbrechenden Gesundheitssystems zu warnen; nun stößt das Rote Kreuz ins selbe Horn:

> »Gazas Gesundheitssystem kann nicht die Behandlung gewährleisten, die Patienten, die an schweren Krankheiten leiden, benötigen. Tragischerweise wird es einer Reihe von ihnen nicht gestattet, den Gazastreifen rechtzeitig zu verlassen, um andernorts Versorgung zu erhalten. Gesundheitsthemen werden in Gaza oft politisiert, und die Patienten finden sich in einem bürokratischen Irrgarten wieder. Ernstlich erkrankte Patienten müssen manchmal Monate warten, ehe die zuständigen Behörden ihnen erlauben, den Gazastreifen zu verlassen. Selbst wenn die Patienten die erforderlichen Genehmigungen erhalten, kann der Transfer über den Übergang Eres nach Israel zum Wagnis werden. Patienten, die an lebenserhaltenden Apparaten hängen, müssen aus den Ambulanzen geholt und auf Liegen sechzig bis achtzig Meter durch das Niemandsland zur Ambulanz gebracht werden, die auf der anderen Seite wartet. Patienten, die ohne Begleitung laufen können, sind unter Umständen umfangreichen Befragungen ausgesetzt, bevor ihnen der Grenzübertritt zur medizinischen Behandlung gestattet wird – oder, wie es auch manchmal geschieht, bevor ihnen die Einreise nach Israel verweigert wird und sie zurückgeschickt werden.«

Manche dieser Gesundheitsthemen wurden aufgegriffen, einige sogar gelöst. Aber jedes Mal, wenn es auf einer der beiden Seiten einen Regierungswechsel gibt, ändern sich die Regelungen für

Überführungen und Behandlungen ebenfalls. Es ist eine lebensbedrohliche Situation, die bei den Betroffenen große Wut erzeugt. Dies sind die Fakten, von denen das Rote Kreuz berichtet:

> »Sie sind auf eine zügige und verlässliche Medikamentenversorgung seitens des Gesundheitsministeriums der palästinensischen Autonomiebehörde in der West Bank angewiesen, aber die Versorgungskette bricht häufig zusammen. Komplizierte und langwierige israelische Importbestimmungen erschweren ebenfalls eine zuverlässige Versorgung selbst mit den grundlegendsten Dingen wie Schmerzmitteln und Röntgenfilmentwickler. In der Folge erhalten manche Patienten, einschließlich derer, die an Krebs oder Nierenversagen leiden, nicht immer die unverzichtbaren Arzneimittel, die sie brauchen.«

So waren zum Beispiel die Beatmungsgeräte auf der Station für Neugeborene im Al-Shifa-Krankenhaus defekt. Es ist einfach nicht möglich, Ersatzteile zu bekommen. Wie soll man einer Mutter und einem Vater erklären, dass ihr Baby sterben wird, weil der Lkw mit den Teilen für die lebensrettenden Geräte an der Grenze festgehalten wird?

Viele Gazabewohner haben im Laufe der kriegerischen Auseinandersetzungen Gliedmaßen verloren. Dutzende von Amputierten warten auf Weiterbehandlung. Warum? Stellt der Import von künstlichen Gliedmaßen ein Sicherheitsrisiko dar? Oder geht es hier doch um Bestrafung? Wir erklärt man das einem Fünfjährigen, der ein Körperteil verloren hat, als sein Haus über ihm zusammengestürzt ist, nachdem es von der israelischen Armee bombardiert wurde? Oder einem wütenden jungen Mann, der wieder laufen lernen will?

Die Krankenhäuser in Gaza sind heruntergekommen und können wegen des Embargos nicht repariert werden. Doch es geht hier um medizinische Belange; es geht nicht darum, Soldaten zu rekrutieren und Raketen zu bauen. Folgendes berichtet das IKRK:

> »Viele Geräte sind unzuverlässig oder müssen repariert werden. Komplizierte Verfahren, um die Genehmigung zum Import von Ersatzteilen zu erhalten, machen es schwierig und zeitraubend, die Krankenhausausstattung wie CT-Scanner zu beschaffen und instand zu halten – das gilt selbst für die Spülmaschinen des Krankenhauses! Tägliche Stromausfälle und Stromschwankungen sorgen ständig für Schäden an den medizinischen Geräten. Die meisten Krankenhäuser müssen für einige Stunden am Tag auf Notstromaggregate zurückgreifen, aber es ist nie sicher, dass genug Treibstoff vorhanden ist, um sie zu betreiben.«

Siebzig Prozent der Menschen in Gaza leben mit einem monatlichen Einkommen von weniger als 250 US-Dollar für eine sieben- bis neunköpfige Familie unterhalb der Armutsgrenze. Vierzig Prozent gelten mit einem monatlichen Einkommen von 120 US-Dollar als extrem arm. Wegen Fabrikschließungen sind 70 000 Jobs verloren gegangen. Die Arbeitslosenquote liegt bei vierundvierzig Prozent. Oft sind wir auf die Waren angewiesen, die durch die Tunnel kommen, die unterirdisch nach Ägypten führen, aber die Tunnel können nicht annähernd die Bedürfnisse von 1,5 Millionen Menschen befriedigen. Noch dazu werden sie regelmäßig von der israelischen Luftwaffe bombardiert.
Selbst die Landwirtschaft, die immer Teil des Lebens und der wirtschaftlichen Versorgung Gazas gewesen war, ist durch das Embargo gefährdet. Gaza exportierte Tonnen von Obst und Gemüse und entsandte tausende Arbeiter nach Israel. Nun nicht mehr – es gibt für die Bauern keine Möglichkeit, ihre Erzeugnisse zu verkaufen.

Wenn man in Gaza unterwegs ist, hat man all das vor Augen. Drainagegräben, Gewächshäuser und Wasserbrunnen sind zerstört, Bäume entwurzelt. Das IKRK hat festgestellt, dass vielen Bauern »der Zugang zu Teilen ihres Landes verwehrt wird, weil die Israelis auf der Gaza-Seite des Grenzzauns zu Israel eine ›No-go‹-Zone errichtet haben«.

Mindestens dreißig Prozent des landwirtschaftlich nutzbaren Bodens liegt innerhalb dieser Pufferzone, die sich bis auf einen Kilometer Entfernung vom Zaun ausdehnen kann. Ein Bauer weiß nie mit Gewissheit, ob es sicher ist, das Land zu bebauen oder innerhalb dieser Zone zu ernten. Die Bauern riskieren, dass auf sie geschossen wird, wenn sie auf ihrem Land arbeiten, und nach Armeeeinmärschen sind die Felder oft verwüstet und Teile der Ernte vernichtet. Die landwirtschaftliche Produktion wieder aufzubauen und am Laufen zu halten ist auch schwierig, weil Israel den Import geeigneter Dünger und Setzlinge nach Gaza nicht erlaubt.

Selbst der Fischfang unterliegt unmöglichen Beschränkungen: Boote aus Gaza dürfen nicht über die Drei-Meilen-Zone hinaus, was unsere Fischerei im Endeffekt von den größeren Fischarten und den Sardinen, die vor der Verschärfung des Embargos siebzig Prozent des Fangs ausmachten, abschneidet. Israelische Kanonenboote überwachen die Einhaltung der Gebietsgrenze und richten ihre Geschossrohre Tag und Nacht auf die Küste und auf die kleinen Fischerboote. Die Gazabewohner sitzen in der Falle.

Das Internationale Komitee vom Roten Kreuz hat sich für die Aufhebung der Beschränkungen der Bewegungsfreiheit von Menschen und Waren als erste und dringlichste Maßnahme ausgesprochen, um Gazas Isolation zu beenden und es den Menschen zu ermöglichen, ihr Leben wieder aufzubauen. In dem Bericht heißt es:

> »Eine nachhaltige Lösung erfordert fundamentale Veränderungen in Israels Vorgehensweise, beispielsweise Importe und Exporte von und nach Gaza zu erlauben, die Verbesserung des Güterverkehrs und der Bewegungsfreiheit der Menschen, Bauern zu erlauben, ihr Land in der De-facto-Pufferzone zu betreten und den Fischern ihren Zugang zu tieferen Gewässern wieder zu ermöglichen. Humanitäres Handeln kann kein Ersatz für glaubhafte politische Schritte sein, die notwendig sind, um diese Veränderungen herbeizuführen. Nur ein ehrlicher und mutiger politischer Prozess, der alle Staaten, politischen Autoritäten und organisierten bewaffneten Gruppierungen mit einbezieht, kann das Leid Gazas wirksam angehen und diesen Menschen ein würdevolles Leben zurückgeben. Die Alternative ist ein weiterer Abstieg ins Elend mit jedem einzelnen Tag.«

Dieser Bericht ist für Gazabewohner wie Israelis von großem Wert. Denn ich halte daran fest, dass die israelischen Ärzte genauso empfinden wie ich: dass unsere humanitäre Arbeit, die wir als Ärzte leisten, eine Brücke sein kann. Dass sie dazu beitragen kann, das Misstrauen abzubauen und eine Beziehung zu beleben, die uns aus diesem Sumpf wieder herausführen kann. Dr. Zeev Rotstein ist Generaldirektor des Sheba Medical Center in Tel Aviv. Er hat eine Vision für diese Region, die sich über den Dienst an der Gesundheit verwirklichen lässt. Ich will ihn in seinen Worten schildern lassen, wie ein Krankenhausteam sich seiner Vorstellung nach über alles Trennende hinweg die Hand reichen kann:

> »Ich bin Kardiologe. Vor der [Ersten] Intifada war ich vor allem mit der Diagnose und Behandlung von angeborenen Herzfehlern bei Kindern, besonders in Gaza und der West

Bank, beschäftigt. Ich denke an all die Kinder, die nicht die Behandlung bekommen können, die sie brauchen. Ich ging früher einmal in der Woche dorthin, um sie zu begutachten und sie für weitere Behandlungen zu überweisen. Vor der Intifada war die Bevölkerung dort unter gesundheitlichen Gesichtspunkten in viel besserer Verfassung. Die Menschen hatten freien Zugang zu allen medizinischen Einrichtungen und einer guten kostenlosen Nachsorge; zudem gab es Ärzte in Gaza, die hier in Israel ausgebildet worden waren. Aber seit Beginn der letzten Intifada – und ich bemühe mich, die Politik hier außen vor zu lassen – sind es in meinen Augen die Kinder, die hier den Preis all dessen bezahlen. Die Ausbildung der Ärzte ist zum Stillstand gekommen. Der Zugang zu Gesundheitseinrichtungen ist nicht mehr so unkompliziert, wie er mal war. Er ist unzweifelhaft von der Politik dieser Region betroffen. Wir versuchen das immer im Kopf zu behalten, wenn wir mit den Kollegen in Gaza zusammenarbeiten. Wir versuchen, die Gesundheit zu fördern und Elend und Krankheit zu lindern. Von Anfang behandelte ich vor allem krebs- und herzkranke Kinder. Wir können diesen Kindern helfen. Ohne unsere Hilfe sterben sie elend oder leiden unter ihren angeborenen Krankheiten. Wir müssen ihnen helfen. Es ist einfach eine Frage der Beharrlichkeit. Izzeldin war auf diesem Gebiet besonders erfolgreich. Er arbeitete daran, die gegenseitigen Beziehungen für diese Kinder zu verbessern. Er kämpfte für bessere medizinische Einrichtungen, bessere Nachsorge und mehr Effizienz im gesamten Ablauf. Er arbeitete daran, den Kreis zu schließen und damit den Kindern eine gute Versorgung zu ermöglichen: Wenn ein Kind in Israel behandelt wird, dann muss es auch zu Hause in Gaza Unterstützung erhalten. Ich sah in Izzeldin eine Art Vermittler. Durch seine Forschung verbesserte er die Möglichkeiten für diese Kinder. Er arbeitete hier und dort und sammelte Daten auf beiden Seiten. Nicht jeder wollte mit ihm zusammenarbeiten. Man machte es ihm schwer, medizinische Daten zu erheben. Hier am Sheba Hospital sind die Akten digitalisiert, und wir stehen seiner Arbeit offen und aufgeschlossen gegenüber.

Für Izzeldin ist das Gesundheitswesen eine entscheidende Brücke zwischen den Völkern. Ich teile diese Meinung. Leben zu retten, ohne aufzugeben, und das immer und immer wieder, gibt der anderen Seite die Gelegenheit, die wahren Gesichter der Israelis zu sehen – nicht durch Gewehre, sondern durch die Medizin. Menschen, die in Gaza geboren wurden und aufgewachsen sind und hier behandelt werden – sie kennen uns nicht. Sie wissen nicht, wie wir fühlen. Sie kennen die wahren Israelis nicht. Manche erzählen, sie hätten nie gedacht, dass wir Menschen seien, sondern Monster, Eroberer, die sie lieber tot sehen wollten. Dann werden sie von uns behandelt und sind überrascht, dass all diese Dinge nicht stimmen.

Die Mehrheit der Israelis will Seite an Seite mit den Palästinensern leben. Ich bin sicher, das ist es, was die Palästinenser auch wollen. Doch wir werden von Extremisten auf beiden Seiten bestimmt. Bei dem Elend, in dem die Menschen leben, ist es so einfach, sie aufzuwiegeln.«

Die israelischen Patienten, die ich behandele, stört es nicht, dass ich ein palästinensischer Arzt bin. Und die Gazabewohner stört es nicht, dass ich in Israel arbeite. Für sie zählen Sicherheit und die Versorgung ihrer Kinder. Und doch treffe ich immer noch Menschen, die schockiert sind, dass ein palästinensischer Arzt jüdische Patienten behandelt.

Wenn man die Teilung überwinden will, kommt es darauf an, die Wahrheit zuzugeben, die Tatsachen, die das Leben der

Menschen heute ausmachen. Dazu gehört die Beschäftigung mit dem Recht auf Rückkehr – ein Terminus, den jeder kennt, über den aber niemand diskutieren will.

Hunderttausende Palästinenser wurden vertrieben, als Israel gegründet wurde. Das ist bekannt. Die BBC-Sendung Panorama hat eine Dokumentation über die Menschen ausgestrahlt, die heute in meinem früheren Dorf leben. Und einige sagen: »Das ist das Land der Familie Abuelaish.« Es ist für die Israelis wichtig, ihre moralische und politische Verantwortung einzugestehen und zu beginnen, Vertrauen zu schaffen; das ist der einzige Weg. Es geht darum, Verbindungen herzustellen, sich einander besser kennenzulernen, einen gemeinsamen Weg zu finden. Es ist alles eine Frage des guten Willens. Aber jedes Mal, wenn wir eine Ebene des Vertrauens erreicht zu haben scheinen, auf der wir weiter zusammenkommen könnten, gibt es einen neuen Ausbruch von Gewalt, und die Hoffnungen sind wieder zerstört.

Ich bin nicht allein in meinem Glauben, dass wir den Graben überwinden können. Es gibt Friedenscamps und Sommerkurse, »Surfers for peace« und Hip-Hopper, die Friedensbotschaften rappen. Es gibt unendlich viele Schulprojekte und Internetseiten, die dem Frieden gewidmet sind, und es gibt sogar eine Friedens-Hotline. Es gibt in ganz Gaza, der West Bank und Israel Beispiele für gelebte Koexistenz.

Sehen Sie sich die Internetseite von Circle of Health International an. Dort finden Sie ein Beispiel für Koexistenz im Nahen Osten. Die Koordinatorin des palästinensischen Projektes, eine Hebamme, sagt:

> »Ich habe in den letzten drei Jahren bei COHI gearbeitet, und diese Erfahrung hat mich völlig verändert. Als Palästinenserin, Mutter und Hebamme. Diese Organisation

> hat es mir nicht nur ermöglicht, Frauen und Kindern in meinem Land zu helfen, sondern sie gab mir auch die Möglichkeit, meine Botschaft von Frieden und Harmonie weiterzugeben.«

Und auch die israelische Koordinatorin, Gomer Ben Moshe, wird hier zitiert:

> »Zu einer Gruppe von Geburtshelferinnen zu gehören, die bereit sind, ehrenamtlich zu arbeiten und in Austausch und Dialog mit den palästinensischen Hebammen zu stehen, gibt mir Kraft und Motivation. Ich glaube, Frauen sollten sich daran beteiligen, den Frieden auszuhandeln, und Geburtshilfe ist eine internationale Sprache, die von allen Frauen in der Welt gesprochen werden kann.«

Es gibt sogar eine Basketballliga für arabisch-israelische und jüdische Teenager, die mit Überzeugung für Koexistenz und Toleranz werben, sowie ein gemeinsames Industrieprojekt an der nördlichen Grenze zwischen Israel und dem Westjordanland. Es gibt in der ganzen Welt Konferenzen, die sich damit befassen, Wege zu finden, auf denen man Palästinenser und Israelis zusammenbringen kann, und doch ist die Harmonie nie von Dauer.

Eine Möglichkeit zur Veränderung ist es, sich den Mädchen und Frauen zuzuwenden. Es ist ein Leichtes, tausend Männer für einen Krieg zu werben, aber es ist schwer, auch nur fünf Frauen dafür zu gewinnen. Es ist an der Zeit, die palästinensischen Mädchen und Frauen zu stärken, ihnen Respekt und Unabhängigkeit zu geben und sie an die Führung zu lassen. Zu viele Mädchen erhalten aus finanziellen und kulturellen Gründen keine Ausbildung. Zu viele Familien mit eingeschränkten

Mitteln geben nur ihren Söhnen eine solche Chance, auch wenn die Töchter ebenso ernsthaft und engagiert sind. Ich kann ihre Argumente verstehen: Von einem Sohn wird erwartet, dass er seine Eltern in ihren alten Tagen unterstützt, während eine Tochter in der Regel nach der Hochzeit zu der Familie ihres Mannes zieht. Wenn ein Familienvater nicht genug Geld für die Ausbildung all seiner Kinder hat, wird er sich vielleicht dafür entscheiden, dass der Sohn diese Ausbildung erhält, weil er glaubt, dass sich die Familien um seine Töchter kümmern werden, in die sie einheiraten. Doch schon der Koran spricht von der Bedeutung der Bildung

> »Lies im Namen deines Herrn, der alles erschaffen hat! Er erschuf den Menschen aus einem Embryo.
> Lies! Dein Herr ist der Erhabenste,
> Der das Schreiben mit dem Schreibrohr lehrte.«

und macht dabei keinen Unterschied zwischen Männern und Frauen. Bei uns sagt man: »Die Mutter ist die Schule.« Wenn man diese Schule mit dem richtigen Werkzeug ausstattet, werden die Schüler gebildet und erfolgreich sein und die Nation ebenfalls. Studien der Weltbank und des Nord-Süd-Instituts haben festgestellt, dass die wirtschaftliche Lage eines Dorfes sich ändert, wenn man der Gesundheit und der Bildung der Frauen in der Gemeinschaft mehr Aufmerksamkeit schenkt. Die Weltbank stellt diese Untersuchungen seit 1985 alle fünf Jahre an. Es gibt unzweifelhafte Belege dafür, dass in Frauen und Mädchen zu investieren der zukunftsweisendste Weg aus Armut und Konflikten ist.

Als ich aufwuchs, konnte ich die Art und Weise beobachten, in der die Frauen in Gaza ihre Kinder erziehen. Ich sah, wie Entscheidungen gefällt und durchgesetzt wurden, aber mir war klar, dass den Frauen nicht die Möglichkeit gegeben war, ihre eigenen Ansichten zu äußern. Frauen und Mädchen haben in Gaza nicht die Möglichkeit, sich selbst zu verwirklichen, und können so nicht voll und ganz am öffentlichen Leben teilhaben.

Eine gesunde Gesellschaft braucht kluge und gebildete Frauen. Eine gebildete und gesunde Frau wird eine gebildete und gesunde Familie großziehen, und der beste Weg dorthin ist, dafür zu sorgen, dass Erziehung und Gesundheit der Frauen gesichert sind. Es ist eine Investition, die nicht nur eine Veränderung im Denken, sondern auch in den Machtverhältnissen im Nahen Osten herbeiführen kann. Die Beschränkungen aufzuheben, denen sich unsere Frauen und Mädchen ausgesetzt sehen, könnte sehr gut uns allen den Weg zur friedlichen Koexistenz ebnen.

Das waren die Themen, die mich beschäftigten, als ich meine Stelle beim Gertner Institute antrat. Meine Arbeit machte mir großen Spaß, aber von Sonntag bis Donnerstag von zu Hause fort zu sein, forderte seinen Tribut. Jeden Montagmorgen begann ich, die Tage zu zählen, bis ich wieder nach Hause zu meiner Familie konnte. Ich bemühte mich, mir das dreitägige Wochenende wie eine Fünftagewoche vorkommen zu lassen. Nadia hatte die meiste Erziehungsarbeit allein bewältigt, aber die Kinder waren nun größer, und ich machte mir auf eine Art Sorgen um sie, die ich bisher nicht gekannt hatte. Nadia brauchte mich an ihrer Seite, und ich wollte dort sein.

Eines Abends an einem Wochenende hörte ich zufällig, wie Mayar zu ihrer Schwester sagte: »Die schlimmste Zeit ist die, wenn Vater auf Reisen ist.« Das traf mich zunächst schwer. Was tat ich da, so lange unterwegs? Wer konnte sagen, wie lange ich leben würde? Meine Arbeit war wichtig, aber meine Familie bedeutete mir alles.

Die Verhältnisse in Gaza wurden immer schlechter, und ich pendelte weiter durch diese quälenden, zeitraubenden

Sicherheitskontrollen. Die Frustrationen und Demütigungen waren eine ständige Belastung. Dann war ich letztlich doch glücklich zu hören, dass Mayar sagte, die schlimmste Zeit sei, wenn ich nicht da sei, weil ich dachte, es sei am schlimmsten, wenn ich meinen Ärger und die Demütigung mit nach Hause brachte.

Zorn und Gewalt sind in Gaza und unter seinen Bewohnern sehr verbreitet. In einer Situation wie der unsrigen wäre es nicht normal, wenn es Wut und Gewalt nicht gäbe. Wir alle sind zumindest gelegentlich wütend. Wenn ich wütend werde, geht es meist schnell vorüber, doch natürlich tut es mir leid, wenn ich andere dabei unglücklich mache. Die eigene Wut zu kontrollieren ist die angemessene Art, damit umzugehen, aber das ist leichter gesagt, als getan. Wann immer ich wütend werde, bedaure ich es hinterher sofort: Warum habe ich mich nicht unter Kontrolle gehabt? Warum habe ich meine Liebsten verletzt? Wieso habe ich meiner Frau und meinen Kindern das zugemutet?

Wenn ich nach Hause komme, bin ich vom Grenzübergang erschöpft. Meine Kinder brauchen mich, und doch fühle ich mich müde. Ich habe gesehen, wie jemand von den Grenzern erniedrigt wurde. Ich habe gesehen, wie ein von Krebs müder und geschwächter Patient willkürlich an der Einreise zur medizinischen Behandlung gehindert wurde. Und ich konnte nichts tun. Ich kann die Situation nicht ändern.

Dann komme ich zur Tür herein, und meine geliebte Frau Nadia begrüßt mich mit all den Problemen des Tages. Mohammed hat seine Hausaufgaben nicht gemacht. Er muss seine Hausaufgaben machen. Er muss studieren. Bildung ist der einzige Ausweg aus dieser Hoffnungslosigkeit. Abdullah hat nicht auf seine Mutter gehört und hat schon wieder mit seinen Cousins auf der Straße gespielt. Er soll nicht auf der Straße spielen. Warum hört er nicht? Warum hat Nadia ihn nicht unter

Kontrolle? Warum gibt es keinen Park, in dem die Kinder sicher spielen können? Kürzlich wurde er vom Auto angefahren und musste ins Krankenhaus gebracht werden. Warum sind die Autofahrer so rücksichtslos, bei all den spielenden Kindern dort? Der Fahrer hatte keine Versicherung. Ich musste die Krankenhausrechnung selbst bezahlen. Dalal sagte, sie wolle für ein paar Stunden ihre Tante Yousra besuchen, aber sie blieb über Nacht und kam erst am nächsten Tag nach Hause. Wie kann sie einfach übernachten, ohne zu fragen oder uns wenigstens zu informieren? Sie ist Teil dieser Familie. Wir müssen wissen, wo sie ist. Es hätte ihr etwas zustoßen können.

Ich höre zu, gehe an meinen Schreibtisch, um ein paar E-Mails zu beantworten und Menschen, die angerufen haben, zurückzurufen. Auf dem Schreibtisch liegt eine Notiz, die offenbar wichtig ist. »Mohammed möchte zurückgerufen werden.« Ich frage: »Welcher Mohammed?« Aber keiner weiß etwas. Hier gibt es tausend Mohammeds. Was soll ich mit solch einer Information anfangen? Sie ist nutzlos. Ich will mir etwas aufschreiben und entdecke, dass der Notizblock auf meinem Schreibtisch fehlt (schon wieder). Niemand ist es gewesen. Ich gehe zum Kühlschrank, um zu sehen, was wir brauchen, und entdecke verdorbene Lebensmittel. Das ist der Tropfen, der das Fass zum Überlaufen bringt: Ich explodiere und schreie meine Frau an. Die Kinder ducken sich, und Nadia geht zu meinem Bruder, weil sie sich über mein Geschrei so aufregt. Sie weiß auch, dass es besser ist, mich allein zu lassen, damit ich mich beruhige.

Mir ist klar, dass mir zu Hause der Geduldsfaden reißt, weil ich es mir dort erlauben kann, denn hier bin ich in Sicherheit. Vor den Beamten an der Grenze kann ich nicht explodieren. Ich würde alles verlieren. Ich würde Gaza nicht mehr verlassen können, weder um arbeiten zu gehen, noch um zu studieren oder aus medizinischen Gründen. Oder ich könnte nie mehr nach Hause zurückkehren.

Im Sommer 2008 hatte ich die Hoffnung auf Veränderung verloren. Ich fühlte, dass ich es meiner Familie schuldig war, einen Job an einem Ort zu finden, wo wir zusammenbleiben könnten, wo es weniger Einschränkungen gäbe, wo die Kinder sicher zur Schule gehen, auf der Straße spielen und sie selbst sein könnten. Ich wollte sie weit fort von dieser Spannung bringen, die jeden hier im Nahen Osten wie ein Virus infiziert. Nicht für immer – dies ist meine Heimat. Aber für eine Weile – um der Familie eine Chance zu geben, heranzuwachsen, zusammen zu sein.

Im August 2008 erhielt ich von einer internationalen Organisation für Arbeitsvermittlung im Bereich der Gesundheitspolitik Stellenangebote in Kenia, Uganda und Brüssel. Ich buchte ein Ticket, um herauszufinden, ob es in der weiten Welt da draußen etwas für mich und meine Liebsten gab.

FÜNF
Verlust

Wenn das Leben in Gaza normal wäre, wäre mein Abflug am 16. August 2008 einfach gewesen. Über den Checkpoint Eres Gaza verlassen, nach Israel einreisen, mit dem Auto zum Ben-Gurion-Flughafen in Tel Aviv fahren und an jeden beliebigen Ort der Welt fliegen. Doch unser Leben ist nicht normal, und Palästinenser haben zu diesem Flughafen keinen Zutritt. Die einzige Möglichkeit, ins Ausland zu reisen, ist die über Jordanien. Die Routen über Israel und Ägypten, unsere nächsten Nachbarn, sind uns verwehrt, solange wir keine spezielle Genehmigung haben, die zu bekommen beinahe unmöglich ist. Diese beschwerliche Reise, die ich im Sommer 2008 von Gaza aus unternahm, war in so vielerlei Hinsicht der Anfang vom Ende, wie ich es mir nicht hätte vorstellen können.

Ein Projekt, das von den Population Services International (PSI), einer weltweit führenden Gesundheitsorganisation, in Kenia und Uganda betrieben wurde, suchte einen Berater für Reproduktionsmedizin. Wenn ich diese Stelle bekommen könnte, wäre das vielleicht endlich der Zeitpunkt, mit meiner Familie aus Gaza fort und an einen Ort zu ziehen, an dem wir nicht unterdrückt leben müssten und Anschluss an den Rest der Welt hätten. Ich hatte mein Leben der Aufgabe gewidmet, ein Architekt der Koexistenz mit Israel zu werden und die

Gesundheits- und Bildungspolitik in Gaza zu reformieren. Aber ich sorgte mich auch um meine Kinder: Wenn ich die Gelegenheit bekäme, sie an einen sicheren Ort zu bringen, irgendwohin, wo es für sie leichter wäre, ihr Potenzial zu entfalten, sollte ich da nicht auf mein Herz hören?

Zuerst flog ich nach Nairobi, um an einer zweiwöchigen Fortbildung zu HIV/AIDS und zu Programmen in der Reproduktionsmedizin teilzunehmen. Danach sollte ich nach Kampala in Uganda fliegen und dort die Mitarbeiter kennenlernen, mit denen ich, für den Fall, dass ich die Stelle annähme, zusammenarbeiten würde. Im Anschluss stand noch Brüssel auf dem Plan, wo ich mich über eine weitere potenzielle Stelle bei der Europäischen Union informieren würde.

Ich beantragte frühzeitig die nötigen Unterlagen. Zwei Wochen vor meiner geplanten Abreise buchte ich mein Ticket, um von Amman in Jordanien über Kairo nach Nairobi zu fliegen. Dann traf ich die Vorkehrungen für die Ausreisegenehmigungen, die ich brauchen würde: eine von Gaza über den Übergang Eres, die andere, um Israel über die Allenby-Brücke, die Ost- und Westufer des Jordan verbindet, zu verlassen.

Aber wir sind im Nahen Osten und auf palästinensischem Gebiet. Hier können selbst die durchdachtesten Pläne scheitern, und so war es auch mit meinem. Ich absolvierte meine übliche Schicht am Sheba Medical Center in Tel Aviv, fuhr aber einen Tag eher nach Hause als sonst, um noch etwas Zeit mit meiner Frau und den Kindern zu verbringen. Am Übergang Eres informierte man mich, dass die Grenze am Samstag, den 16. August, geschlossen würde und ich an diesem Tag nicht hinauskäme, um meinen Flug zu erreichen. Der Beamte, mit dem ich sprach, schlug vor, schon am Freitag auszureisen und im Westjordanland zu bleiben, weil die Beschränkungen dort weniger streng seien als an den Gaza-Übergängen, aber ich wollte die Zeit mit meiner Familie nicht opfern. Also sprach ich den diensthabenden Offizier darauf an, und er versicherte mir, dass ich am Samstag hinüberkommen würde.

Am Donnerstagnachmittag jedoch erhielt ich einen Anruf vom Sicherheitsbüro in Tel Aviv. Man teilte mir mit, dass ich nicht reisen könne – gar nicht! Ich hatte nur noch achtundvierzig Stunden bis zum Flug von Amman nach Nairobi, und man sagte mir, ich könne Gaza nicht verlassen. Ich fragte, was um alles in der Welt da los sei, und bekam zur Antwort: »Sie dürfen aus Sicherheitsgründen nicht reisen.«

Nachdem ich aufgelegt hatte, rief ich meinen Freund Shlomi Eldar an, einen bekannten israelischen Fernsehjournalisten, der auch für verschiedene israelische Zeitungen schreibt. Wir hatten uns ein paar Jahre zuvor am Übergang Eres kennengelernt, als er mit einem Kameramann nach Gaza kam, um eine Story zu drehen. Ich hatte gerade ein Buch gelesen, das er zu Gaza veröffentlicht hatte, und wir sprachen eine Weile darüber. Als er meine Geschichte hörte, konnte er sie genauso wenig begreifen wie ich: »Wenn du nicht reisen kannst, heißt das, dass niemand reisen darf. Was geht da vor? Ich werde darüber berichten.«

Er rief den diensthabenden Offizier in Eres an und bat ihn um ein Interview. Währenddessen telefonierte ich mit einem anderen Freund in Israel, der mir versprach, sich um die Sache zu kümmern. Einige Minuten später rief er zurück und sagte: »Die meinen es ernst, sie wollen dich nicht fliegen lassen. Du sollst eine Woche warten.«

Warum gerade jetzt? Was war mit meinem Flugticket, meinen Terminen, meinem Vorstellungsgespräch und meiner Fortbildung? Was sollte ich tun? Wie konnte ich es zulassen, dass diese Leute mir einen schlechten Ruf einhandelten? Warum hatten sie mich in Israel arbeiten lassen, wenn ich ein Sicherheitsrisiko darstellte? Das ergab alles keinen Sinn.

Abends um sieben klingelte mein Telefon. Es war jemand vom Koordinationsbüro des Sicherheitsdienstes für den Staat Israel, der mich fragte, was los sei. Als ich ihm die Situation erläuterte, sagte er: »Für jedes Problem gibt es eine Lösung. Sie können am Samstag reisen.« Also nahm ich an, das Missverständnis sei aus der Welt geschafft.

Außer den Grenzern war am Samstag niemand am Checkpoint. Es war unheimlich, allein durch die langen Korridore zu laufen, an den Stacheldrahtrollen vorbeizugehen und meinen Weg durch das Labyrinth aus Durchleuchtungsapparaten, geschlossenen Durchgängen und Vernehmungsbeamten zu finden. Als ich auf der anderen Seite ankam und der israelischen Sicherheitsbeamtin meine Papiere aushändigte, sagte sie: »Sie können nicht reisen.«

»Warum nicht?«, fragte ich.

»Aus Sicherheitsgründen«, antwortete sie. Das heißt übersetzt so viel wie: »Es gibt keinen Grund. Wir wollen dich einfach ein bisschen ärgern.« Aber sie hatte die Macht. Ich musste mir auf die Zunge beißen. Ein falsches Wort oder eine unangebrachte Geste konnte meine ganze Reise scheitern lassen. Also bat ich sie höflich, mit ihrem Chef meinen sogenannten Security-Status zu prüfen. Sie brauchte eine Stunde, um dieser Bitte nachzukommen. Als sie alles erledigt hatte, sagte sie mir, ich könne zum Taxi gehen, das mich zur Allenby-Brücke bringen würde.

Und so machte ich mich mit einer Handvoll Papiere, einer Tasche voller Kleingeld für die diversen Taxis und Busse und einem Herz voller Hoffnung auf den Weg zur Brücke. Man hätte meinen können, dass ich nach der gründlichen Überprüfung in Eres den israelischen Beamten an der Brücke nur noch meine Papiere hätte zeigen müssen. Falsch gedacht. An der Allenby-Brücke geht es zu wie in einem Spionagefilm. Ich stieg aus dem Taxi, bezahlte den Fahrer und stellte mein Gepäck auf einen Gepäckwagen. Dann bestieg ich den Bus zur palästinensischen Pass-Abteilung, wo meine Papiere gründlich durchgesehen wurden. Nachdem sie genehmigt waren, kehrte ich zum Bus zurück, der mich einen Kilometer zurück zur Gepäckaufbewahrung brachte, wo ich aus einem Haufen am Boden liegender Taschen meine herausfischte. Dann bestieg ich für die kurze Fahrt auf die jordanische Seite erneut den Bus.

Jetzt waren die jordanischen Beamten an der Reihe. Ich zeigte meine Papiere und wurde in Richtung eines speziellen Schalters für Gazabewohner gewiesen. Ich wartete dort geraume Zeit, die mir wie eine Ewigkeit erschien und mich befürchten ließ, dass ich meinen Flug nach Amman verpassen würde. Wenn deine Papiere dich als Palästinenser ausweisen, garantiert dir das, egal wo auf der Welt, sehr lange Wartezeiten. Zum Schluss wurde mein Gepäck nochmals überprüft, und ich konnte gehen.

Ich war halb acht Uhr morgens zu einer Reise aufgebrochen, die normalerweise kaum mehr als eine einstündige Fahrt zum Flughafen in Amman beansprucht hätte. Ich schaffte es kaum, den Flug um sechs Uhr abends zu erreichen, aber ich verbuchte den Tag als Erfolg, weil ich letztlich angekommen war, wohin ich wollte.

Die Fortbildung in Nairobi sollte zwei Wochen dauern. Während dieser Zeit stand zu Hause eine Hochzeit an. Die Nichte meiner Frau würde am 26. August heiraten, und es tat mir leid, nicht dabei sein zu können. Ich wusste, dass alle sich auf dieses Fest gefreut hatten, und auf einer Geschäftsreise in den Jemen vor ein paar Monaten hatte ich für meine Töchter und meine Frau eigens wunderschöne Seidenkleider gekauft. Ich wusste, dass sie gern vom neuesten Familienklatsch berichten wollten, also rief ich zu Hause an. Während unseres Telefonats sagte mir Nadia, sie sei müde und fühle sich nicht sehr wohl. Ich zog sie ein wenig damit auf, dass sie es auf der Hochzeit zu toll getrieben und zu lange getanzt habe; sie lachte und sagte, ich solle mir keine Sorgen machen.

Als die Fortbildung abgeschlossen war, setzte ich die Reise wie geplant nach Kampala fort, um mich mit dem Team von

Population Service International zu treffen. Nach ein paar Tagen dort flog ich am 1. September nach Ägypten. Da dies der erste Tag des Ramadan war, rief ich meine Familie an, um ihr Segen für diesen neuen heiligen Monat zu wünschen. Mayar ging ans Telefon, und ich konnte ihrer Stimme anhören, dass etwas nicht stimmte. Ich sprach auch mit Bessan und war mir erst recht sicher, dass sie etwas vor mir verheimlichten. Normalerweise kommen alle im Haus angerannt, um mit mir zu telefonieren, aber dieses Mal wollten nur Mayar und Bessan mit mir sprechen. Aber es war schon Mitternacht, und sie waren vielleicht müde oder gerade erst für die ersten Gebete des Tages aufgewacht. Ich trug Mayar auf, allen alles Liebe von mir zu wünschen, aber als ich auflegte, befiel mich eine große Unruhe.

Es stellte sich heraus, dass Mayar und Bessan mir verschwiegen hatten, dass Nadia ins Al-Shifa-Krankenhaus gebracht worden war. Sie hatte die Kinder angewiesen, mich nicht zu informieren, damit ich meine Geschäftsreise beenden konnte, ohne mir Sorgen zu machen. Das war typisch für Nadia: Sie kümmerte sich stets um alles und sagte den anderen, sie sollten sich keine Gedanken machen. So flog ich von Kairo nach Brüssel, ohne zu wissen, dass meine Frau schwer krank war.

Am nächsten Morgen, dem 3. September, erhielt ich eine E-Mail von Shatha: »Dringend. Ruf an. Mutter ist krank. Der Arzt im Shifa will sie nach Israel überweisen.« Ich rief sofort zu Hause an und erfuhr, dass es sich um keine gewöhnliche Krankheit handelte. Nadia hatte akute Leukämie.

Als Arzt wusste ich, dass das eine unheilvolle Diagnose war: Die meisten Kinder mit akuter Leukämie überleben diesen Blutkrebs, aber nur fünfzig Prozent der Erwachsenen schaffen es, ihn zu besiegen. Als ihr Ehemann dachte ich nur daran, dass sie überleben musste. Der erste Schritt war ganz gewiss der, sie in ein israelisches Krankenhaus überwiesen zu bekommen. Aber selbst bei einer so lebensbedrohlichen Lage wie dieser war es nicht leicht, über die Grenze zu kommen. Sie würde eine Ausreisegenehmigung und eine Erklärung der palästinensischen Autonomiebehörde brauchen, dass sie die Kosten für die medizinische Behandlung in Israel übernehmen würde. Das alles musste schnell geschehen: Wenn man mit der Chemotherapie bei einer akuten Leukämie sofort beginnt, steigen die Überlebenschancen dramatisch. Also hing ich mich ans Telefon und rief in Ramallah an, um mit meinen Kontakten bei der palästinensischen Autonomiebehörde zu sprechen. Ich bat sie auch, den Ärzten im Al-Shifa zu sagen, sie sollten sie nach Sheba schicken, in das Krankenhaus, in dem ich in Israel arbeitete.

Zum Glück ging alles schnell. Nadias Schwägerin, Aliah, begleitete meine Frau durch den Übergang Eres. Natürlich machte Nadia zu Hause Halt, um den Kindern zu versichern, dass alles in Ordnung und sie bald wieder bei ihnen zu Hause sei, und sie gelangte ohne Zwischenfälle nach Israel. Sie konnte ohne Hilfe gehen und war zuversichtlich, dass sie sich nach der Behandlung rasch erholen werde. Ich teilte ihre Zuversicht. Sie war immer so gesund gewesen. Die Ärzte in Israel wussten genau, was zu tun war. Offen gesagt, war es für mich unvorstellbar, dass sie ernstlich krank sein könnte; ich schloss jeden Gedanken an eine andere Möglichkeit aus. Ich bin sicher, das ist einer der Gründe, warum Ärzte keine Familienangehörigen behandeln sollen – sie haben Schwierigkeiten, die Patienten klinisch zu betrachten und lassen ihre Entscheidungen von ihren Emotionen beeinflussen.

Mein Rückflug war für den 25. September gebucht. Die Buchungen zu ändern würde enorme Komplikationen mit sich bringen, weil meine ganze Reise sich nach den datierten Genehmigungen richtete. Zudem hatte ich in Brüssel ein weiteres Bewerbungsgespräch, und ich hatte geplant, eine Woche länger zu bleiben, um meine Kollegen im Hôpital Erasme zu besuchen, an dem ich studiert hatte. Ich war hin- und hergerissen: Sollte ich versuchen, so schnell wie möglich nach Hause zu fliegen, oder sollte ich meinen Termin wahrnehmen und danach zurückkehren? Da ihre Behandlung gut verlief, riet Nadia mir, in Brüssel zu bleiben. Sie sagte, ich solle mir keine Sorgen machen.

Ich sollte meine Entscheidung schmerzlich bereuen. Ich könnte mich rechtfertigen, indem ich Nadia die Schuld gebe, weil sie weiterhin sagte: »Mach dir keine Sorgen. Alles läuft gut. Ich sehe dich in ein paar Tagen.« Aber ich weiß es besser. Ich bin der Arzt und hätte wissen sollen, was das Richtige ist, nämlich so schnell wie möglich zu meiner Frau zu fahren. Ich hatte den Papierkrieg vermeiden und – schlimmer noch – meine Karriere vorantreiben wollen.

Es waren furchtbare Tage. Es war immer noch Ramadan, und ich fastete. Ich konnte nicht schlafen, weil ich immer drüber nachdachte, was ich tun solle. Ich war täglich mit meiner Familie in Kontakt und entschied, meinen Rückflug aus Brüssel auf den 9. September vorzuverlegen. Dann machte ich mich an die ermüdende und ärgerliche Prozedur, die Tickets umzubuchen und die Genehmigungen ändern zu lassen. Ich fand eine Flugmöglichkeit von Brüssel über München und Istanbul nach Amman. Wäre ich kein Palästinenser, hätte ich direkt von Brüssel nach Tel Aviv fliegen können und wäre in ein paar Stunden zu Hause gewesen.

In der Zwischenzeit hatte Nadia gut auf die Chemotherapie angesprochen, und ich hoffte, wir hätten das Schlimmste überstanden. Das war der Stand, als ich am 9. September das Flugzeug in Brüssel bestieg. Als das Flugzeug später in München landete, hatte sich Nadias Zustand plötzlich verschlechtert, und sie war auf die Intensivstation gebracht worden. Ich ging durch den Gang des Flughafens und wünschte, ich könnte im Sheba-Krankenhaus an ihrer Seite sein. Jedes Mal, wenn ich anrief, hatte sich ihr Zustand weiter verschlechtert. Ich betete, hoffte und flehte um ihre Genesung.

Es war nach Mitternacht, als ich in Amman landete. Ein Taxi brachte mich zur Allenby-Brücke. Ich war seit dem frühen Morgen unterwegs, hatte in Flugzeugen gesessen, war durch Flughafengänge gelaufen und hatte die ganze Zeit nur an meine Frau gedacht. Aber Gesetz ist Gesetz, und nicht einmal Nadias sich verschlimmernde Lage in einem Krankenhaus nur eine Fahrstunde entfernt konnte etwas an der erbarmungslosen Tatsache ändern, dass die Brücke erst um sieben Uhr dreißig wieder öffnen würde; jetzt war es zwei Uhr. Ich telefonierte, um einen Fahrer zu organisieren, der auf der anderen Seite auf mich warten würde. Ich konnte mich fünf lange Stunden nicht hinsetzen, während ich die Nacht durch wartete. Schließlich wurde die Tür des Gebäudes geöffnet. Ich ging hinein, meine Papiere wurden bearbeitet, und Minuten später war ich wieder draußen. Ich hatte die Grenze von Jordanien nach Israel überquert und war einen Schritt näher bei Nadia.

Doch jetzt wurde meine Reise endgültig zu einem Höllentrip, den ich in meinen Albträumen wieder und wieder durchlebe. Ich war der Erste in der Schlange am israelischen Sicherheitscheckpoint. Ich legte meinen Pass und meinen Ausweis vor, man hieß mich warten. Um neun Uhr wartete ich immer noch. Ich wartete und wartete. Es wurde ein Uhr mittags. Andere Leute waren in der Zwischenzeit gekommen, abgefertigt worden und weitergegangen. Ich flehte das Personal an, mir zu sagen, was der Grund für die Verzögerung sei. Ich sagte ihnen, ich sei Arzt, angestellt in Israel, erklärte, dass meine Frau akut erkrankt sei, vielleicht im Sterben läge, dass ich über vierundzwanzig Stunden unterwegs sei und dringend ins Sheba-Krankenhaus müsste. Die Antwort hieß: »Sie müssen warten.«

Ich telefonierte stündlich mit der Schwägerin meiner Frau, die ständig fragte. »Wo bist du? Warum bist du nicht hier? Beeil dich, beeil dich!« Um zwei Uhr fing ich in meiner Verzweiflung an, Freunde anzurufen und zu fragen, ob sie mir irgendwie helfen könnten.

Schließlich wurde ich zum Schalter gerufen, wo man mir sagte, dass mich ein Beamter des nationalen israelischen Sicherheitsdienstes sehen wolle. Er fragte mich hundert Dinge, sogar nach meiner Frau. Dann sagte auch er mir, ich solle warten. Um sechs Uhr abends, zehneinhalb Stunden nachdem ich das erste Mal vor seinem Schreibtisch gestanden hatte, gab er mir meinen Pass und sagte, ich könne gehen.

Der arabisch-israelische Taxifahrer hatte die ganze Zeit auf mich gewartet, und ich bat ihn, mich so schnell wie möglich zum Sheba-Krankenhaus zu bringen. Er nahm die Route mit den wenigsten Checkpoints. Als wir in den Randbezirken Jerusalems den ersten Checkpoint erreichten, sagte der Grenzer: »Was wollen Sie hier? Der ist nur für Israelis.« Ich erklärte, dass ich eine Genehmigung habe, dass ich Arzt sei, der im Sheba Medical Center in Tel Aviv arbeite, dass meine Frau dort Patientin und schwer krank sei und dass ich schnell zu ihr wolle. Er tat so, als sei ich ein Selbstmordattentäter, verlangte, dass ich mein Handy ausmache, rief die Polizei und sagte, er hätte einen Palästinenser aus Gaza gefasst, der versucht hätte, die Grenze zu übertreten. Er bestand darauf, dass ich ein Formular ausfüllte, womit ich bestätigte, dass ich verstanden hatte, warum ich verhaftet wurde. Doch der Anruf eines israelischen Sicherheitsbeamten wies ihn an, mich gehen zu lassen; er hätte meine Genehmigung sorgfältiger prüfen sollen, bevor er den Alarm auslöste.

Man sollte denken, ein solcher Verweis wäre ihm unangenehm gewesen. Aber es bedeutete nur eine weitere Verzögerung für mich, weil er das Formular für die Verhaftung zerriss und stattdessen verlangte, ich solle ein anderes ausfüllen, dass besagte, dass niemand an diesem Checkpoint mir physischen Schaden zugefügt habe. Und um mir zu beweisen, dass er den Trumpf in der Hand hielt, verkündete er, dass ich nach Jericho müsste – fünfzig Kilometer von dem Checkpoint, an dem wir uns befanden, entfernt. Damit nicht genug, wies er mich an, mir in Jericho eine neue Genehmigung ausstellen zu lassen: Meine sei nun nicht mehr gültig.

Also fuhren wir hastig nach Jericho. Dort angekommen, bekam ich die Genehmigung und die Anweisung, nach Bethlehem zu fahren, ein weiterer Umweg auf meiner Reise zur Hölle. Ich war fassungslos – aber ich hatte keine Wahl. Wir kamen nach Bethlehem, die diensthabende Soldatin gab meinen Namen in den Computer ein, und was erschien auf dem Bildschirm? Der selbe Eintrag, der erschienen war, als ich Gaza am 16. August verlassen hatte, derselbe Eintrag, der beinahe meine Abreise verhindert hätte, weil er mich aus Sicherheitsgründen sperrte. Da diese Information irrtümlich in meine Datei geraten war, hatte ich angenommen, dass sie entfernt worden sei. Doch Vermutungen zählen nichts, da, wo ich lebe.

Ich wurde in einen Raum von einem mal anderthalb Meter Größe geschickt, gerade so groß, dass man darin stehen oder sitzen konnte, und man sagte mir, ich müsse warten. Als ich den Schlüssel im Schloss hörte, konnte ich meine Wut kaum noch im Zaum halten. Es war inzwischen halb acht Uhr abends. Sie hatten mir mein Handy abgenommen. Ich wusste nicht mehr, wie es meiner Frau ging. Ich saß dort ohnmächtig, während die kostbaren Minuten ihres Lebens verrannen. Jede Stunde erschien mir wie ein Tag.

Dann gab mir einer der Beamten durch die Glasscheibe, die seinen Schreibtisch von dem Raum trennte, in dem man mich festhielt, ein Zeichen. Jemand schloss die Tür wieder auf, und ich ging zu diesem Mann hinüber, der zurückgelehnt auf seinem Stuhl saß, die Füße auf dem Schreibtisch. Er winkte mich mit einer Hand heran, als befehle er einem Hund, »Sitz« zu machen, und sah mir nicht einmal in die Augen, als er die Genehmigung zu mir hinüberschob.

Ich war erschöpft, durstig und mit den Nerven völlig am Ende. Es dauerte eine weitere Stunde, um zum Krankenhaus zu gelangen, und als ich schließlich ankam, ging ich direkt auf die Intensivstation. Nadia war bewusstlos. Ich rief ihren Namen, sagte ihr: »Ich bin bei dir.« Ich weiß nicht, ob sie mich hörte. Erschöpft schlief ich auf einem Schreibtisch im Flur, sodass ich sie in dieser Nacht nicht verlassen musste.

Das Krankenhaus gab mir ein Zimmer, sodass ich arbeiten und mich ausruhen konnte. In den nächsten Tagen schien Nadia sich zu erholen. Sie sagte die ganze Zeit, sie würde auf ihren eigenen Füßen nach Hause zu unserer Familie laufen. Sie war absolut sicher, dass die Behandlung sie wiederherstellen würde. Wenn es auch für sie und die Kinder hart war, dass sie nicht zusammen sein konnten, kam es uns allen doch nie in den Sinn, dass sie nicht mehr nach Hause kommen würde. Die Kinder ins Krankenhaus zu bringen war nicht erlaubt: Nur der Patient und eine Begleitung durften den Übergang Eres passieren, und Nadia war mit ihrer Schwägerin gekommen.

Dann plötzlich, am Samstag, den 13. September, wurden ihre Werte wieder schlechter. Ich wusste, wir würden sie verlieren. Unsere Kinder konnten immer noch nicht kommen, um sie zu sehen. Ihre Verfassung verschlechterte sich binnen Stunden. Sie hielt durch bis Dienstag, den 16. September um drei Uhr nachmittags, als es zum systemischen Zusammenbruch kam und ihre Organe versagten. Ich saß neben ihr, sprach mit ihr, rief ihren Namen, las ihr aus dem Koran vor. Um 16:45 Uhr starb sie. Meine Ehefrau, die Mutter unserer acht Kinder, war von uns gegangen.

Ich konnte mir nicht vorstellen, wie wir mit ihrem Tod fertig werden sollten. Weil Ramadan war und jeder fastete, wollte ich nicht zu Hause anrufen und es den Kindern sagen, ehe das Fasten um Viertel nach fünf gebrochen würde. Sie hatten den ganzen Tag nichts gegessen, und ich wusste, dass sie auch nichts mehr essen würden, wenn sie die Nachricht von Nadias Tod hörten. Daher wollte ich warten, bis ich sicher war, dass sie etwas zu sich genommen hatten. Stattdessen rief ich am Übergang Eres an, um eine Überführung für Nadia zu arrangieren, damit ich sie heimbringen konnte. Noch im Tod kann ein Palästinenser nicht ohne Genehmigung reisen. Dann rief ich zu Hause an. Aya ging ans Telefon, sie hörte meine Stimme und begann zu schreien. Ich sagte unentwegt zu ihr: »Gott wird es uns vergelten.« Aber alles, was sie sagen konnte, war: »Nein, nein, nein.«

Es gab Papierkram, um den man sich kümmern musste, eine Ambulanz, die man mieten musste, einen Wagen für die Fahrt zur Grenze. Als wir dort waren, war es so, als wäre ich in eine Zeitmaschine geraten. Die Sicherheitsüberprüfung wies mich wiederum als Risiko aus, obwohl die Fehlinformation schon seit Wochen hätte gelöscht sein sollen, und ich konnte Nadias Leiche nicht über die Grenze begleiten. Die israelische Ambulanz musste die palästinensische Ambulanz an der Übergangsstelle für Fahrzeuge treffen, und der Sicherheitsbeamte schlug vor, ich solle meine Frau in der Ambulanz fahren lassen, den Papierkram erledigen und dann zu Fuß von der israelischen Seite zur palästinensischen Seite hinübergehen. Natürlich hatte ich das schon oft getan, aber ich wollte auf der ganzen Heimreise an ihrer Seite sein. Ich wollte meine Frau nicht allein fahren lassen. Ich ging so schnell wie möglich die Papiere durch und konnte den Beamten schließlich überzeugen, dass der Ausschlussvermerk über mich ein Irrtum war. Ich rannte durch den Übergang – zumindest dort, wo Rennen erlaubt war – und erwischte die Ambulanz, ehe sie den Gazastreifen erreichte. Nadia und ich fuhren den Rest des Weges gemeinsam.

Meine Brüder erwarteten uns. Menschen aus ganz Gaza waren in unserer Straße zusammengekommen, um ihre Liebe und ihr Mitgefühl zu erweisen. Ich ging direkt zu meinen Kindern, zu

Bessan, Dalal und Shatha, zu Mayar und Aya, Mohammed, Raffah und Abdullah.

In dieser Nacht schliefen wir alle gemeinsam in einem Raum, fanden im Miteinander Trost und Stärke. Am nächsten Tag trugen wir Nadia zum Friedhof und begruben sie dort. Wir beteten den ganzen Tag und noch drei Tage lang. Unsere Freunde und Familie kamen, um uns zu trösten. Unser Leid war kaum zu ertragen; wir überstanden diese Tage nur, weil wir einander hatten.

Nadia war eine wundervolle Ehefrau und Mutter, eine Frau, die von unserer Familie und unseren Freunden in Ehren gehalten wird. Ich hatte sie gekannt, solange ich denken konnte. Sie war meine Muse und mein Halt. Erst als ich sie verloren hatte, wurde mir klar, wie selbstverständlich sie mir all die Jahre gewesen war. Ich hatte die Frustrationen und Ängste unseres Lebens durchstehen können, weil Nadia meine Stütze gewesen war. Dank des Rückhalts, den sie mir gab, und dank ihrer Liebe konnte ich mit allem fertig werden.

Meine Kinder und ich sind von ihrem frühen Tod gezeichnet, aber wir finden Trost und Kraft in der Erinnerung an ihre Stärke.

SECHS
Der Angriff

Mit Nadias Tod begann eine Kette von Ereignissen, die das Leben meiner Kinder veränderte, meine Karriere beeinflusste und meinen Glauben auf die Probe stellte.

Ich taumelte durch den Herbst 2008 und versuchte meinen Kindern sowohl Vater als auch Mutter zu sein. Anfangs konnte ich nicht wieder arbeiten gehen, weil mein Job mich jede Woche von Montag bis Donnerstag von Gaza fernhielt. Aber wer sollte sich um die Kinder kümmern? Andererseits – wenn ich keinen Job hatte, wer würde dann für uns sorgen?

In unserer Kultur gilt die Ehe für Männer und Frauen als die beste Daseinsform. Als Maryam, die Schwester meiner Frau, durch die Tunnel von Ägypten zu Besuch kam, um – fast vier Monate nach Nadias Tod – die Familie zu besuchen, beobachtete ich, wie sie meinen Sohn Mohammed umarmte und küsste. Er hatte zwar seine Schwestern, aber brauchte er in seinem Leben nicht auch eine Mutterfigur? Ich hatte Maryam nie kennengelernt, sie war geschieden und älter als ich. Sie hatte jahrzehntelang in Algerien gelebt, und ich war bei ihren früheren Besuchen nicht zu Hause gewesen. Aber für meine Kinder war sie keine Fremde, und ich überlegte kurz, sie zu fragen, ob sie mich heiraten würde. Ich sprach mit ihrem Bruder und auch mit Maryam darüber, aber sie meinte, dass sie zum Heiraten zu alt sei und selbst schon Kinder und Enkel hätte.

Meine Kinder sahen in einer Heirat auch keine gute Lösung. Bessan sagte: »Geh du arbeiten, ich kümmere mich ums Haus. Dalal und Shatha werden mir helfen.« Das war viel Arbeit für meine drei ältesten Töchter: acht Kinder, um die man sich kümmern und die man satt bekommen musste, und eine große Wohnung, die versorgt sein wollte. Bessan und Dalal studierten an der Islamischen Universität, und Shatha war im letzten Jahr der Oberschule. Ich besprach die Situation mit meinen Brüdern, und sie versprachen mir, dass ihre Frauen helfen würden. Also beschloss ich, wieder arbeiten zu gehen.

Meine Rückkehr zur Arbeit erwies sich als eine gute Ablenkung von unserer Trauer. Die Mädchen kümmerten sich gemeinsam ums Haus und die jüngeren Kinder, während ich montags bis donnerstags in Tel Aviv war. Und ich verbrachte die Tage im Krankenhaus mit der Sorge um meine Patienten. Das Leben ohne Nadia war alles andere als normal, aber ein Anschein von Routine war in unser Leben zurückgekehrt.

Ende Oktober 2008 erhielt ich von den Population Services International telefonisch ein Stellenangebot in Pakistan. Das war meine Chance, die Familie für eine Weile aus Gaza herauszubringen, dachte ich. Der Haken war, dass ich dafür bereits in wenigen Tagen entweder in Dubai oder in Pakistan sein musste, aber die Israelis würden mindestens vierzehn Tage brauchen, um die Ausreisepapiere für Jordanien auszustellen. Es sah so aus, als sei es unmöglich. Doch gerade da kündigten die Palästinenser an, dass der Übergang Rafah nach Ägypten für ein paar Tage geöffnet sein würde, also entschied ich mich, über Rafah nach Jordanien zu reisen, von wo ich fliegen könnte.

Als Erstes musste ich jedoch dem Innenministerium der Hamas eine ausführliche Begründung und einen unanfechtbaren Beweis dafür liefern, dass ich ins Ausland reisen musste.

(Patienten, die aus gesundheitlichen Gründen reisen, müssen beispielsweise zusammen mit der ärztlichen Überweisung ihre persönlichen medizinischen Berichte vorlegen. Überflüssig zu sagen, dass vertraulicher Umgang mit Patientendaten in Gaza kein Begriff ist.) Ich war dem üblichen Ablauf dieses Mal einen Schritt voraus, weil ich wusste, dass die Grenze offen sein würde. Normalerweise weiß man bei uns nicht, wann man reisen kann: Man wartet, bereit, jederzeit zu reisen, wenn die Grenze öffnet, was morgen, übermorgen, nächste Woche oder in drei oder vier Monaten sein kann.

Ich will hier nicht noch einmal die endlosen Schritte und willkürlichen Entscheidungen aufzählen, denen ein Palästinenser, der reisen möchte, ausgeliefert ist; in diesem Fall dauerte es nur vierundzwanzig Stunden, und ich war einer der Glücklichen, die den Weg in ein Flugzeug geschafft haben.

Nachdem ich meine Vorstellungsgespräche in Dubai absolviert hatte, wollte ich natürlich so schnell wie möglich zu meinen Kindern nach Hause. Aber wie? Und wann? Über welche Stadt und welchen Übergang? Ich flog nach Kairo, blieb dort ein paar Tage und versuchte, eine Genehmigung und einen Termin zum Grenzübertritt zu bekommen; dann fuhr ich weiter nach Al Arish, etwa hundert Kilometer von Kairo entfernt und nahe der Grenze, sodass ich, sobald sie öffnete, so schnell wie möglich hinüberkonnte. Meine Kinder waren in unserer Wohnung mehr oder weniger sich selbst überlassen; sie waren neunzig Kilometer entfernt, eine Fahrt von höchstens anderthalb Stunden.

Ich musste in Al Arish etwa zwei Wochen warten. Ich verbrachte die ganze Zeit damit, jeden anzurufen, den ich um Hilfe fragen konnte, nur um nach Hause zu kommen. Eines Tages entschieden die ägyptischen Behörden, die Grenze zu öffnen, sodass Patienten, die in Ägypten behandelt worden waren, nach Gaza zurückkonnten, und man sagte mir, dass ich eventuell auch hinüberdürfte. Ich ging zur Grenze und flehte, erklärte, dass meine Kinder alleine waren, dass sie erst kürzlich ihre Mutter verloren hatten und dass sie ihren Vater brauchten. Aber ich fand kein offenes Ohr und rührte kein Herz. Ich wartete den ganzen Tag und hoffte wider alle Vernunft, dass die Menschlichkeit sich durchsetzen würde, doch vergebens, ich musste nach Al Arish zurückkehren.

Viele Leute waren wie ich für Tage, Wochen, sogar Monate an der Grenze gestrandet. Nur die Gutbetuchten konnten die Unterkünfte in den nahe gelegenen ägyptischen Städten nutzen. Die anderen schliefen direkt am Grenzübergang auf dem Boden. Man kann sich vorstellen, wie die hygienischen Verhältnisse unter solchen Umständen sind. Es ist schon normal geworden, Hunderte von palästinensischen Reisenden zu sehen, die darauf warten, die Grenze überqueren zu dürfen. Frauen, alte Menschen, jungen Männer und Kinder, alle mit demselben Ausdruck der Hoffnungslosigkeit, Frustration, Ungeduld und Erschöpfung im Gesicht. Reisen ist zu solch einer elenden Erfahrung geworden, dass kein Palästinenser sie freiwillig unternimmt, außer die, für die es unvermeidlich ist: Studenten, die eine ausländische Universität besuchen, Patienten, die Behandlungen benötigen, und Geschäftsleute, die versuchen so zu tun, als sei ihre Welt noch normal.

Als das Ende des Monats Id und das Opferfest nahten, erlaubten die Ägypter mir und den anderen endlich, die Grenze zu passieren. Ich kehrte beladen mit Kerzen, Kleidern, Bettwäsche, Lebensmitteln und Petroleum für den Ofen zu meinen Kindern zurück. Alles Dinge, die im Gazastreifen schwer zu bekommen sind.

Nach dieser langen Trennung wollte ich meine Familie zu dem Olivenhain und an den Strand bringen, um uns allen eine Pause vom unentwegten Kampf und unserer Traurigkeit zu gönnen.

In diesem Herbst dachte ich viel über unsere Zukunft in Gaza nach. Unsere Schwierigkeiten waren persönlicher Art, ja, aber auch das Säbelrasseln zwischen Israelis und Palästinensern war lautstark zu hören. Die Spannung lag so spürbar in der Luft, dass niemand sie ignorieren konnte, nicht einmal die Menschen in Gaza, die an sie gewöhnt waren.

Die Sackgasse, in die wir geraten waren, hatte ihren Anfang im Wahlsieg der Hamas, nach dem sowohl Ägypten als auch Israel im Juli 2007 den Zugang nach Gaza schlossen. Alles Lebensnotwendige wurde seither von Israel kontrolliert: Gas, Wasser, Strom. Laut Berichten der Vereinten Nationen wurden in den siebzehn Monaten der Blockade 2700 in Untergrundlabors von Gaza gefertigte Kassam-Raketen auf Israel abgefeuert. Sie töteten vier israelische Zivilisten und verletzten fünfundsiebzig Menschen. In dieser Zeit beschoss die israelische Armee den Gazastreifen mit mehr als 14600 Artilleriegeschossen, die neunundfünfzig Palästinenser töteten und zweihundertsiebzig verletzten.

Die Spannung hatte nach einem von Ägypten ausgehandelten Waffenstillstand zwischen der Hamas und Israel im Juni 2008 ein wenig nachgelassen, eskalierte aber im November erneut. Vorwürfe und Gegenvorwürfe wechselten die Seiten. Die Blockade dauerte auch während der vorgeblichen Waffenruhe an, die Angriffe der Israelis gingen weiter, und Kassam-Raketen flogen nach Israel. Die israelischen Verteidigungskräfte töteten noch mehr sogenannte Militante, die sie an der Grenze aufspürten.

Die jüdischen Siedlungen auf der West Bank und in Ostjerusalem wuchsen weiter. Palästinensische Häuser in Gaza wurden weiter plattgemacht, das Land wurde konfisziert. Politische Morde waren an der Tagesordnung. Wo war die internationale Gemeinschaft? Sah denn keiner, was mit den Palästinensern geschah? Ich bin gegen die Raketenangriffe und gegen die Selbstmordattentate, aber ich bin auch dagegen, die Tür vor

Menschen zu verschließen, die leiden und keine Aussicht auf ein Leben haben, das jeder Israeli für selbstverständlich hält. Ich verlange ein anständiges Leben für alle Palästinenser. Statt Mauern müssen wir Brücken bauen.

Am Donnerstag, den 25. Dezember 2008, verließ ich nach der Arbeit das Sheba Hospital in Tel Aviv und kehrte wie immer nach Gaza zurück. Als ich mich durch die einzelnen Checkpoints von Eres arbeitete, hatte der israelische Premierminister Ehud Olmert im Fernsehsender Al Arabiya kundgetan, was man im Nachhinein als letzte Warnung verstehen kann: »Ich sagen ihnen hiermit, dass es kurz vor zwölf ist; ich sage ihnen, dass sie aufhören sollen. Wir sind stärker.« Tzipi Livni, die israelische Außenministerin, hatte zudem Ägypten einen Besuch abgestattet, was als ein Signal zu verstehen war, dass man Schritte gegen den Gazastreifen und seine Bewohner einleiten würde.

An diesem Abend besprachen die Kinder und ich die kommende Woche; wir machten eine Einkaufsliste, und am Freitag ging ich zum Markt, um den wöchentlichen Einkauf zu erledigen. Die meisten Leute waren auf das Schlimmste gefasst, aber an dem Tag öffneten die Israelis plötzlich die Grenzübergänge und bewilligten die Lieferung von mehr als hundert Lastwagenladungen humanitärer Hilfe für das belagerte Gebiet sowie Treibstoff für das Kraftwerk. War das ein Trick? Versuchte die israelische Regierung damit zu erreichen, dass die Leute weniger wachsam waren? Wir versuchten, die Dinge so zu nehmen, wie sie kamen, und mit unserem Leben weiterzumachen. Unsere Waschmaschine war kaputt, also fuhr ich Samstagmorgen, als die jüngeren Kinder mit dem Schulbus zum Unterricht gefahren waren, ins Camp von Jabalia, um einen Handwerker zu finden, der sie reparieren würde. So kam es, dass ich nicht zu Hause und von meinen Kindern getrennt war, als in Gaza die Hölle losbrach.

Ich war gerade aus meinem Wagen ausgestiegen, als die Angriffe begannen. Ich konnte es sehen, hören und fühlen. Es war, als würde die Erde angehoben, verschoben und gleich darauf zusammenstürzen. Israelische Raketen und Granaten kamen aus allen Richtungen. Bomben fielen vom Himmel. Später erfuhr ich, dass die Israelis die fast eine Tonne schweren Mark84-Freifallbomben sowie lasergelenkte Sprengbomben eingesetzt hatten. F-16 und Apache-Kampfhubschrauber donnerten über unsere Köpfe, Raketen kamen als Querschläger von Kanonenbooten vor der Küste herein, und Panzer wurden an der Grenze mit einer ungeheuren Ladung an Sprengstoff losgeschickt. Die Luft war voll von Feuer, Rauch und Schutt. Riesige Metallteile und Reste von Häusern vermengten sich mit zerborstenen Straßenlaternen und Glasscherben.

Das erste Sperrfeuer dauerte etwa fünf Minuten. Plötzlich war alles still, die zerstörten Straßen lagen im Dunkeln. Ich rannte zu meinem Auto zurück, das zum Glück unbeschädigt war, und trotz der schreienden Menschen überall auf der Straße gelangte ich heil nach Hause.

Bessan war da, aber keines der anderen Kinder. Angst schnürte mir die Kehle zu. Hatten sie es bis zur Schule geschafft? Wo waren sie? Wie konnte ich sie finden? Gerade als ich losgehen wollte, um sie zu suchen, kamen sie durch die Tür – erst die zwei Jüngeren, dann Aya, Mayar und Shatah. Dalal war ihre Cousine besuchen gegangen, die denselben Studiengang besuchte und in einem anderen Teil des Gazastreifens lebte. Ich rief sie vom Handy aus an. Sie war dort, und sie war im Augenblick sicher, konnte aber nicht nach Hause kommen, weil die Straßen gesperrt waren.

Die Kinder erzählten mir, dass die Schulbusse stehen geblieben waren, als die Bombardierung begann. Sie hatten beschlossen, allein nach Hause zu kommen. Sie hatten sich vor den Einschlägen versteckt und waren in den Feuerpausen gerannt, bis zu uns nach Hause. Man stelle sich das vor – Schulkinder, die um ihr Leben laufen und herausfinden müssen, wie sie dabei am besten Bomben und Schüssen entgehen.

Es war der Beginn eines dreiundzwanzigtägigen Angriffs auf den Gazastreifen. Wir beschlossen, in der Wohnung zu bleiben, weil es der sicherste Ort für uns war. Die Israelis wussten, dass dies mein Haus war, was für mich hieß, dass wir nie zur Zielscheibe werden würden, wenn sie auf der Suche nach Militanten waren. Mein Bruder Rezek war in Ägypten, also verließ seine Familie die Wohnung in unserem Haus und ging zu den Eltern seiner Frau im Camp von Jabalia. Mein Bruder Shehab, der am Ende der Straße wohnte, entschied sich, seine Frau und seine Familie ins Gemeindezentrum von Jabalia-Camp zu schicken, weil sie dachten, dort sei es sicherer. Shehab zog bei uns ein; so konnte er ein Auge auf seine Wohnung haben. Außerdem hatten wir gehört, dass Leute, die allein wohnten, getötet wurden. In unserem Wohnhaus waren also mein Bruder Atta und seine Familie, Nasser und seine Familie und in meiner Wohnung die Kinder, Shehab und ich.

Dieser wahnsinnige Angriff auf Männer, Frauen und Kinder – samt allen sonstigen Lebewesen und allem, was Menschen je als Zuflucht gebaut hatten – hatte den erklärten Zweck, die Hamas in die Knie zu zwingen. Die offizielle Rechtfertigung der Israelis lautete, dass sie die Raketenangriffe auf Sderot und den Waffenschmuggel aus Ägypten unterbinden mussten.

Ich hatte vorhergesehen, dass dies irgendwann passieren würde und hatte sogar ein paar Dinge wie Kerzen, Kerosin, Brot, Reis, Linsen, Streichhölzer und anderes Unverderbliches gehortet. In Gaza leben wir für den Augenblick, und wir wissen nie, was als Nächstes passiert. Doch nicht einmal der ärgste Pessimist hatte sich vorstellen können, dass der israelische Angriff dreiundzwanzig erbarmungslose Tage dauern würde. Es gab keinen Strom, keine Telefonverbindungen, kein Gas (die Gasleitungen waren vor dem Angriff abgeklemmt worden) und kein Fernsehen. Wir konnten vor Lärm und Terror nicht schlafen. Wenn es draußen hell war, ging ich los, um das zusammenzukratzen, was wir benötigten, um zu überleben, aber es gab kaum etwas. Nach nur ein paar Tagen gab es in den Läden kein Mehl mehr und kein Pitabrot, ein Hauptnahrungsmittel für uns. Manche Ladenbesitzer räumten ihre Lager aus und machten Körbe, einen für jede Familie, aber bald war auch das verbraucht. Nadias Schwester Sobhia hörte von einer Stelle, wo es noch Pita gab. Ich ging mit ihr und Mohammed dorthin, und gemeinsam schafften wir es, dreihundert kleine Pitabrote zu kaufen. Ich wusste, dass sie bei einer Großfamilie wie der unseren nicht lange reichen würden.

Die Bodenoperation begann am 3. Januar 2009. Davor hatten wir selbst unter Beschuss noch vorsichtig zum Markt gehen können, um Lebensmittel zu beschaffen, aber jetzt wurden wir zu Gefangenen in unserem eigenen Haus. Hunderte Panzer rollten über die Grenze, feuerten auf alles, was sich bewegte und schossen ihre Salven gnadenlos in ein Gebäude nach dem anderen. Zu diesem Zeitpunkt waren wir schon zwei Wochen unter Belagerung. Ein Transistorradio war unsere einzige Verbindung zur Außenwelt, abgesehen von unseren Handys, die fast keinen Strom mehr hatten, auch wenn wir sie sparsam benutzt hatten.

Meine Tochter Shatha und ihre Cousine Ghaida, Attas Tochter, die mit uns im selben Haus lebte, sagten, dass sie wüssten, wie man ein improvisiertes Ladegerät zusammenbasteln könne. Zu meiner Überraschung verbanden sie vier Radiobatterien und verwandelten sie in ein Ladegerät. Sie schnitten das Kabel vom Handy-Ladegerät ab, nahmen die beiden Drähte im Kabel und verbanden jeden mit einem Ende der Batterien, die sie mit Klebeband zusammengebunden hatten; das Ende des Kabels steckten sie in das Telefon. Es dauerte zehn Stunden, um ein Handy aufzuladen, aber dieses Ladegerät wurde zu unserer Lebensader.

Das Granatfeuer schien aus allen Richtungen zu kommen. Wir wussten nicht, wer oder was das Ziel war. Alles, was ich im Radio hörte, war die Zahl der Toten, als seien wir Palästinenser nur Zahlen, nicht Mütter und Väter, Schwestern und Brüder.

Das Esszimmer wurde für die Familie zum Allerheiligsten, da wir die außen gelegenen Räume – die Küche, die Schlafzimmer und das Wohnzimmer – mieden. Ich sagte meinen Kindern, sie sollten ihre Matratzen in das Esszimmer holen, weil wir dort sicherer wären und alle zusammen sein könnten. Und dort blieben wir, Tag für Tag, Nacht für Nacht. Wir erzählten einander Geschichten. Shatha lernte bei Kerzenlicht, weil sie hoffte, eine der zehn besten Schülerinnen ihrer Schule zu werden, wenn im Juni die Abschlussarbeiten geschrieben wurden. Aber ihr Vorhaben, bei Kerzenlicht zu lernen, war nicht so einfach umzusetzen. Wir hatten Angst, die Soldaten draußen könnten das Licht entdecken. Wir hatten Angst, den einen tödlichen Fehler zu begehen. Wir wechselten uns darin ab, den Schein des Kerzenlichts zu verbergen. Manchmal machten wir eine Wand aus Kartons, manchmal stellten wir Stühle um die Flamme, manchmal nutzten wie eine Ecke des Raums. Die Ehefrau meines Bruders Rezek, Aida, sagte immerzu, wie stolz wir alle auf Shatha sein würden, wenn sie ihren Abschluss machen würde.

Ich war stolz auf meine Familie und auf die Art, wie wir zusammenhielten, um den Schrecken da draußen vor unseren Fenstern zu überstehen. Wir ermutigten und unterstützten uns, wo wir nur konnten.

Bald nach dem Beginn des Angriffs fand ich mich selbst in der Rolle eines Reporters wieder. Hunderte von Korrespondenten der internationalen Gemeinschaft – BC, CNN, CBC, Fox News, Sky News – steckten auf einem schlammigen Hügel draußen in Aschkelon fest, der Stadt, die dem Übergang Eres am nächsten ist, denn das israelische Militär verweigerte ihnen den Zugang nach Gaza. Selbst israelische Reporter wurden nicht hineingelassen. Ihre Kameras fingen die Rauchfahnen der explodierenden Bomben ein, aber es gab keine Augenzeugen, die von den Fakten, vom Ort des Geschehens berichten konnten. Also riefen Vertreter israelischer Medien mich auf dem Handy an, weil ich fließend Hebräisch sprach und mitten in der Katastrophe lebte, die ihre Soldaten in Gaza angerichtet hatten.

Mein Freund Shlomi Eldar von Israels Fernsehsender Channel 10 rief mich regelmäßig am späten Nachmittag an, um zu fragen, was an dem Tag geschehen war. Von meinem Wohnzimmerfenster aus konnte ich sehen, dass sie mit ihren Bomben und Raketen die ganze Nachbarschaft ausgelöscht hatten. Sie hatten alles in Schutt und Asche gelegt, als wollten sie jeden sichtbaren Beweis auslöschen, dass hier jemals Menschen gelebt hatten – dass alte Leute und kleine Kinder, Teenager und Eltern diese Straßen entlanggegangen waren, in diesen Häusern geschlafen hatten, zusammen gegessen, sich nach Osten verneigt und zum Gebet auf ihren Teppichen gekniet hatten.

Auch wenn ich anfangs Repressalien gegen mich und meine Familie fürchtete, willigte ich schließlich ein, diese Interviews zu geben, weil jemand das Geschehen nach draußen in die Welt bringen musste. Shlomi erklärte später mit folgenden Worten, warum er mich angerufen hatte:

> »Als der Einmarsch nach Gaza begann und den Medien der Zugang verwehrt wurde, dachte ich, er könne uns einen Einblick in das Leben in Gaza vermitteln … Vom ersten Tag des Krieges an sprachen wir während des Nachrichtenteils der Sendung vier oder fünf Minuten lang am Telefon miteinander. Er gab uns einen einzigartigen Einblick in das Leben der Palästinenser. Die Hörer waren nicht besonders verständnisvoll, weil sie der Meinung waren, dass die Kassam-Raketenangriffe mit allen Mitteln gestoppt werden mussten.«

Verständnisvoll oder nicht, mit meiner Stimme im Ohr konnten die Israelis nicht völlig ignorieren, welchen Preis die Palästinenser für ihre Militäraktion zahlten.

Die surrealen Zustände während der Belagerung gaben mir immerhin Zeit nachzudenken, für die Zukunft zu planen und die Vergangenheit zu reflektieren. Ich wusste, dass der Einmarsch einmal enden würde, aber was dann? Ich hatte schon früher Zerstörung gesehen, damals, als Kind, als sie unser Haus eingerissen hatten. Und auch als Erwachsener hatte ich erlebt, wie das Hauptquartier der palästinensischen Autonomiebehörde durch Granatfeuer in Schutt und Asche gelegt wurde. Wie konnten wir je von diesen tödlichen Angriffen auf Männer, Frauen und Kinder – den unschuldigen Zivilisten Palästinas – loskommen? Wie sollten Psychologen, Soziologen, Mediziner und Ökonomen diese Menschen wiederherstellen, die durch den Irrsinn dieser Vernichtung gegangen waren?

Während wir warteten und um Erlösung beteten, wanderten meine Gedanken auch zu den Paaren in meiner Klinik, die jeden Monat warteten und um gute Nachrichten beteten. Vielleicht war es ein Weg, um selbst gesund zu bleiben, dass ich an die Bedrängnisse dachte, unter denen andere litten, an etwas, das meine Gedanken in eine andere Richtung lenkte, als die aktuelle Gefahr für diejenigen, die ich liebte. Ein Paar, das sich einer Fruchtbarkeitsbehandlung unterzieht, muss auch warten und hoffen. Einen Monat lang gibt es Injektionen, Ultraschalluntersuchungen und Bluttests; und währenddessen die Fragen der In-vitro-Fertilisation, über die die meisten Paare vor Beginn der Prozedur nicht diskutieren wollen. Die unbeantworteten Fragen, die Ungewissheit. Das alles kann lange dauern.

Ich erinnere mich daran, wie ich im Esszimmer unter Sperrfeuer saß und daran dachte, wie sehr diese unfruchtbaren Frauen leiden. Ich rief mir die Momente ins Gedächtnis, in denen ich sagen musste: »Tut mir leid, das Ergebnis ist negativ, Sie müssen es noch einmal versuchen.« So leicht sich solche Worte sagen, so hart klingen sie in den Ohren der Frauen. Doch es gibt auch die erfolgreichen Behandlungen, die Freude, die Sorge, die Entbindung. Zu guter Letzt ein Baby, das geliebt, aufgezogen, unterrichtet werden will. Und nach all dem soll dieses Kind Zuflucht unter dem Wohnzimmertisch suchen, um einer Rakete zu entgehen? Wohin würden all diese Mühen, ein Kind auf die Welt zu bringen, am Ende führen? Zur Erfüllung eines Traums oder zu einem Szenario wie dieses, in dessen Mitte ich jetzt saß?

Der 13. Januar war der bis dahin schwierigste Tag der Bodenoffensive. Wir konnten draußen nichts sehen, weil die Luft von den explodierenden Fluggeschossen voller Schutt und Staub war. Man konnte den Tag nicht von der Nacht unterscheiden. An diesem Nachmittag klopfte es laut und lang anhaltend an der Tür. Ich wollte nicht an die Tür gehen, aus Angst, es könnte ein Soldat sein, der uns befehlen würde herauszukommen. Aber das Klopfen hielt an, und so ging ich schließlich die drei Treppenabsätze hinab und öffnete die Tür. Noor, die siebzehnjährige Tochter meines Bruder Shehab, stand auf den Stufen, eine weiße Fahne über ihrem Kopf, das Gesicht nass vor Tränen, wilde Angst in den Augen. Ich packte sie und zog sie hinein. Ihre Familie war immer noch im Gemeindezentrum, aber Noor sagte, sie würde es dort nicht länger aushalten. Sie sagte zu uns: »Da sind fünfzig Leute in einem Raum. Wir sind zusammengepfercht wie Tiere und fühlen uns wie Geiseln. Es ist erniedrigend und beschämend, es gibt keinerlei Privatsphäre. Ich will lieber zu Hause sterben, als dort bleiben.« Also band sie ein weißes Handtuch an einen Stock und machte sich auf den gefährlichen Weg zu uns.

Ich fühlte mich schrecklich. Ich hatte nichts Besonderes zu essen da, um den Mut meiner Nichte zu feiern und sie willkommen zu heißen. Meine Tiefkühltruhe war immer voll, denn ich bin immer darauf vorbereitet, egal wie vielen Leuten zu essen zu geben, das ist Tradition in meiner Familie. Aber ohne Strom war das Essen verdorben. Ihr machte das nichts aus, sie sagte: »Es ist wie das Paradies hier, weil wir alle zusammen zu Hause sind.«

Am nächsten Morgen, dem 14. Januar, sah ich, wie ein Panzer sich unserem Haus näherte. Zunächst hoffte ich, er wäre falsch abgebogen oder suchte eine Stelle, wo er genug Platz hatte, um zu wenden. Aber er kam näher und näher. Bald schon war er nur noch zehn Meter vom Haus entfernt und zielte mit dem Geschossrohr auf die Wohnung, die von meinen Brüdern, ihren Frauen und Kindern bewohnt wurde. Wir warteten. Warteten auf irgendetwas – ein Wunder –, aber die Zeit verging und nichts passierte. Zugleich schien die Zeit stillzustehen, jeder Augenblick dauerte eine Minute oder eine Stunde. Welche Bedeutung hat Zeit schon in einer Zeit wie dieser? Wir hatten keine Kraft mehr, um zu denken. Wir fühlten uns außerhalb dieser Welt, ohne Zuversicht und ohne Mut. In diesem Moment hatte ich das Gefühl, wir hätten den tiefsten Punkt des Menschseins erreicht und nichts mehr zu erwarten. Es blieb nur, auf Gott und unseren Glauben zu vertrauen. Während der drei Wochen des Krieges verloren wir unseren Glauben an die Menschlichkeit, also waren Gott und wir einander alles, was uns blieb. Eiskalter Wind blies durch die zerborstenen Fenster der umliegenden Häuser und Geschäfte. Kinder lagen mit dem Gesicht nach unten auf der Straße, erstarrt vor Angst und Schrecken. Angeschossene und entlaufene Schafe humpelten über die Straße, Esel schrien, während Blut aus den Wunden auf ihrem Rücken sickerte. Der Panzer hatte sein Geschütz immer noch auf uns gerichtet, umgeben von halbtoten Tieren wirkte er wie ein Todesengel. Ich rief Shlomi Eldar an. Er erinnerte sich später an dieses Telefonat:

> »Izzeldin schrie, er war offensichtlich sehr in Angst und sagte: ›Da ist ein Panzer vor unserem Haus. Sie werden uns töten. Bitte tu etwas.‹ Ich wusste nicht, was ich tun sollte. Ich rief bei den israelischen Verteidigungskräften an, erreichte aber niemanden. Also rief ich einen Radio-Reporter an, Gabi Gazit Gazette, gab ihm die Details und sagte, er müsse mit der Story sofort live auf Sendung gehen. Izzeldin schilderte ihm seine Geschichte. Er weinte vor lauter Angst am Telefon. In der Zwischenzeit versuchte ich weiterhin jemanden von der Armee ans Telefon zu bekommen.
>
> Hamas-Ziele anzugreifen war eine Sache, aber das Haus eines Arztes zu bedrohen, war eine andere. Ich wollte dafür sorgen, dass sie wussten, auf wessen Haus sie da zielten.«

Als ich mit Gabi Gazit verbunden war, machten wir ein Live-Interview übers Handy, mit dem Panzer vorm Haus und den Kindern, die sich an mich klammerten. Ich spürte die große, erstickende Angst um meine Kinder, ein Ausmaß an Schrecken, das ich nie zuvor kennengelernt hatte. Was, wenn sie getötet wurden, was würde dann mit mir geschehen? Was würde mit ihnen geschehen, wenn ich getötet würde? Später erzählte mir Shlomi, dass Gabi versucht hatte, mich zu beruhigen und meine Aufmerksamkeit auf das zu lenken, was um mich herum geschah, die Details bewusst und deutlich genug wahrzunehmen, um die Informationen klar und genau über den Sender zu vermitteln. Ich kann mich an diese Unterhaltung wirklich nicht mehr erinnern.

Kurz nach dem Interview, das im israelischen Radio gesendet wurde, rief ein Militäroffizier auf meinem Handy an und fragte mich, was da vor sich ginge. Ich sagte ihm, er müsse es doch am besten wissen: Ein israelischer Panzer ziele mit seinem Geschützrohr auf mein Haus, in dem sich nur meine Familie befand. Während ich am Telefon blieb, rief er einen Feldoffizier an und befahl ihm, während ich zuhörte, den Panzer wegzufahren. Zehn Minuten später rollte er davon. Es war schwer zu glauben, dass nur zehn Minuten vergangen waren. Es hätten auch zehn Tage gewesen sein können. Die Gefahr war vorüber. Wir waren in Sicherheit.

Wir wollten diesen Moment feiern. Doch ohne Gas und ohne Strom war Kochen zu einer schwierigen Sache geworden; aber wir hatten noch einen fast vergessenen Vorrat. Am Tag bevor wir zum Strand gefahren waren, hatte ich Mohammed losgeschickt, einen Sack Holzkohle zu besorgen, damit wir im Olivenhain unser Mittagessen zubereiten konnten. Er hatte meine Anweisung, ein Kilo zu kaufen, missverstanden und fünf mitgebracht. Ich war damals wütend gewesen, weil er nicht aufgepasst und mein Geld unnütz ausgegeben hatte. Aber jetzt bauten wir draußen vor der Wohnungstür einen Kochplatz auf und entzündeten diese Extra-Holzkohle. Die Kinder buken auf den Kohlen einen Kuchen, und wir kochten Wasser für Tee. Wir fühlten uns sicher, glücklich und beinahe als Sieger.

Es gab trotz der Gefahr, in der wir uns befanden, noch einen anderen Grund zu feiern. An dem Nachmittag hatte ich einen Anruf von Dr. Peter Singer und Dr. Abdallah Daar erhalten, beide Professoren an der medizinischen Fakultät von Toronto, die mich drängten, ein Forschungsstipendium an ihrer Universität anzunehmen. Sie hatten von meiner Arbeit im Gesundheitswesen gehört und glaubten, ich könnte eine Bereicherung für ihre Universität sein. Was als Forschungsstipendium begann, führte schließlich zu einer Fünf-Jahres-Anstellung als Associate Professor an der Dalla Lana School of Public Health. Ich hatte bereits mit den Kindern über die Möglichkeit gesprochen, nach Kanada zu gehen, aber jetzt hatte ich eine feste Zusage. Wenn ich mich daran erinnere, wie sie auf meine Nachricht, nach Kanada zu ziehen und dort ein neues Leben anzufangen, reagierten, wenn ich mir ihre unschuldigen Gesichter in Erinnerung rufe, kann ich immer noch kaum begreifen, dass sich unser Leben innerhalb der nächsten achtundvierzig Stunden mit einem Schlag verändern sollte.

Der 15. Januar war ein Tag wie alle anderen während dieser Belagerung, wir konnten nicht sehen, was draußen geschah, weil die Luft voller Asche war. Die Wohnung fühlte sich allmählich überfüllt an – wir waren zu zehnt. Dalal war bei ihrer Tante, aber meine sieben anderen Kinder, mein Bruder Shehab und seine Tochter Noor waren bei mir. An diesem Nachmittag verlor ich die Geduld und sagte den Kindern, sie sollten ihre Zimmer und alles andere aufräumen. Das Chaos draußen übertrug sich auf mich, und obwohl ich mir bewusst war, dass ich meine Anspannung auf sie übertrug, konnte ich nichts dagegen tun. Sie taten, was ich von ihnen verlangt hatte, und sagten dann, dass sie zu Bett gehen würden. Es war erst sechs Uhr abends, aber weil Winter war, war es schon dunkel. Ich wusste, sie wollten nur ins Bett, um meiner schlechten Stimmung zu entgehen. Ich fühlte mich furchtbar, weil ich ihnen Angst gemacht hatte, und ich wollte sie nicht unglücklich ins Bett gehen lassen. Also ging ich in die Küche und bereitete eine große Mahlzeit Shakshuka aus Ei und Tomaten zu, was alles war, was ich in der Küche noch hatte. Ich rief sie alle zum Essen herunter und entschuldigte mich für meine Ungerechtigkeit.

In dieser Nacht schlief keiner von uns viel. Der Lärm der Bomben und Raketen drang durchs Haus und erschütterte uns im Innersten. Um ein Uhr morgens klingelte das Telefon – es war ein Mann vom israelischen Radio, der ein Interview mit mir machen wollte. Um zwei Uhr dreißig klingelte es wieder, dieses Mal ein Anruf vom jüdischen Gemeindezentrum in Pittsburgh, Pennsylvania, das mich zu erklären bat, was in Gaza los war. Die Kinder hörten jedes Wort, als ich auf die Fragen antwortete und das Grauen schilderte, in dem wir lebten. Ich war hin- und hergerissen: Auf der einen Seite wollte ich der Welt mitteilen, was hier los war, auf der anderen Seite wollte ich meine Kinder nicht noch mehr verschrecken. Die Notwendigkeit, andere für unser Leiden wachzurütteln, war schließlich stärker, aber die Beklommenheit, die meine anschaulichen Schilderungen erzeugte, kostete meine Kinder das bisschen Schlaf, das sie in dieser Nacht vielleicht gefunden hätten.

Am nächsten Morgen, dem 16. Januar, räumten wir die Matratzen weg und machten Frühstück. Dann besprachen wir, was wir den Rest des Tages essen wollten, weil kaum noch irgendwelche Lebensmittel im Haus waren und es wegen der Heftigkeit der Panzerangriffe in sämtlichen Straßen keine Möglichkeit mehr gab, nach Jabalia-Camp zu kommen, wo wir immer unsere Nahrungsmittel kauften. Wir konnten aus Angst vor den Granaten nicht nach draußen und wagten es kaum, uns den Fenstern zu nähern. Wir hatten auf dem Dach zwar Tonnen, um das Regenwasser zu sammeln, aber es hereinzuholen war eine heikle Aufgabe, und wir hatten seit dem Beginn der Angriffe am 27. Dezember das Wasser rationiert. Wir spülten die Toilette nur alle paar Tage, seit zwei Wochen hatte niemand mehr geduscht. Wir machten uns Sorgen wegen der Essenslage, mein Bruder erinnerte uns, dass er unten im Hof Enten hatte, und sagte, er würde fürs Mittagessen zwei holen. Bessan fragte, wie wir die Enten denn zubereiten wollten ohne heißes Wasser, um die Federn zu rupfen. Doch schließlich fanden wir einen Weg, und um ein Uhr mittags gab es Ente mit Reis.

Nach dem Mittagessen saßen wir zusammen und sprachen über den Einmarsch. Die Kinder hatten jede Menge Fragen: Warum taten sie uns das an? Wann würde er aufhören? Was sagten die Regierenden? Ich versuchte ihnen zu sagen, was ich wusste oder über die letzten paar Tage unter der Hand erfahren hatte. Ich sagte ihnen, dass an einem Waffenstillstand gearbeitet werde. Generalmajor Amos Gilad, der Oberbefehlshaber der Sicherheitskoordinierung des israelischen Verteidigungsministeriums, pendelte zwischen Ägypten und Israel und versuchte, einen Waffenstillstand auszuhandeln. Während ich mir Mühe gab, den Kindern zu versichern, dass der Waffenstillstand kurz bevorstand, nahmen meine eigenen Gedanken eine viel düsterere Wendung.

Diesen Männern, die in ihren sicheren Regierungsbüros zusammenkamen, waren die Menschenleben und der Aufruhr hier in Gaza egal. Jede Minute starben Menschen. Jede Sekunde war entscheidend, um weitere Tote zu vermeiden. Unschuldige Zivilisten wurden für diese Machthaber geopfert. Haben sie keine Söhne oder Töchter? Würden sie ihren Kindern solch ein Grauen zumuten?

Mein Sohn Mohammed fragte, warum der Waffenstillstand nicht sofort in Kraft treten könnte. Er wollte mehr über diesen Mann Barak wissen, von dem die Leute sagten, er hätte die Macht, die Feindseligkeiten zu beenden. Wir saßen alle im Kreis auf dem Esszimmerboden, und meine Kinder fragten mich nach Olmert und was er für ein Mann sei. Ich hatte Ehud Barak, den Verteidigungsminister, während des jüdischen Festes Sukkot vor vielen Jahren in seiner Wohnung kennengelernt. Es gibt eine Tradition, zum Sukkot zwei Vertreter aus jedem Krankenhaus zu entsenden, um dem Premierminister Grüße zu übermitteln. Als ich mich als palästinensischer Arzt aus dem Gazastreifen vorstellte, bat er mich, mich neben ihn zu setzen. Er wollte wissen, wie ich Arzt geworden war und wie ich mein Leben organisierte, aus Gaza kommend und in Israel arbeitend. Wir unterhielten uns mehr als eine Stunde lang.

Ich wollte, dass die Kinder ihn als Menschen sahen und nicht als ein Monster. Also ging ich zu meinem Schreibtisch, um das Foto zu suchen, das bei dieser Begegnung von ihm und mir gemacht worden war, und zeigte ihnen auch noch ein anderes von mir mit dem Premierminister Ehud Olmer, das aufgenommen worden war, als er als Bürgermeister von Jerusalem den ersten Weltkongress zu Geburtswehen und Entbindung in Jerusalem besucht hatte. Ich zeigte den Kindern diese beiden Fotos und sagte ihnen, dass beide Männer mit mir über die Koexistenz gesprochen hatten. Aber wie sollte ich erklären, dass die lächelnden Männer neben mir für den Tod und die Zerstörung vor unseren Fenstern verantwortlich waren? Wie konnten sie ihre Humanität vergessen und ihre langfristigen Ziele verraten? Warum brachen sie ihre Versprechen? Im Hinterkopf hatte ich noch eine andere Sorge: Wenn vom Waffenstillstand die Rede ist, ist das meist auch ein Zeichen, dass das letzte schwere Bombardement eines Konfliktes bevorsteht. Die letzten Stunden sind stets die brutalsten, und wenn die Soldaten sich zurückziehen, hinterlassen sie meist ein Blutbad.

Als die Familie so um mich herum saß, traf mich diese Erkenntnis wie ein Schlag, aber ich bewahrte den Anschein von Ruhe, als wir über unsere Träume für die Zukunft sprachen. Bessan erzählte uns von ihren Studien an der Universität und was sie zu tun hoffte, wenn sie fertig wäre. Mayar hatte eine wichtige Mitteilung zu machen: »Aya hat heute Morgen ihre erste Periode bekommen. Alle müssen ihr gratulieren, weil sie nun Frau geworden ist.« Dies ist ein enormes Ereignis im Leben eines jungen Mädchens, und Aya muss den Verlust ihrer Mutter schmerzlich gespürt haben, aber wir taten alle unser Bestes, um zu bestätigen, dass ein besonderer Abschnitt in ihrem Leben begonnen hatte.

Als ich meine Kinder so ansah, war ich plötzlich nicht mehr so sicher, ob ich sie wirklich dem Leben und der Kultur entreißen durfte, die sie kannten. Ich hatte vor Kurzem noch ein Stellenangebot bekommen, und zwar von der Universität Haifa. Ich wollte es ablehnen, aber ich fragte sie, was ihnen lieber wäre: über die Grenze zu ziehen und in Haifa zu leben oder um die halbe Welt nach Kanada zu fliegen. Meine Brüder sagten, dass ich nach Haifa gehen solle, weil es besser sei, nahe bei der Familie zu bleiben, aber dann wiederholte Aya, was sie zuvor schon einmal gesagt hatte: »Ich will fliegen.« Als wir dort auf dem Boden im Esszimmer saßen, beschlossen wir, nach Kanada zu gehen. Meine Nichte Noor sagte: »Kann ich mit euch kommen? Könnt ihr mich in euren Koffer packen?«

Wir beschlossen, Dalal von der Familienentscheidung zu berichten; wir waren seit Beginn des Einmarsches getrennt und hatten in der ganzen Zeit kaum eine Chance gehabt, mit ihr zu sprechen. Sie war ganz aufgeregt und sagte uns, dass sie sich um uns sorge und wie sehr sie wünschte, nicht von uns getrennt zu sein. Wir versicherten ihr, wir seien überzeugt, dass dieser Wahnsinn bald vorüber und wir wieder zusammen sein würden. Nachdem jedes ihrer Geschwister mit ihr gesprochen hatte, erinnerte ich sie, dass mein Handy unsere Verbindung zur Außenwelt war und wir den Akku schonen mussten. Niemand wollte die Verbindung mit Dalal beenden, und nachdem wir aufgelegt hatten – ich erinnere mich, es war genau fünfzehn Uhr dreißig –, saßen wir lange Zeit schweigend beisammen.

Schließlich verließen wir das Esszimmer. Ich bereitete ein Interview mit Oshrat Kutler von Channel 10 vor: darüber, welchen Effekt der Einmarsch auf die Gesundheit von Frauen haben würde. Shatha, Mayar, Aya und Noor gingen ins Schlafzimmer, um zu lesen, Aufgaben zu machen und sich die Zeit zu vertreiben, bis wir uns wieder auf den auf dem Esszimmerboden ausgebreiteten Matratzen zusammendrängen würden. Das Schlafzimmer meiner älteren Mädchen war groß: ungefähr vier mal fünf Meter. Es hatte einen Balkon und eine Fensterfront über die ganze Breite. Der Großteil der Einrichtung stammte von meinen Reisen in andere Länder. Dinge wie leuchtend blaue, rote und beige Decken aus Ägypten und Pakistan, an der Zimmerdecke Sterne, die den ganzen Tag das Licht einfingen und nachts im Dunkeln leuchteten. Es gab Spiegel an den

Wänden und Schmuck, der zusammen mit Mayars Lipgloss – ihrem neuesten Lieblingsspielzeug – auf den Kommoden herumlag. Dalals Zeichentisch, auf dem sie die Bauzeichnungen für ihr Studium anfertigte, stand in einer Ecke des Raums, und auf einem anderen Schreibtisch stand ein Computer. Als ich sie so vom Esszimmer aus beobachtete, kam es mir vor, dass trotz der Bombardierung und des Verlustes ihrer Mutter ein wenig Glück und Zufriedenheit in diesem Haus herrschten, ein Sinn von Zusammengehörigkeit, der meine Seele bewegte.

Raffah durchstöberte die Küche nach einem Stück Brot, um ein Sandwich zu machen, und Bessan half ihr dabei. Mohammed war an der Tür, die ins Treppenhaus führte und stocherte in der Holzkohle, um die Glut in Gang zu halten, und um zu versuchen, ein bisschen Wärme in unser kaltes, klammes Haus zu bringen. Ich war mit meiner Vorbereitung für das Interview fertig und spielte mit Abdullah, trug ihn auf meinen Schultern durchs Haus. Ich versuchte ihn abzulenken. Mit seinen sechs Jahren war die Situation für ihn nahezu unverständlich.

Wir hatten das Zimmer der Mädchen verlassen und waren im Esszimmer, als es passierte. Es war eine gigantische Explosion, die überall um uns herum zu sein schien, ein Donnern, ein Krachen, das meinen Körper durchdrang. Ich erinnere mich an das Geräusch und den gleißenden Blitz. Dann war alles pechschwarz, Staub überall, ich bekam keine Luft. Abdullah saß immer noch auf meinen Schultern. Raffah kam schreiend aus der Küche gerannt, Mohammed stand erstarrt am Eingang. Als der Staub sich legte, wurde mir klar, dass die Explosion aus dem Zimmer der Mädchen gekommen war. Ich setzte Abdullah ab, und Bessan rannte mir von der Küche aus voraus. Wir kamen gleichzeitig an der Schlafzimmertür an. Ich hoffe, dass nie jemand sehen muss, was ich in diesem Moment sah.

Zersplitterte Möbel, Puppen, Bücher, Schuhe und Holzteile lagen zusammen mit Körperteilen auf einem Haufen. Shatha war die Einzige, die stand. Ihr Auge hing auf der Wange, ihr Körper war voller blutiger Wunden, ihr Finger hing an einem einzigen Stück Haut. Mayars Leiche lag auf dem Boden. Sie war enthauptet. Hirnmasse klebte an der Decke, auf dem Boden kleine Mädchenhände und -füße, als hätte sie jemand fallen lassen. Überall war Blut; Arme und Beine in Pullis und Hosen lehnten in absurden Winkeln dort, wo sie von den Rümpfen meiner geliebten Töchter und meiner Nichte gerissen worden waren. Ich rannte zur Eingangstür, aber mir wurde klar, dass ich nicht hinauskonnte, weil auf der Straße die Soldaten waren. Eine zweite Rakete krachte ins Zimmer, als ich an der Tür war.

Bis zum heutigen Tag bin ich nicht absolut sicher, wer wann starb. Mein Bruder Nasser war die Treppe heruntergerannt, als die Granate eingeschlagen war, und hatte die Tür zur selben Zeit wie mein Bruder Atta und seine Tochter Ghaida erreicht. Sie wurden von der zweiten Explosion getötet. Ich konnte Bessan nicht finden und rief unentwegt ihren Namen: »Bessan, Bessan, wo bist du, sag mir, wo du bist, damit ich dir helfen kann.« Aber auch sie war nun tot, genau wie Mayar, Aya und Noor.

Die Wohnung war voller Toter und Verletzter. Shatha stand vor mir und blutete stark. Ich war sicher, das Ghaida auch getötet worden war, weil sie von Wunden übersät noch immer auf dem Boden lag. Nasser war von einem Schrapnell in den Rücken getroffen worden und lag am Boden. Ich überlegte, wer uns helfen könnte, aus dieser Katastrophe herauszukommen. Dann fiel mir ein, dass ich immer noch eine Verbindung zur Außenwelt hatte. Ich rief Shlomi Eldar an, aber der Anruf ging nur auf seine Mailbox. Ich hinterließ eine Nachricht: »Ya Rabbi, Ya Rabbi – mein Gott, mein Gott – sie haben mein Haus bombardiert. Sie haben meine Töchter getötet. Was haben wir getan?« Alles, was ich denken konnte, war: Das ist das Ende. Das ist das Ende.

In der Zwischenzeit hatte Sanaa, die Frau meines Bruders Atta, eine weiße Flagge an einer Stange angebracht und das Haus verlassen, um Hilfe zu holen. Nassers Frau Akaaber ging mit ihr auf die Straße. Sie liefen zum zwei Kilometer entfernten Flüchtlingscamp und erzählten den Leuten, was passiert war. Trotz der großen Gefahr auf der Straße kamen die Leute aus Jabalia: unsere Freunde und alten Nachbarn, die Menschen, mit denen wir aufgewachsen waren und gemeinsam ums Überleben gekämpft hatten. Sie kamen mit Tragen und Tüchern, drängten sich an den Soldaten und Panzern vorbei, um meiner Familie zu helfen. Sie brauchten etwa fünfzehn Minuten bis zum Haus.

Unterdessen versuchte ich herauszufinden, wer noch verletzt war. Shehab hatte Schrapnells in Kopf und Rücken. Ich untersuchte seine Wunden und hielt dabei Shatha im Arm, als ich hochschaute und Mohammed sah. Ich merkte gar nicht, wie mir die Tränen das Gesicht herabliefen. Alles, was ich weiß, ist, dass mein dreizehnjähriger Sohn sah, in welcher Verfassung ich war und mir ein wertvolles Geschenk machte. Er sagte mir, ich solle nicht traurig sein, da seine Schwestern nun glücklich und bei ihrer Mutter seien. Er sagte das aus tiefstem Glauben. Dann sagte Mohammed: »Ghaida hat geatmet.« Er hatte recht. Meine alten Nachbarn hoben Shatha, Ghaida, Nasser und Shehab auf die Tragen und bedeckten die Körper von Bessan, Mayar, Aya und Noor mit Tüchern, und wir machten uns auf den Weg, sie ins Krankenhaus zu tragen.

Meine Gedanken rasten. Ich wusste, dass, wenn Ghaida überleben und Shathas Augenlicht gerettet werden sollte, wir in ein israelisches Krankenhaus gehen mussten. Doch wir gingen zum Kamal-Edwan-Krankenhaus in Nord-Gaza, das seit Wochen Tausende von Opfern zu behandeln hatte und schon lange nicht mehr mit den notwendigen Dingen ausgestattet war, die sie zur Behandlung meiner Tochter, meiner Nichte und meines Bruders brauchen würden. Als wir dort ankamen, rief ich Shlomi wieder an.

Er erinnerte sich später an diesen Tag:

»Es war Freitagnachmittag, und ich war gerade bei den Nachrichten, als ich Izzeldins Namen auf dem Display meines Handys sah. Ich war live auf Sendung, daher ging ich nicht dran. Aber ich fragte mich, was los war. Wir wollten gerade ein Interview mit Außenministerin Tzipi Livni machen, und wir hatten gerade anmoderiert, als ich seinen Namen erneut auf dem Display sah und entschied, das Telefonat live auf Sendung zu führen. Ich sagte den Zuschauern, dass etwas sehr Wichtiges reingekommen sei, machte den Telefonlautsprecher an und hielt das Handy hoch, sodass die Zuschauer es sehen konnten. Ich denke, die Regie wunderte sich, was um alles in der Welt ich da tat, mitten in der Live-Nachrichtensendung einen Anruf auf Sendung anzunehmen.

Izzeldin war völlig aufgelöst und wiederholte, was ich später auf meiner Mailbox hörte: ›Sie haben mein Haus bombardiert. Sie haben meine Töchter getötet. Was haben wir getan?‹ Ich kann Ihnen nicht sagen, wie außergewöhnlich das war – so etwas macht ein Nachrichtenmoderator nicht ständig –, einen Anruf mitten in der Sendung anzunehmen. Ich fragte mich die ganze Zeit, ob es falsch gewesen war, das zu tun, und zugleich hörte ich wie geistesabwesend zu, was er sagte. Dann hörte ich, wie die Stimme meines Redakteurs in meinem Kopfhörer sagte: ›Bring das Telefon näher ans Mikro.‹

Das Gespräch, das folgte, war herzzerreißend. Er hörte nicht auf zu weinen. ›Oh Gott, sie haben meine Töchter getötet. Shlomi, ich wollte sie retten, aber sie sind tot. Sie wurden am Kopf getroffen. Sie waren auf der Stelle tot.

Allah, was haben wir ihnen getan? Oh Gott.‹ Seine anderen Kinder schrien im Hintergrund, als ich Izzeldin fragte, wo genau er wohnte. Er schluchzte. ›Niemand kann zu uns gelangen. Oh Shlomi, oh Gott, oh Allah, meine Töchter sind tot.‹ Er sagte mir, die Straßen seien gesperrt und sie könnten nicht zur Grenze gelangen. Ich fragte ihn, welche Kreuzung seinem Haus am nächsten lag. Er sagte es mir, und ich sagte auf Sendung: ›Wenn irgendjemand von den Streitkräften uns hören kann, rufen Sie jemanden an der Anschlussstelle Zimmo an, vielleicht kann jemand von den Verwundeten noch gerettet werden.‹ Ich überlegte, ob wir um einen Waffenstillstand und eine Ambulanz bitten konnten. Das alles war live auf Sendung.

Offen gesagt, weiß ich nicht, was mich veranlasst hat, die Telefontaste zu drücken. War es der Reporterinstinkt? Oder sprach mein Herz lauter als mein Kopf?

Als ich Izzeldin so inständig um Hilfe bitten hörte, darum flehend, dass wir Krankenwagen zur Grenze brächten, wusste ich, dass ich das Telefonat nicht einfach abbrechen konnte. Ich sagte den Zuschauern: ›Ich kann jetzt nicht einfach auflegen, also werde ich mich jetzt aus dem Studio entfernen, denn ich kann ihn nicht hängen lassen.‹ Ich nahm mein Mikrofon ab, stand vom Moderatorenpult auf und ging in mein Büro, um den Zuständigen am Checkpoint Eres anzurufen. Ich schrie ihn an, die Grenzen zu öffnen und die Krankenwagen, die wir gerufen hatten, durchzulassen. Mein Produzent schickte mir einen Kameramann hinterher, um zu filmen, was ich tat. In der Zwischenzeit rief ein Militärkorrespondent unseres Senders jeden Soldaten an, den er kannte, und bat ihn um Hilfe.

Der Live-Teil – der Clip, der auf YouTube um die Welt ging – dauerte circa sieben Minuten. Aber ich wollte meine

> Telefonverbindung mit Izzeldin nicht abbrechen lassen, daher blieb ich in der Leitung, bis die Krankenwagen die Grenze erreichten.«

Als ich Shlomi am Telefon hatte, sagte er: »Von unserer Seite aus kommen Krankenwagen, und wir arbeiten daran, dass sichergestellt ist, dass die palästinensischen Ambulanzen die Erlaubnis erhalten, nach Eres zu fahren und den Transport zu übernehmen.«

Ich legte auf und machte mich mit den Krankenwagen vom Kamal-Edwan-Krankenhaus auf den Weg zur Grenze, als Dr. Zeev Rotstein, der Direktor des Sheba-Krankenhauses, anrief, um zu sagen, dass er die furchtbaren Nachrichten gehört habe. Er sagte mir, ich solle mit den beiden verwundeten Kindern und meinem Bruder Nasser (Shehab blieb zur Behandlung im Kamal Edwan) sofort ins Sheba kommen, er würde alles arrangieren. Er war die Stimme der Vernunft in all dem Irrsinn, dem Chaos und dem unbeschreiblichen Schmerz.

Als sich die Krankenwagen auf den Weg nach Eres machten, fielen immer noch Bomben, Raketen rasten durch die Straßen, Leute schrien. Es war surreal, aber ich hatte überhaupt keine Angst. Es war, als ob ich emotional in eine unerreichbare Zone geraten sei. Das Schlimmste war bereits geschehen, nun konnte mich nichts mehr schrecken. Mohammed hatte Raffah und Abdullah zum Haus seiner Tante mitgenommen, wo auch Dalal war, und so erfuhr sie, dass Bessan, Mayar, Aya und Noor getötet und Shatha und ihre Cousine Ghaida schwer verletzt waren. Mein Bruder Atta blieb bei ihnen, während wir die Grenze nach Israel überquerten.

Wie Shlomi versprochen hatte, warteten auf der anderen Seite Ambulanzen, aber Ghaida lag im Sterben, ich nahm an, dass sie den Weg bis ins Sheba-Krankenhaus nicht überleben würde. Sie brauchte einen Helikopter, aber der Übergang war Militärgebiet und Hubschrauberlandungen waren dort nicht erlaubt. Also schickte ich sie ins Barzilai-Krankenhaus in Aschkelon, das zwar nicht die Ausstattung hatte, um ihre schwere Kopfverletzung zu versorgen, aber sie konnten ihr Blutkonserven geben und sie stabilisieren, und, was am wichtigsten war: Dort konnten Sanitätshubschrauber landen. Ich begleitete meine Tochter und meinen Bruder im Krankenwagen ins Sheba, während Ghaida im Krankenwagen ins Barzilai gebracht wurde. Von dort flog man sie kurze Zeit später ins Sheba-Krankenhaus.

Sämtliche Kollegen, mit denen ich arbeitete und die das Drama im Fernsehen gesehen hatten, hatten sich im Krankenhausfoyer versammelt und auf uns gewartet. Auch Shlomi kam aus dem Studio, um mit mir zu sprechen – es war schon nach Mitternacht. Er war schockiert, mich so voll Blut zu sehen, und wollte wissen, was er noch für meine Familie tun könne. Er hatte bereits mehr getan, als man verlangen kann. Er hatte die Rettungsaktion eingeleitet, die wahrscheinlich das Leben meiner Nichte Ghaida und das Augenlicht meiner Tochter Shatha gerettet hat.

Daheim in Gaza musste Dalal mit der furchtbaren Nachricht allein zurechtkommen und sich um die jüngeren Kinder kümmern. Sie sagte später, dass sie so dankbar für den Telefonanruf unmittelbar vor dem Einschlag gewesen war:

> »Es war wie eine Telefonkonferenz – wir sprachen alle zugleich. Ich erinnere mich, dass ich zu Bessan und Aya sagte:
> ›Das ist das erste Mal, dass ich mit allen auf einmal sprechen kann.‹ Sie waren so wichtig für mich. Bessan, Shatha und ich waren beste Freundinnen. Bessan und ich waren an der Uni immer zusammen. Darum weinte ich, als ich fragte:
> ›Seid ihr in Sicherheit?‹ Sie sagte mir, sie sei in Sicherheit, aber das stimmte nicht. Überhaupt nicht. Mein Schmerz

über diesen Verlust ist zu groß. Ich kann nicht in Gaza bleiben. Ich kann nicht mehr in unserem Haus bleiben. Ich kann nicht zurück an die Universität.«

Unterdessen war Dr. Rotstein am Telefon in Tel Aviv. Er erinnert sich an die Details dieser Tage besser als ich, also lasse ich ihn beschreiben, was passierte:

> »Ich wollte den Rest seiner Familie hierher nach Israel bringen. Es was eine Frage der Humanität, ungeachtet dessen, was vor sich ging. Ich hoffte, ihnen eine kleine Zuflucht in dieser Hölle zu bieten. Ich konnte den Gedanken nicht ertragen, dass nach dieser furchtbaren Katastrophe ein Teil hier und einer dort wäre, dass die überlebenden Kinder aufgeteilt würden. Sie mussten zusammengebracht werden. Als ich mich am nächsten Morgen mit Izzeldin im Krankenhaus traf, fehlten mir die Worte. Ich hatte keine Ahnung, was ich ihm sagen sollte. Aber statt Worte zu finden, um ihn aufzubauen, war er es, der mir Mut machte. Seine persönliche Katastrophe sei eine Art Meilenstein, von dem aus wir mehr für den Frieden tun sollten, um zu verhindern, dass etwas so Furchtbares noch einmal passieren könnte.
> Aber er sagte auch, dass die israelische Armee einen großen Fehler gemacht hatte, und ich stimmte ihm zu. Wenn die Raketen versehentlich abgefeuert worden waren, musste die Armee das zugeben. Ich sagte zu ihm: ›Ich kann dir versichern, es wird nicht vertuscht werden.‹ Er sagte es wieder und wieder. ›Ich will die Wahrheit. Nichts kann meine Töchter zurückbringen, aber ich will die Wahrheit wissen.‹ Ich schwor, dass ich das Geschehene nicht auf sich beruhen lassen würde. Ich sprach mit einem oberen Stabschef und sagte, dass Izzeldin Abuelaish

> Mitglied meines Teams sei, Teil meines Personals. Mir wurde versprochen, dass die Armee der Sache auf den Grund gehen würde. Schließlich gaben sie zu, dass es ein furchtbarer Fehler gewesen sei, das Haus des Arztes zu bombardieren.
>
> Am selben Morgen hielt ich eine improvisierte Pressekonferenz ab und bat Izzeldin zu sprechen. Um ehrlich zu sein, wurde mein Vorstoß nicht gut aufgenommen. Manche waren der Meinung, dass ich als Angestellter des Staates kein Recht hätte, ihn auf das Podium einzuladen. Wir versuchen in der Regel, Politik zu vermeiden. Wir leisten humanitäre Arbeit. Aber das sollte uns nicht davon abhalten, ein Gespräch zu ermöglichen, bei dem gesagt wird, was gesagt werden muss. Ich wurde danach angegriffen, hauptsächlich von Familien von israelischen Soldaten, weil hier alles, was mit Israel oder Palästina zu tun hat, ungeheuer heikel ist. Doch ich bin nicht nur ein Manager oder Verwaltungsmensch. Ich bin auch eine Führungskraft, und ich bin verpflichtet, meinen Teil zur Gestaltung der Zukunft beizutragen und nicht nur Vorschriften auszuführen.«

Während der Pressekonferenz unterbrach eine Israelin die Erklärungen mit der Behauptung, mein Haus sei zur Zielscheibe geworden, weil ich Militante beherbergt hätte. Levana Stern, die israelische Mutter dreier Söhne, von denen einer bei den Streitkräften in Gaza war, versuchte, mir die Schuld an der Tragödie zu geben. Sie rief, ich hätte Waffen in meinem Haus versteckt oder der Hamas bei mir Unterschlupf gewährt, um auf israelische Soldaten feuern zu können. Als ich aufstand, um die Anschuldigungen zurückzuweisen, lag Ghaida in kritischem Zustand auf der Intensivstation, mit Schrapnellwunden am ganzen Körper, und Shatha hatte gerade die Operation hinter sich, bei der ihr Augenlicht gerettet und ihr Mittelfinger wieder angenäht worden war.

Ich fühlte mich, als sei meine Familie nochmals angegriffen worden, als seien meine Töchter durch diese unehrenhafte Version dieses mörderischen Geschehens noch einmal getötet worden. Es war so schmerzlich, diese Verfälschung der Wahrheit mitanzuhören. Irgendjemand wagte es sogar, anzudeuten, meine Mädchen seien durch Kassam-Raketen getötet worden, die die Hamas auf sie abgeschossen hätte.

Von diesem Moment an war ich fest entschlossen herauszufinden, was passiert war. Mir wurde plötzlich klar, dass tatsächlich die Möglichkeit der Vertuschung bestand. Ich wollte, dass die israelische Armee mir sagte, warum es mein Haus hatte sein müssen, das nie Militante beherbergt hatte, das voll Kinder war, deren einzige Waffen Liebe, Hoffnungen und Träume waren. Ich erwartete eine Entschuldigung. Ich dachte, sie würden mir sagen, dass eine Panzergranate irrtümlich mein Haus getroffen hatte. Aber noch nicht einmal das bekam ich in den Tagen nach dem Angriff zu hören. Zunächst sagten sie, auf dem Dach seien Heckenschützen gewesen, aber wenn das stimmte, warum hatten sie dann zweimal auf die erste Etage dieses vierstöckigen Hauses gefeuert? Dann hieß es, dass die Schrapnellsplitter, die aus Ghaidas Körper entfernt worden seien, sich als Teile von Kassam-Raketen erwiesen hätten, was nicht stimmte.

Dann kamen Variationen von Levana Sterns Anschuldigungen: Die israelischen Soldaten hätten auf Militante in meinem Haus geschossen – aber die einzigen Militanten, die ich beherbergte, waren meine Kinder, die militante Verfechter von Liebe, Hoffnung und Träumen waren. Ein Sprecher der Armee berichtete, die vorläufigen Untersuchungen hätten ergeben, dass die Soldaten das Feuer in Richtung eines Gebäudes erwidert hätten, von dem aus auf sie geschossen worden sei. Und ein Armeeoffizier sagte: »Die israelischen Verteidigungskräfte richten ihre Waffen nicht auf Unschuldige oder Zivilisten, und während der Operation in Gaza hat die Armee gegen einen Feind gekämpft, der nicht zögert, aus zivilen Objekten heraus zu feuern.«

Ich war außer mir. Es geht hier um hoch spezialisierte Waffen, und die israelischen Streitkräfte wussten genau, auf wen sie gezielt hatten. Sie hatten das Schlafzimmer der Mädchen anvisiert. Mein Haus war immer ein Haus der Liebe gewesen, der Umarmungen und des Friedens. Mit ihren Lügen töteten sie meine Kinder ein zweites Mal.

Als ich im Fernsehen zu dem, was passiert war, interviewt wurde, wurde ich auch gefragt, was ich über Levana Stern dachte. Ich sagte, ich würde sie gern von Angesicht zu Angesicht treffen und ihr zuhören, wenn sie mir zuhöre. Die Medien arrangierten das Treffen, aber sie kam mit einer kalten und abweisenden Haltung. Und obwohl sie den anderen im Studio sagte, sie bedauere meinen Verlust – und sich später bei mir entschuldigte –, bestand sie darauf, dass sie immer noch glaube, dass Israel diesen Krieg geführt habe, um sich zu verteidigen. Eine Wochenzeitung aus Tel Aviv sah unser Gespräch etwas differenzierter: »Levana Stern griff Abuelaish nicht an. Sie schützte sich vor ihm, weil er ihre Sicht auf die Palästinenser als Terroristen bedrohte.«

Dann wurde ein israelischer Beamter mit den Worten zitiert, ich hätte den Gazastreifen verlassen sollen, ehe meine Kinder getötet wurden. Aber wohin hätten wir gehen sollen? Ich hatte sogar meine israelischen Freunde, darunter Shlomi Eldar, um Rat gefragt, und alle waren sich einig gewesen, dass wir zu Hause am sichersten seien. Ich blieb dort, weil ich glaubte, dass jeder wusste, welches mein Haus war, und weil ich dachte, dies sei der sicherste Ort für meine Familie.

Tatsächlich war es so, dass die israelischen Panzer sich von Haus zu Haus bewegten und die Häuser bombardierten und zerstörten, von denen sie annahmen, sie dienten als Stellungen der Hamas. Wenn man sich im Nachhinein die Straßen Gazas ansah, musste man den Eindruck gewinnen, dass jedes einzelne Haus ein Versteck bewaffneter Hamas-Milizen gewesen sei. Jeder weiß, dass das ausgemachter Unsinn ist, und ich glaube, dass die Soldaten durch die jahrelangen Feindseligkeiten und forcierten Vorurteile zu diesem Overkill getrieben worden sind. Selbst die unnachgiebigsten Militär-Befürworter innerhalb Israels kritisierten die Armee für die exzessive Gewaltanwendung in diesem Krieg.

Tag für Tag umringten mich meine Freunde im Eingangsbereich des Krankenhauses, nachdem ich den Medien das eine oder andere Interview gegeben hatte. Menschen, die mir nie zuvor begegnet waren, kamen, um mir ihre Unterstützung und ihre Bestürzung über das Geschehene zu zeigen.

Tammie Ronen, Professorin für Sozialarbeit an der Universität von Tel Aviv, hatte mit mir zusammen an der Erforschung von konfliktbezogenem Stress bei palästinensischen Kindern in Gaza und israelischen Kindern in Sderot gearbeitet, der Grenzstadt, die in den letzten acht Jahren vom Raketenfeuer der Kassam getroffen worden war. Sie sagte: »Du darfst jetzt nicht zusammenbrechen. Du hast lebende Kinder, um die du dich kümmern musst.«

Anael Harpaz, die meine Kinder aus dem Creativity for Peace Camp in Santa Fe kannte, war bei Shatha gewesen und hatte ihre Hand gehalten, während die Schwester ihr die Schmerzmittel verabreichte, und nun war sie gekommen, um mir beizustehen. Ich rief ihr zu: »Sag diesen Leuten, wer meine Kinder waren.« Sie weinte und sagte: »Ich hoffe, dass dies die Menschen wachrüttelt. Dies ist eine so friedliebende Familie.«

Während ich bei Shatha, Ghaida und meinem Bruder im Krankenhaus in Tel Aviv Wache hielt, wurden meine drei Töchter und meine Nichte in Gaza begraben. Der Koran schreibt vor, dass die Verstorbenen schnell begraben werden sollen, und es war für mich unmöglich, schnell genug die Genehmigung zur Überquerung der Grenze zu bekommen, um rechtzeitig bei ihnen zu sein. Selbst im Tode sind wir von unseren Liebsten getrennt. Und als ob das Geschehen nicht genug gewesen wäre, wurde mir gesagt, dass Bessan, Mayar und Aya nicht neben ihrer Mutter beerdigt werden könnten, weil die israelischen Soldaten niemand in dieses Gebiet ließen. Ihre Gräber sind nun einige Kilometer vom Friedhof in Jabalia-Camp enfernt, wo Nadia beerdigt ist.

Zeev Rotstein sorgte dafür, dass meine anderen Kinder nach Tel Aviv kamen und beschaffte uns eine Unterkunft in der Nähe des Krankenhauses. Atta, der sich um meine jüngeren Kinder gekümmert und das Begräbnis der Mädchen organisiert hatte, kam ebenfalls. Seine Tochter Ghaida blieb auf der Intensivstation, weil ihre Verletzungen so schwer waren, dass wir uns fragten, ob sie überleben würde. Shatha brauchte weitere Operationen zur Rettung ihres Augenlichtes. Ich erinnere mich, dass Dalal nach einer der Operationen dem Personal und anderen Patienten des Krankenhauses Schokolade anbot; das ist unsere Art, ein gesegnetes Ereignis zu feiern.

Wir kämpften gemeinsam, meine Kinder und ich, und ich versuchte dem Chor der Stimmen, die nach israelischem Blut zur Vergeltung für den Tod meiner Mädchen riefen, etwas entgegenzusetzen. Denn die meisten Menschen, mit denen ich in diesen Tagen sprach, hatten nur einen Gedanken: Rache. Einer sagte: »Hassen Sie die Israelis nicht?« Doch welche Israelis soll ich hassen? Die Ärzte und Schwestern, mit denen ich arbeite? Diejenigen, die halfen, Ghaidas Leben und Shathas Augenlicht zu retten? Die Babys, die ich zur Welt gebracht habe? Familien wie die Madmoonys, die mir Arbeit und Unterkunft gaben, als ich jung war?

Doch das Geschrei nach Vergeltung riss nicht ab. Was war mit dem Soldaten, der die tödlichen Salven aus seinem Panzer abgefeuert hatte? Hasste ich ihn nicht? Das sind genau die Mechanismen, nach denen das System hier funktioniert: Wir nutzen Hass und Beschuldigungen, um der Tatsache aus dem Weg zu gehen, dass wir uns schließlich doch zusammensetzen müssen. Den Soldaten, der mein Haus beschossen hat, wird sein Gewissen längst bestraft haben. Er wird sich fragen: »Was habe ich getan?« Und selbst wenn er das jetzt nicht tut, wird er eines Tages selbst Vater sein. Und er wird unter seiner Tat leiden, wenn er erkennt, wie kostbar das Leben eines Kindes ist.

Also sage ich denen, die Vergeltung fordern: Selbst wenn ich Rache an all den Israelis genommen hätte – würde mir das meine Töchter zurückbringen? Hass ist eine Krankheit, die Heilung und Frieden verhindert.

Von Shlomi Eldar erfuhr ich später, dass die wenigen gemeinsamen Minuten unseres live übertragenen Telefonats bei den Zuschauern einen unauslöschlichen Eindruck hinterlassen hätten. Er sagte:

> »Die Sendung hatte einen enormen Effekt auf die Israelis, die bis dahin nichts von Gaza hatten hören wollen, weil sie so wütend über die acht Jahre Raketenbeschuss durch die Hamas waren. Die Mehrheit der Israelis befürwortete den Einmarsch. Jetzt verstanden sie zum ersten Mal, was innerhalb Gazas geschah. Es waren Izzeldins Stimme und mein Gesicht, die die Geschichte ausgemacht haben. Ich war kurz davor zu weinen, als ich Zeuge seines Unglücks wurde. Dasselbe Leid empfanden die Zuschauer, die die Sendung verfolgten. Selbst der Premierminister von Israel sagte mir, er habe geweint, als er das im Fernsehen sah.
> Es war nicht die Hauptsendezeit, aber noch Monate später sagten mir Menschen, sie hätten diese Sendung im Fernsehen gesehen. Ich glaube, diese fünf oder sieben Minuten haben zum Waffenstillstand geführt.

Was mich faszinierte, war, wie Izzeldin zwischen seiner Rolle als Vater und der als Arzt wechselte – im einen Moment über die Tragödie klagend, im nächsten darauf bestehend, dass seine Tochter, seine Nichte und sein Bruder ins Sheba-Krankenhaus gebracht würden, weil dort für sie bessere Behandlungsmöglichkeiten bestanden.«

Sosehr ich mich um Ruhe und eine klare Sicht auf die Dinge bemühte, kehrten meine Gedanken doch immer zu den Mädchen – meinen wunderschönen, unschuldigen Töchtern – zurück. Ich saß im Krankenhaus, stellte mir ihre mögliche Zukunft, ihre Hochzeiten, das, was sie in diesem Leben der Welt noch hätten geben können, vor. Und ich dachte darüber nach, wie der Traum von Glück sich in Sekundenschnelle in einen Albtraum verwandeln kann. Ein Mensch, den du jahrelang genährt hast, wird dir in einem Blitz der Zerstörung für immer genommen.

Ich wünschte mir sehnlichst, ich könnte die Zeit noch einmal zurückdrehen: dass sie nicht im Schlafzimmer gewesen wären, dass die Waffenruhe, von der man sprach, schon Wirklichkeit gewesen wäre. Aber ich versuchte auch, mich auf die Überlebenden zu konzentrieren und darauf, wie ich ihnen helfen könnte, wieder gesund zu werden. Ich suchte Trost in meinem Glauben: Gott hatte mir meine Töchter anvertraut, und nun hatte er sie wieder zu sich genommen. Aber der Wahnsinn des Ganzen ließ mich nicht ruhig werden; die blinde Verbohrtheit der Behauptung, man hatte alle Bewohner Gazas angreifen müssen, um das Raketenfeuer auf Israel zu stoppen.

Ende Januar fing die Schule wieder an, und so schickte ich die Kinder, nachdem sie zehn Tage bei mir geblieben waren, wieder nach Gaza zu meinen Geschwistern zurück. Raffah wurde von Albträumen verfolgt und nässte sogar ein, und Mohammed war so tief verstört, dass er nach dem Tod seiner

Schwestern monatelang unter Krampfanfällen litt. Abdullah, das Nesthäkchen, das schon mit einem Jahr aus den Windeln raus war, fing wieder an, ins Bett zu machen. Er war darüber so bestürzt, dass er darauf bestand, das habe jemand anderes getan, er könne es nicht gewesen sein. Während der langen Tage, in denen meine Tochter, meine Nichte und mein Bruder genasen, waren die Fragen, die mich beherrschten: Warum ist uns das passiert? Und wie werde ich damit umgehen?

SIEBEN
Auswirkungen

Die Auswirkungen des Bombardements auf unser Haus waren vielfältig. Ich kann die einzelnen Fäden kaum entwirren – der quälende Schmerz des Verlustes, die Flut an E-Mails und handgeschriebenen Briefen von Menschen aus der ganzen Welt, die unserer Familie eine Hand reichen und unsere Sorgen teilen wollten. Die außerordentliche Unterstützung meiner Kollegen, der Waffenstillstand, der zwei Tage zu spät, am 18. Januar 2009, kam, die fragenden Gesichter meiner überlebenden Kinder. Wie kann ich all dem einen Sinn geben?

Am 1. April verließ ich das kleine Apartment, in dem ich im Sheba-Krankenhaus untergebracht war, und brachte Shatha nach Hause. Wir wurden auf der palästinensischen Seite von Eres von Verwandten und Freunden mit Blumen und der palästinensischen Flagge begrüßt. Busladungen von Studenten, Nachbarn, Professoren und Ärzten waren gekommen, sogar der Präsident. Die Medien filmten unsere Rückkehr – Umarmungen, Küsse, Reden, und überall um uns herum Zerstörung.

Nasser war von seinen Verletzungen genesen und kehrte drei Wochen nach der Tragödie nach Hause zurück. Ghaida blieb weitere zwei Wochen im Krankenhaus in Israel.

Bauarbeiter hatten begonnen, das zerstörte Schlafzimmer, in dem meine Töchter gestorben waren, zu reparieren. Baumaterial war schwer zu bekommen, und der Preis hatte sich vervierfacht. Trotz des unablässigen Gehämmers, Sägens, Kratzens und Wummerns der Werkzeuge schien mein Haus in einer tödlichen Ruhe zu verharren. Ich wollte in meinem eigenen Schlafzimmer schlafen, aber meine Kinder blieben bei meinen Brüdern Atta und Rezek und bei meinen Schwestern Etimad und Yousra. Sie versuchten so sehr, tapfer zu sein, aber ihr kaum verborgener Kummer war schwer zu ertragen. Eines Nachts fand ich ein Gedicht auf meinem Kopfkissen – eine Nachricht an Aya, geschrieben von Raffah. Die Übersetzung lautet:

> Nein Nein Nein – wohin bist du aus unserem Zuhause verschwunden
> Aya, du warst das Licht unseres Heims
> Was geschah mit dem Haus, das von dir erleuchtet wurde
> Wohin ist das wunderschöne Licht gegangen
> Wohin ist das schöne Mädchen gegangen Nein Nein Nein
> Wohin bist du verschwunden, Aya

Was sagt man einem Kind, das solche Worte schreibt? Und Mohammed wiederholte unentwegt, wie ein Gebet: »Die Mädchen sind bei unserer Mutter. Sie sind dort glücklich. Meine Mama wollte, dass sie kommen.«

Was wäre gewesen, wenn ich im Krankenhaus in Tel Aviv gewesen wäre, als der Angriff begann? Ich wäre von den Kindern getrennt gewesen, nicht in der Lage, mich um sie zu kümmern, hätte die furchtbare Nachricht aus der Ferne erhalten. Ich hatte mir immer Gedanken gemacht, es könnte meiner Familie etwas Katastrophales zustoßen, während ich nicht da war. Als Junge hatte ich Angst, meiner Mutter könne etwas passieren, und nachdem wir geheiratet hatten, machte ich mir Sorgen um

Nadia, besonders, wenn meine Fortbildungen und meine Arbeit mich außerhalb des Landes festhielten. Mir wurde bewusst, wie dankbar ich war, dass weder meine Mutter noch Nadia diese Katastrophe miterlebt hatten.

Die persönlichen Nachbeben unseres Verlustes rissen nicht ab. Ghaida war so schwer verwundet worden, dass wir eine Zeit lang nicht riskieren konnten, ihr zu sagen, dass Bessan, Mayar, Aya und Noor tot waren. Wenn sie nach den Mädchen fragte, sagten wir ihr, dass sie ebenfalls verwundet worden seien und besonders betreut wurden. Eine Weile beruhigten die Ausflüchte sie, auch wenn sie so etwas sagte wie: »Sagt mir nicht, sie sind gestorben.« Sie fragte natürlich weiterhin, und schließlich wussten wir – ihr Vater, Shatha und ich –, dass es für sie an der Zeit war, es zu erfahren. Shatha übernahm die schwere Aufgabe. Sie hielt die Hände ihrer Cousine und erklärte ihr, dass alle vier Mädchen bei dem Angriff ums Leben gekommen waren. Ghaida fing an zu schreien und rief, dass sie nie wieder nach Hause zurückkehren wolle, wenn ihre Cousinen nicht da wären, dass sie nie wieder in unsere Wohnung kommen würde. Wir machten uns große Sorgen, dass wir einen Fehler gemacht haben könnten, sie war immer noch in einem heiklen Zustand. Aber Shatha blieb bei ihr, und schließlich konnten sie einander trösten, diese überlebenden Teenager, die mit Schrapnells und Verletzungen, Schmerz und Verlust fertig werden mussten.

Von dem Augenblick an, als wir nach Hause kamen – zerstörte Häuser, zusammengebrochene Brücken und Schutt überall um uns herum –, war mir klar, dass ich nur zwei Möglichkeiten hatte: den Pfad der Dunkelheit oder den Pfad des Lichtes. Wenn ich den Pfad der Dunkelheit wählte, den giftigen Hass und die Rache, hieße das, wie bei einer Krankheit unter Komplikationen zu leiden und in Depressionen zu verfallen. Um den Pfad des Lichtes zu wählen, musste ich mich auf die Zukunft und meine Kinder konzentrieren.

Aber zunächst mussten wir einigen Tatsachen ins Auge blicken. Der Gazastreifen war ruiniert – zu Bruchstücken zerbombt. Es waren nicht nur die Regierungsgebäude und Polizeistationen, bei denen die israelischen Streitkräfte darauf beharrt hatten, es seien feindliche Ziele, sondern ganze Wohnblöcke, die nicht das Geringste mit politischen Parteien oder Militanten zu tun hatten. Vom Fenster meines Hauses bot sich, so weit ich sehen konnte, der niederschmetternde Anblick ihrer Strategie der verbrannten Erde. Allein in Jabalia-Stadt gab es etwa 500 000 Tonnen Trümmer. Es sah aus wie eine Mischung aus Sarajevo unter der Belagerung und Afghanistan, nachdem die Mudschaheddin dort fertig waren. Die schwarzen Mauern, die einmal Häuser gewesen waren, die klaffenden Löcher, wo einst Fenster waren, ließen die Gebäude, die noch standen, gespenstisch aussehen. Es war ein einziges Zeugnis des Hasses.

Im Krieg geht es nicht nur darum, Häuser unbrauchbar zu machen, stattdessen schießt man wieder und wieder auf sie, bis sie zu Staub zermalmt und dem Erdboden gleichgemacht sind, um jede Spur menschlichen Lebens auszulöschen. Doch es gab Menschen, die dort lebten. Sie mussten zurückkehren, auch wenn nichts mehr übrig war als Pfeiler aus bröckelndem Beton und lose heraushängenden Kabeldrähten.

Als ich all diese mutwillige Zerstörung sah, fragte ich mich, was um alles in der Welt diese Soldaten wohl antrieb? Wer traf die Entscheidungen, so etwas zu tun? Was dachten sie, als sie es taten? In Israel wird viel über die Kassam-Raketen gesprochen. Wer würde über das hier sprechen?

In den Massenmedien wurde das, was in Gaza während dieser furchtbaren Wintertage passiert war, als Gaza-Krieg bezeichnet, die israelischen Streitkräfte führten es unter dem Namen Operation Gegossenes Blei, die arabische Welt nannte es das Gaza-Massaker und die Israelis den Krieg im Süden. Die Berichte über die Zahl der Todesopfer sind ungenau, aber auf allen Seiten ist man sich einig, dass zwischen 1166 und 1417 Palästinenser und dreizehn Israelis getötet wurden. Auch zu den Lebenden gibt es Statistiken: Mehr als 400 000 Menschen in Gaza mussten fortan ohne fließendes Wasser auskommen, viertausend Wohnhäuser wurden zerstört oder so schwer beschädigt, dass die Menschen nicht zurückkehren konnten, Zehntausende wurden obdachlos. Achtzig Regierungsgebäude wurden zerbombt.

Im September 2009 gab der UN-Menschenrechtsrat (UNHRC) einen Bericht zum Einmarsch Israels heraus, dem ein neuerlicher Feuersturm folgte – diesmal mit Worten. Die politischen Kräfte beider Seiten verurteilten den Bericht, der vom renommierten südafrikanischen Richter Richard Goldstone verfasst worden war. Er nannte den israelischen Überfall auf Gaza »einen vorsätzlichen, unverhältnismäßigen Angriff mit der Absicht, die Zivilbevölkerung zu bestrafen, zu erniedrigen und zu terrorisieren«. Er beschuldigte das israelische Militär, direkte Angriffe gegen die Zivilbevölkerung geführt zu haben. Zivilisten, die versucht hatten, ihr Haus zu verlassen, um an einen sichereren Ort zu gelangen und dabei weiße Fahnen schwenkten, waren beschossen worden. Er gab den israelischen Streitkräften die Schuld an der Vernichtung der Nahrungsmittelproduktion und der Zerstörung der Wasser- und Abwasserleitungen, und er warf ihnen vor, bei der Bombardierung von Gaza-Stadt und dem Flüchtlingscamp von Jabalia systematisch weißen Phosphor eingesetzt, Krankenhäuser und UN-Einrichtungen angegriffen und eine Moschee während des Gebets mit Raketen beschossen zu haben.

In gleicher Weise kritisierte er die Hamas für achttausend abgefeuerte Raketen in den letzten acht Jahren, die darauf abzielten, Zivilisten zu töten und zivile Einrichtungen zu beschädigen. Zivilisten, die in Reichweite der Raketen lebten und häufig gezwungen waren zu fliehen, seien psychischen

Traumata ausgesetzt worden. Richter Goldstone plädierte für eine öffentliche Untersuchung auf beiden Seiten, doch sein Ansinnen stieß auf taube Ohren. Nach Auffassung der israelischen Regierung war der Bericht voll von »Propaganda und Parteilichkeit«, und auch die Hamas nannte ihn »politisch unausgewogen und unlauter«.

Das ist typisch für den Nahen Osten: Rhetorik siegt über Tatsachen. Die Mehrheit der Israelis und der Palästinenser *war* entsetzt über die schrecklichen Ereignisse dieses dreiwöchigen Krieges. Diese Reaktion von Großteilen der Bevölkerung unterstreicht die Notwendigkeit, miteinander ins Gespräch zu kommen, einander zuzuhören und zu handeln. Und es bestärkt mich in meiner lebenslangen Überzeugung, dass aus etwas Schlechtem etwas Gutes hervorgehen kann. Die Alternative ist zu düster, um sie überhaupt zu erwägen. Meine drei Töchter und meine Nichte sind tot. Rache wird sie mir nicht zurückbringen. Es ist wichtig, das Gefühl der Wut zuzulassen, das auf solche Ereignisse folgt. Wut, die einem zeigt, dass man nicht akzeptiert, was passiert ist, die einen dazu bringt, etwas zu verändern. Doch man darf sich nicht in die Spirale der Gewalt begeben. Der Wunsch nach Rache macht wohlüberlegtes Handeln unmöglich, vermehrt die Probleme und vertieft die Zwietracht. Das einzig Gute, das aus diesem Bösen kommen kann, ist, dass wir die Teilung überwinden, die uns seit sechs Jahrzehnten voneinander trennt.

Der Tod meiner Töchter und meiner Nichte hat meine Überzeugung vertieft, dass dieser Graben überbrückt werden muss. In meinem tiefsten Innern ist mir klar, dass Gewalt zwecklos ist. Sie ist eine Verschwendung von Zeit, Leben und Ressourcen und hat bisher nur noch mehr Gewalt hervorgebracht. Es gibt nur einen Weg, eine Brücke über den Graben zu bauen: zusammenzuleben und die Ziele beider Völker anzuerkennen.

Wir müssen das Licht finden, das uns zu unserem Ziel führt. Ich spreche hier nicht vom Licht des religiösen Glaubens, sondern vom Licht als Symbol der Wahrheit. Das Licht der Wahrheit erlaubt uns, den Nebel zu durchdringen und Weisheit zu finden. Um das Licht der Wahrheit zu finden, muss man reden, zuhören und einander respektieren. Statt unsere Energie auf den Hass zu verschwenden, sollten wir die Augen öffnen und auf das schauen, was wirklich geschieht. Wenn wir die Wahrheit erkennen, wird es uns bestimmt gelingen, Seite an Seite zu leben.

Ich bin Arzt, und infolgedessen kann ich die Dinge am besten in medizinischen Begriffen fassen. Wir brauchen so etwas wie ein Impfprogramm, das den Leuten die Gedanken an Respekt, Würde und Gleichheit vermittelt und sie gegen Hass immun macht.

Ich habe mein Leben dem Frieden gewidmet, der Heilung, der Geburt und der Aufgabe, die Probleme der Unfruchtbarkeit zu lösen. Ich habe mit israelischen Ärzten an Forschungsprogrammen gearbeitet, ich habe verletzte und kranke Menschen aus Gaza nach Israel gebracht. Das ist der Weg, an den ich glaube und an den zu glauben ich meine Kinder erzogen habe. Nachdem ich mein Leben lang alles dafür gegeben habe, einen Beitrag für die Koexistenz zu leisten, ist es mir unbegreiflich, dass ich nun Zeuge und Opfer solch schlimmer Ereignisse werde.

Etwa sechs Wochen nach der Tragödie gab ich der New Yorker Kolumnistin Mona Eltahawy ein Interview. Sie schrieb: »Er scheint in diesem schmalen Streifen des Nahen Ostens, wo man so hart an der Unterscheidung zwischen ›wir‹ und ›sie‹ festhält, der letzte Mensch zu sein, der sich weigert zu hassen.« Sie hat damit einen Punkt angesprochen, der für mich wichtig ist. Ich verbringe meine Zeit nicht damit, mir selber leidzutun, und ich hasse auch ganz bestimmt niemanden. Aber natürlich habe ich mich gefragt, warum gerade mir das passiert ist. Warum wurde ich verschont, wenn meine Töchter getötet wurden? Wurde ich aus irgendeinem Grund ausgewählt? Viele Menschen, Freunde wie Fremde, haben sich zu der doppelten Tragödie geäußert, von der meine Familie im letzten Jahr betroffen war – dem plötzlichen Tod von Nadia und dem Verlust meiner Töchter und meiner Nichte – und mich gefragt, ob ich das Gefühl hätte, bestraft worden zu sein. Das habe ich nicht. Aber ich frage mich manchmal, ob ich nicht derjenige hätte sein sollen, der stirbt.

Ich fühle mich manchmal wie Ayoub im Koran oder Hiob im Talmud und in der Bibel: der Mann, dessen Glaube an Gott auf eine harte Probe gestellt wurde. Seine Ernte wurde vernichtet, seine Kinder getötet, er wurde schwer krank und verlor sein Vermögen, seine Freunde verließen ihn, und dennoch bewahrte er seinen Glauben. Auch ich wurde geprüft, und ich habe das Gefühl, es sei an mir, eine Lösung zu finden. Als Gläubiger fühle ich, dass ich auserwählt wurde, die Wahrheit über das Leid der Vertreibung, die Demütigung der Besatzung und das Erstickende einer Belagerung zu vermitteln, sodass wir einen Weg finden können, Seite an Seite zu leben.

Ich glaube an die Koexistenz, nicht an die endlosen Wiederholungen von Rache und Vergeltung. Und womöglich kann die verborgene Wahrheit Gazas nur dann wirklich zur Geltung kommen, wenn sie durch jemanden übermittelt wird, der nicht hasst. Ich bin mein ganzes Leben lang durch grausame Umstände auf die Probe gestellt worden, so wie viele andere in Gaza auch. Bis jetzt habe ich in jeder Härte die Chance gesehen, stärker zu werden.

Ich bin kein Prophet; ich bin ein menschliches Wesen und ein Gläubiger, der zu akzeptieren versucht, dass das, was meiner Familie widerfahren ist, Gottes Wille ist. Die Täter sind Menschen, die Gewalt ist von Menschenhand, aber meine Mission ist, das Äußerste zu versuchen, damit alles zum Guten führt.

Ich glaube, dass nichts ohne Grund geschieht und dass selbst der furchtbare Verlust meiner Familie einem Zweck dient. Der Tod meiner Töchter öffnete den Israelis die Augen für das Leiden der anderen Seite. Das ist die Botschaft, die ich verbreiten möchte: Betrachtet die Dinge einmal aus unserem Blickwinkel. Unsere Tragödie hat zum Waffenstillstand geführt und hat Herzen und Sinne der israelischen Öffentlichkeit, der gesamten palästinensischen Diaspora und der internationalen Gemeinschaft für das Elend geöffnet, dem die Menschen in Gaza Tag für Tag ausgesetzt sind. Ich glaube, dass es nach dieser Tragödie eine bessere Zukunft für uns geben wird, weil sie der Welt die Augen geöffnet hat. Es gibt diese Hoffnung; die Vergangenheit ist da, um aus ihr zu lernen.

Anael Harpaz, die Israelin, die meine Töchter Bessan, Dalal und Shatha aus dem Peace Camp in Santa Fe kannte, kam Shatha und mich im Krankenhaus besuchen und blieb zehn Wochen an Shathas Seite. Ende März, gerade als wir wieder nach Jibalya zurückwollten, schickte sie mir eine E-Mail, in deren Betreffzeile stand: *In Erinnerung an Bessan*. Sie lautete folgendermaßen:

Ihr Lieben … nun endlich finde ich die Zeit, um um Bessan zu trauern. Bisher war ich zu beschäftigt und musste für Shatha und ihre Cousine Ghaida stark sein; jetzt aber ist der Damm gebrochen und die Tränen fließen, und mit ihnen entstand ein Gedicht. Jedem Einzelnen von euch danke ich für euren Einsatz für den Frieden. Möge Bessans Tod der Grundstein einer tief greifenden Veränderung sein und alle Menschen in dieser Region erfahren, was wir bereits in unserem Herzen tragen. Ich schicke euch ganz viel Liebe. Wenn jemand von euch etwas über diese schwierige Zeit oder über Bessan geschrieben hat, das er gerne mitteilen möchte, schickt es mir bitte. Es gibt jemand, der sich bereit erklärt hat, zur Erinnerung an die Mädchen eine Website zu erstellen, und dafür hätten wir gerne Geschichten, Gedichte oder sonst etwas, was euch dafür passend erscheint. Hier ist mein Gedicht:

Wo die Liebe wohnt

In Erinnerung an Bessan

Ich sehne mich so danach, dich berühren zu können,
Bessan Einmal noch
Dich zu umarmen
Dir zu sagen, wie leid es mir tut
Dass deine Mutter starb
Doch nun bist du selbst von uns gegangen
Dein lächelndes Gesicht
Deine freundliche Art
Deine Sanftmut
Deine Worte frei von Urteil
Dein Leiden mit deinem Volk
Deine Art zu leben
Deine Träume, Ziele
und Deine Hoffnung auf Frieden
Nur wenige Tag vor diesem Krieg
sprach ich mit deinem Vater
Er gab mir deine Telefonnummer
Sie ist immer noch in meinem Auto
Jeden Tag
werfe ich einen Blick auf diese Nummer
Sehe deinen Namen
Bessan
Ich wünschte, ich hätte mehr mit dir gesprochen
Aber ich hatte nicht den Mut
Ich sprach mit dir, drei Tage bevor du starbst
Ich sagte dir, dass ich um deine Sicherheit bete
Meine Gebete wurden nicht erhört
Durch die Granaten
Die Bomben

Die Kassams
Den Rauch
Habe ich das Gefühl, ich sei von Gott verraten worden
Von meinem Land
Von der Grausamkeit der Menschheit
Von den Kriegstreibern
Von denen, die denken, Gewalt sei eine Lösung
Und bei alldem
bin ich beschenkt worden
Damit, sechs
Wochen mit Shatha, Izzeldin
Atta und Ghaida
verbracht zu haben
Ich hörte keine Worte der Rache
oder des Hasses
Ich sah keinen Zorn, ich sah den tiefen Glauben
dass Frieden möglich ist
Sogar trotz dieses großen Verlustes
erfuhr ich Stärkung
Durch ihre Stärke
Ich bin entschlossener
Dank ihrer Entschlossenheit
Ich bin dem Frieden näher
Durch ihre Friedfertigkeit
Bessan, verzeih mir
Dafür, dass ich dich nicht retten konnte
vor meinen eigenen Leuten
Verzeih mir, dass ich dir die Hoffnung gab,
dass Frieden möglich sei
Um dir dann den Traum wieder zu nehmen
Du wirst für mich immer das Symbol
der Hoffnung, des Friedens und vor allem der
Freundlichkeit sein

Dein Vater hat einen Traum mit mir geteilt
Tage, nachdem du gestorben warst
Er kam in einen Raum voller Männer
Und du saßt dort
Zwischen ihnen
Er fragte dich
»Warum sitzt du dort?
Du weißt, das gehört sich nicht bei uns.«
Du antwortetest
»Jetzt ist alles gut, Papa,
Ich bin glücklich, mir geht es gut.
Ich kann hier unter den Männern sein
Wo ich gebraucht werde.«
Möge keine Frau mehr sterben müssen,
um auf die Männer einzuwirken
wie du es getan hast, Bessan.
Mögen die Frauen
Gehört werden und geachtet
Und mögen die Männer in dieser Welt
die Chance erhalten, aus tiefstem
Herzen zu wissen, dass dort die Antwort liegt
In ihren Herzen
Wo die Liebe wohnt.

Anael, März 2009

Ihre Worte haben mich sehr berührt. Ich bin gerade dabei, zu Ehren von Bessan, Mayar und Aya eine Stiftung zu gründen, die das Ziel hat, Frauen und Mädchen mit Gesundheits- und Bildungsprogrammen den Rücken zu stärken, um im gesamten Nahen Osten Veränderungen für Frauen und Mädchen herbeizuführen. Wie ich bereits erwähnt habe, spielen Frauen in dieser Region bei den öffentlichen Debatten keine Rolle, aber die palästinensischen

Frauen wissen, was Opfer und Leid bedeutet. Es ist nicht so, dass Frauen nicht in der Lage wären, sich einzubringen; das Problem ist, dass ihnen bisher das Recht abgesprochen wurde, an den für unsere Zukunft wesentlichen Diskussionen teilzunehmen.

Ich möchte miterleben, dass Frauen und Mädchen – egal wo – diese Chance erhalten. Ich möchte, dass sie an der Debatte teilhaben. Ich habe palästinensische und israelische Babys auf die Welt begleitet. Es gibt keinen Unterschied zwischen einem palästinensischen Neugeborenen und einem israelischen Neugeborenen, und ich bin überzeugt, dass die Mütter, die diese Kinder auf die Welt gebracht haben, viel dazu beitragen können, einen gemeinsamen Weg zu finden.

Viele Mädchen und Frauen in Gaza erhalten aufgrund materieller und kultureller Umstände keine Ausbildung. Ich bin fest davon überzeugt, dass die palästinensischen Frauen die Fackel der Veränderung in die Zukunft tragen können, aber zunächst müssen sie von den Fesseln befreit werden, die Kultur, Besatzung, Belagerung und Leid ihnen auferlegt haben. Frauen brauchen Bildung, die sie darin bestärkt, unabhängig zu sein, die ihnen Respekt verschafft und sie dazu befähigt, eine Veränderung der gesamten Gesellschaft herbeizuführen.

Eine der Auswirkungen unserer Tragödie ist, dass ich noch mehr Möglichkeiten bekam, ausgedehnte Reisen nach Europa, Nord-Amerika und Asien zu unternehmen, um über die Koexistenz und die Wirklichkeit Gazas zu sprechen. Jeder dieser Besuche gibt mir die Chance, die Fakten korrekt darzustellen, Missverständnisse aufzuklären und Unterstützer für die Koexistenz und die Menschenrechte im Nahen Osten – und überall – zu gewinnen. Ich spreche über das Leben der Frauen und über die geplante Arbeit meiner Stiftung.

Im April 2009 wurde ich nach Brüssel eingeladen, um Mitglieder des Europäischen Parlamentes zu treffen. Während ich dort war, wurde mir die belgische Ehrenbürgerschaft verliehen, und ich erhielt die Gelegenheit, den damaligen Präsidenten des EU-Parlamentes, Hans-Gert Pöttering aus Deutschland, kennenzulernen. Ich erfuhr auch, dass mich Jean-Marc Delizée, der Staatssekretär des belgischen Parlamentes, für den Friedensnobelpreis 2010 vorgeschlagen hatte. Ich war überwältigt. Die Nominierung führte mir noch einmal die weltweite Reaktion auf die Tragödie meiner Familie vor Augen. Ich weiß, dass ich meine Mädchen niemals zurückbekommen werde, und trotzdem kommt es mir so vor, als ob nichts in dieser Welt unmöglich wäre.

Bald darauf erfuhr ich, dass mir der Niarchos Prize for Survivorship, ein amerikanischer Preis für Überlebende, verliehen werden sollte. Der Preis wird vom Survivor Corps verliehen, einer Organisation, die sich dafür einsetzt, den Kreislauf aus Diskriminierung und Gewalt zu durchbrechen. Ich fühlte mich außerordentlich geehrt, einen Preis zu bekommen, der so sehr die Realität des Lebens der Palästinenser widerspiegelt. Nomika Zion aus Sderot erhielt diese Auszeichnung ebenfalls und sprach sich in ihrer Dankesrede gegen die Gefahr aus, dass Menschen den Krieg glorifizieren: »Ich habe Angst, dass wir unsere menschliche Fähigkeit verlieren, die andere Seite zu sehen, zu fühlen, entsetzt zu sein und Mitgefühl zu zeigen. Es ist unsere Pflicht, unsere Regierenden dazu zu bringen, miteinander zu reden, sie dazu zu zwingen, uns zur Abwechslung mal eine andere Geschichte zu erzählen. Vielleicht wird eines Tages unsere Stimme gehört.«

Ich folgte gespannt ihrer Rede, und als ich meine eigene hielt, kam es mir vor, als hielte ich sie für meine ganze Familie, ja, für alle Palästinenser:

> »Ich würde mir wünschen, dass meine Eltern für einen Moment aus ihren Gräbern auferstehen könnten, dass meine Frau und meine Töchter, das ganze palästinensische

Volk, vor allem die Gazabewohner, bei mir sein könnten, um mit mir diesen glücklichen Moment zu teilen. Sie sollen wissen, dass sie nicht allein sind, dass jemand in der Welt an sie denkt. Ich versichere Ihnen, dass die Tragödie mich gestärkt hat und dass ich entschlossener bin als je zuvor, in meinen Bemühungen im Namen der Menschlichkeit fortzufahren. Aber ich will Ihnen auch sagen, dass dies nicht genügt. Wir müssen handeln. Denn wir alle wissen, dass das Böse allein dadurch überleben kann, dass gute Menschen wie Sie nichts tun. Es ist an der Zeit zu handeln. Wir müssen nach vorn schauen. Die Würde der Palästinenser hat denselben Wert wie die Würde der Israelis, und es ist an der Zeit, partnerschaftlich zu leben und zusammenzuarbeiten. Es gibt keinen Weg zurück.«

An dem Tag, als Granatfeuer das Leben meiner Töchter beendete, hatten wir als Familie entschieden, dass ich die Stelle in Toronto annehmen würde, die Dr. Peter Singer und Dr. Abdallah Daar mir angeboten hatten, und dass ich an der Dalla Lana School of Public Health der Universität Toronto arbeiten würde.

Als wir unsere Vorbereitungen trafen, um Gaza am 21. Juli 2009 zu verlassen, rangen Israel und die Hamas um einen Waffenstillstand, und Ägypten war auch dieses Mal bereit zu vermitteln. Die Hamas erklärte ihre Bereitschaft, den Raketenbeschuss Israels aus Gaza einzustellen, und Israel würde etappenweise wieder Warenlieferungen nach Gaza zulassen. Doch die Raketenbeschüsse hörten nicht ganz auf, und die Lieferungen blieben hinter den Erwartungen zurück.

An diesen Sommerabenden kamen meine Freunde und Verwandten jeden Abend auf der Straße zusammen, um der erdrückenden Hitze in ihren Häusern zu entkommen. Wir saßen vor meinem Haus auf weißen Gartenstühlen aus Plastik und tauschten die Neuigkeiten des Tages aus. Ich traf mich auch weiterhin mit Dutzenden von Leuten, die meine Hilfe brauchten. Weil ich einer der Wenigen mit Zugang nach Israel war, brachte ich jedes Wochenende, wenn ich aus dem Krankenhaus heimkehrte, Verschreibungen oder Schuhe, Brillengläser oder notwendige Papiere mit. Ich machte Arzttermine bei Spezialisten und sorgte für Krankentransporte. Selbst die prominenten Familien, die Stammesführer in Gaza – die Hmaid, die Akel, die Abu Zaida –, hatten sich angewöhnt, zu mir nach Hause zu kommen, um medizinische Probleme zu besprechen. Das ist meine Welt, das ist es, was ich vermissen werde, und das ist der Grund, warum mein Abschied aus Gaza nicht für immer sein wird.

Es gab noch viel zu tun, ehe wir Ende Juli abreisen würden. Shatha lernte Tag und Nacht für ihre Abschlussprüfung und tauchte nur zum Essen auf. Sie hoffte, unter die besten zehn ihrer Abschlussklasse zu kommen. Am Tag vor unserer Abreise am 21. Juli erfuhr Shatha bei der offiziellen Bekanntgabe das Ergebnis ihres Oberschulabschlusses: 95,5 Prozent! Dalal war für die Vorbereitungen der Abschlussarbeiten ihrer Architekturklasse an ihren Zeichentisch gefesselt. Ich musste mich um die Reisepapiere für die Kinder kümmern, eine Unterkunft in Toronto finden, die Tickets buchen und irgendwie für einen fünfjährigen Aufenthalt einer sechsköpfigen Familie packen.

Unsere Abreise war aufregend, chaotisch und nervenaufreibend. Unsere ganze Sippe, Freunde und Nachbarn hatten am Tag vorher begonnen, sich zu verabschieden; sie versammelten sich um uns mit Tränen, Umarmungen und den besten Wünschen. Alle sechs waren wir voll gemischter Gefühle – Tränen der Freude wechselten mit Tränen der Trauer, Vorfreude mit Beklommenheit. Die jüngeren Kinder waren noch nie mit dem Flugzeug geflogen; sie hatten Gaza überhaupt noch nicht verlassen, außer um in das Krankenhaus nach Tel Aviv zu kommen, als Shatha dort Patientin war. Die einzigen Flugzeuge, die sie kannten, waren die israelischen F-16, die über unser Haus hinwegflogen. Ich brachte frühzeitig all unsere Koffer nach Eres, fuhr dann nach Hause und holte die Kinder ab. Nachdem wir erst einmal über die Grenze waren – was einen halben Tag dauerte –, wurden wir wie Prominente behandelt. Am Flughafen waren Fernsehkameras, um das Ereignis festzuhalten, und Channel-10-tv-Moderator Shlomi Eldar, der eine so wesentliche Rolle in unserem Leben gespielt hatte, kam, um mich zu interviewen und um auf Wiedersehen zu sagen. Er schenkte mir ein Gefäß mit Sand, damit ich nicht vergaß, woher ich stammte. Unser Lebewohl war ein Wechsel aus Tränen der Freude und der Trauer, aus Vorfreude und Bedauern. Am Flughafen dauerte es noch drei Stunden, bis alle Formalitäten erledigt waren. Als das Flugzeug schließlich abhob, schauten die Kinder und ich uns an. Wir alle wussten, dass es ein Abenteuer werden würde, und wir dachten daran, wie Aya gesagt hatte:

»Ich will fliegen, Papa!«

ACHT
Unser neues Zuhause

Toronto erfüllte all meine Hoffnungen: Es ist ein Ort, an dem meine Kinder Ruhe und Heilung finden können. Natürlich hatte ich mir große Sorgen gemacht, wie die Übersiedlung in ein neues Land und der Wechsel in ein neues Schulsystem, eine neue Sprache und neue Freunde für sie sein würde.

Kurz nachdem wir angekommen waren, hießen uns die Nachbarn in der Straße willkommen, und recht bald fanden wir uns ein. Eine kleine Begebenheit an einem unserer ersten Tage wärmte mir das Herz: Die meisten Gärten in der Nachbarschaft waren eingezäunt. Die Familie nebenan hatte Kinder ungefähr im selben Alter wie meine jüngeren, und das Erste, was sie taten, als wir einzogen, war, ein Stück des Zauns herauszunehmen, damit die Kinder ungehindert hin- und herlaufen konnten. Diese schlichte Handlung gab mir sehr zu denken. Wie prophetisch sie war im Hinblick auf das, was ich mir seit Jahren für Israel und Palästina erträumte. Hier wurde das Niederlegen von Grenzen Wirklichkeit, ein lebendiges Beispiel hier in meinem eigenen neuen Garten.

Dalal und Shatha hatten sich an der Universität von Toronto eingeschrieben und sind dort außerordentlich gute Studentinnen. In Gaza waren sie auf einer reinen Mädchen-Uni gewesen, aber die Universität Toronto ist koedukativ und multikulturell. Hier lernen sie Menschen aus verschiedenen Kulturen kennen, während sie in Gaza vom Rest der Welt abgeschnitten waren. Hier machen sie die Erfahrung, wie es ist, in einer sicheren Umgebung zu sein, wo sie sich nicht ständig Sorgen machen müssen, dass irgendein Ereignis ihr Leben dramatisch verändert. Sie sehen, dass es möglich ist, Pläne für die Zukunft zu machen, und dass diese Pläne sich verwirklichen lassen. In Gaza studierten sie, um einen Abschluss und eine höhere Bildung zu haben, aber sie wussten, dass sie nie einen Job als Ingenieurin finden würden. In Kanada hingegen studieren sie Ingenieurwesen und wissen, dass sie eine sehr gute Chance haben, eine Arbeit zu finden und Karriere zu machen. Mit Staunen stellen sie fest, dass es selbst innerhalb eines Berufes so viele Möglichkeiten gibt. Anders als in Gaza haben sie hier nicht das Gefühl, unter jemandes Kontrolle zu sein. Sie können auf der Basis ihrer eigenen persönlichen Vorlieben frei ihre eigenen Entscheidungen treffen.

Dalal und Shatha haben mich jüngstens zu einem Interview mit Radio Toronto und dem Fernsehsender CBC begleitet. Auf die Bitte hin, ihre schmerzliche Geschichte zu erzählen, sprachen sie darüber, wie sehr sie ihre Mutter, ihre Schwestern und ihre Cousine vermissen, doch sie halten an der Botschaft fest, die sie aus dem Friedenscamp in Santa Fe mitgebracht haben. Ehe sie im Friedenscamp waren, sagte Shatha, hätten sie die Israelis als Feinde gesehen, aber Zeit miteinander zu verbringen und miteinander ins Gespräch zu kommen, hätte alle Stereotype rasch verschwinden lassen. Die Mädchen, die sie dort kennengelernt haben, waren nicht anders als sie, und gemeinsam wollten sie daran arbeiten, eine Lösung für die bestehenden Konflikte zu finden.

Mohammed, Raffah und Abdullah besuchen Schulen in der Nähe unseres Hauses. Sie fühlten sich von ihren Lehrern und Mitschülern so willkommen geheißen, dass Raffah auf die Idee kam, vor allen eine Rede zu halten. Sie bat die Direktorin der Schule, ihre Worte niederzuschreiben. Raffahs Rede begann so: »Gaza ist müde …« Dann stellte sie Fragen, wie diese Tragödie hatte passieren können. »… Warum hat Israel das seinem Freund angetan?« Ich sah, wie sehr sie verinnerlicht hatte, was ich meinen Kindern immer vorgelebt habe: dass die Israelis unsere Freunde sind und wir sie lieben sollten, wie wir einander lieben.

In einer Rede, die ich in der Synagoge Bet Tzedek in Toronto kurz nach meiner Ankunft gehalten habe, fragte mich jemand aus dem Publikum: »Was haben Sie persönlich Ihren Kindern über Juden und das jüdische Volk in Israel erzählt?« Die Antwort hat meine Tochter Raffah gegeben, die gemeinsam mit ihren Brüdern und Schwestern zum ersten Mal bei einem Anlass anwesend war, bei dem ich sprach. Ich beantwortete die Frage, indem ich Raffah bat, zu mir aufs Podium zu kommen und dem Publikum zu sagen, was ich ihr während des Krieges und während des Leidens beigebracht habe. Sie sagte auf Hebräisch: »Ich liebe dich.«

Auch Mohammed fühlte sich ermutigt, öffentlich über seine Erfahrungen in Gaza zu sprechen. Er erzählte von seiner Schule in Gaza, darüber, wie ein typischer Tag aussah und was er am Wochenende machte, und er erzählte von der Tragödie unserer Familie. Die Kinder in seiner Schule waren überrascht, denn so etwas hatten sie noch nicht gehört. Er erhielt Briefe von seinen Klassenkameraden, die alle schrieben, wie sehr sie von seiner Geschichte berührt waren und wie sehr sie seine Tapferkeit bewunderten. Mohammed war beeindruckt von der Freundlichkeit seiner Klassenkameraden und von dem Verständnis, das sie ihm entgegenbrachten. Er wusste ihre Bereitschaft, ihm zuzuhören und zu verstehen, zu schätzen und hatte das Gefühl, dass sie sich um ihn kümmern würden. Er sagt mir oft, wie glücklich er sei, in einer Stadt zu leben, wo er sich frei fühlen könne, er selbst zu sein und von den Menschen um sich herum akzeptiert zu werden. Am liebsten würde er auch die Wochenenden in seiner Schule verbringen.

Am Anfang des Schuljahres, als Mohammed noch neu in seiner Schule war, plante seine Klasse einen Ausflug in die Hauptstadt Ottawa. Weil er noch neu und unsicher war, wollte er nicht mitfahren. Aber seine Klassenkameraden sagten ihm, die achte Klasse sei nicht vollständig, wenn sie den Ausflug ohne ihn machen müssten. Noch heute spricht er über den unvergesslichen Ausflug und ist glücklich, dass seine Mitschüler darauf bestanden, dass er als Teil der »Schulfamilie« dabei sein sollte. Der Schulalltag hier in Kanada ist wirklich ganz anders, und meine Kinder schätzen die Möglichkeiten, die sie hier haben.

Abdullah findet viele Freunde und sein Englisch wird von Tag zu Tag besser. Er liebt seine Lehrer und Klassenkameraden, und wie Mohammed wäre er am Wochenende lieber in der Schule als zu Hause. Er spielt in der Freizeit gern Fußball mit seinen Freunden und ist jederzeit auch bei ihnen zu Hause willkommen. Er scheint jeden Tag größer zu werden, und er freut sich über die neuen Kleider, die er bekommt, sobald er aus den alten herausgewachsen ist. In nur zehn Monaten hat Abdullah fließend Englisch gelernt. Sein Wortschatz ist so umfangreich, dass er, wenn wir nach einem geeigneten Wort suchen, gleich mehrere Alternativen nennen kann. Beim letzten Eltern-Lehrer-Gespräch musste ich lachen, als die Lehrerin mir sagte, dass er von einem, der gar nicht sprach, zu einem geworden ist, der jetzt in der Klasse zu viel redet. Da Familiendiskussionen ein großer Teil unseres Lebens zu Hause sind, hat Abdullah Erfahrungen im Debattieren und wechselt dabei ohne Mühe zwischen Englisch und Arabisch hin und her.

Die Tragödie darf nicht das Ende unseres Lebens sein. Wir können nicht zulassen, dass sie uns bestimmt und besiegt. Meine Vision für den Nahen Osten ist die eines friedlichen, sicheren, kooperativen und vereinten Ortes. Wie Martin Luther King Jr. habe auch ich einen Traum. Mein Traum ist, dass meine Kinder – alle Palästinenser und ihre Kinder und unsere Verwandten, die Israelis und ihre Kinder, sicher, geborgen und satt sind, und dass sie ihre eigene Staatsbürgerschaft und Identität bekommen werden. Doch dieser Traum wird nicht allein durch Worte wahr. Jeder von uns muss seinen Teil beitragen und eine aktive Rolle dabei spielen, den Traum der Koexistenz voranzubringen.

Ob wir gebildet oder ungebildet sind, hungrig oder satt – jeder ist ein Teil der Menschheitsfamilie. Wenn wir als Kollektiv denken statt individualistisch, werden wir als eine große Familie leben, in der wir uns umeinander kümmern. Die Stärkeren geben den Schwächeren, die Reicheren den Ärmeren. Die Gesunden helfen den Kranken und die Gebildeten den Ungebildeten. Frieden ist in unserer Region ein vager und schwieriger Begriff. So viele sind in ihrem Ringen um Verträge, die die beiden Seiten zusammenbringen sollten, gescheitert. Noch immer sind die neuesten Nachrichten aus dem Nahen Osten die vom Beginn oder vom Ende eines Krieges. Die Menschen sind die vergeblichen Bemühungen um ein Ende der Auseinandersetzungen leid und suchen nach neuen Wegen, die unsicheren Gegebenheiten ihres täglichen Lebens zu verändern. Aus diesem Grund bin ich der Meinung, dass man auf offizielle Erklärungen verzichten sollte. Stattdessen sollten wir nach neuen Wegen suchen, um zusammenzukommen: bei Fußballspielen, Konferenzen, Familienessen. Der wichtigste Schritt ist jetzt, einander besser kennenzulernen und gegenseitigen Respekt zu entwickeln. Wir teilen so viele fundamentale Werte: die Art unserer Geselligkeit, die Art der Kindererziehung, die Art zu diskutieren und Traditionen zu wahren und zu ehren. Was wir brauchen, ist der Glaube an unsere Fähigkeit, uns selbst aus diesem Dilemma zu befreien, das uns alle zu ersticken droht. Wir brauchen eine starke Dosis Hoffnung und Optimismus für den Frieden.

Wenn wir einander mit Anstand und Respekt begegnen, wenn wir uns weigern, parteiisch zu denken, wenn wir Klarheit gewinnen und die Verantwortung für unser Handeln übernehmen, dann ist es möglich, die Gräuel des Krieges zu überwinden.

Meiner Meinung nach sind Koexistenz und Kooperation, Partnerschaft und Austausch auf basisdemokratischer Ebene der einzige Weg. Statt über Frieden und Vergebung zu reden, sollten wir lieber über Vertrauen, Würde, Menschlichkeit und die hunderttausend Schritte reden, die nötig sein werden, um letztlich Frieden und Vergebung zu erlangen. Der Konflikt im Nahen Osten wird niemals gelöst werden, solange auf beiden Seiten so viel Hass herrscht, solange Toleranz und Kompromissfähigkeit nicht Teil der Gleichung sind. Wir wissen, dass militärisches Vorgehen zu keinem Ergebnis führt, für niemanden. Wir wissen, dass Worte stärker sind als Kugeln. Aber die Kugeln finden nach wie vor ihr Ziel.

Meine Philosophie ist simpel, es ist der Rat, den Eltern ihren Kindern geben: Hör auf, dich mit deinem Bruder zu streiten, seid Freunde – das ist besser für euch beide.

Betrachten wir das umstrittenste Thema, das Recht auf Rückkehr. Das Argument, das von den Hardlinern der israelischen Regierung vorgetragen wird, ist, dass es in diesem kleinen Land nicht genug Platz für noch mehr Menschen gibt. Doch gleichzeitig scheint Israel noch reichlich Platz zu haben, um Russen, Argentinier, Äthiopier und andere aus der Diaspora in das Gelobte Land zu bringen. Platz ist sicher nicht das Problem. Die Palästinenser leiden unter einem Schmerz, den sie von ihren Vorfahren geerbt haben: Sie sind eine Nation, die nicht auf ihrem eigenen Land lebt und weder Identität noch Staatsbürgerschaft hat. Sie sind Vagabunden, gezwungen, von einem Platz zum nächsten zu wandern, ohne wirklich zu wissen, wohin sie ziehen. Es gibt kein endgültiges Ziel. Sie leben in Furcht, Frustration und Verzweiflung. All diese Kämpfe rauben ihnen ihre Kraft und machen es unmöglich, rational zu denken und zu handeln. Wir dürfen die Palästinenser wegen ihres irrationalen Denkens nicht verurteilen. Wären Sie in der Lage, rational zu denken, wenn sie in solchen Verhältnissen leben müssten? Wir müssen nach den Wurzeln des Problems suchen, dann können wir ihnen helfen, die Dinge rational zu sehen. Nur so werden sie in der Lage sein, ein glücklicheres, gemeinschaftliches Leben zu führen.

Die Palästinenser sind in einer Zwickmühle, und bis jetzt gibt es keine Lösung. Wenn sie die Besatzung akzeptieren, bedeutet das, all die Beschränkungen zu akzeptieren, die sie umbringen: die Blockade, die eine vernünftige Versorgung Palästinas verhindert, den Mangel an Freiheit und die Schikanen, wenn man reisen will. Ihnen wurde das Land genommen, auf dem sie ursprünglich lebten und von dem sie sich ernährten. Diese Situation nicht zu akzeptieren und für das zu kämpfen, was ihnen gehört, hat andererseits zu vielen Toten geführt. Denn genau dafür sind sie getötet worden. Ist es daher wirklich eine Frage der Akzeptanz oder Nichtakzeptanz des Lebens, wie sie es jetzt führen? Muss man wirklich zwischen Gewalt und Schweigen wählen? Das Schweigen tut weh, weil man die Last der Bevormundung trägt, es raubt einem die Energie und macht einen depressiv. Gewalt erzeugt Todesopfer und kann jeden treffen.

Wir Palästinenser warten darauf, dass ein Wunder geschieht, doch die Zeit verrinnt. Unsere Geduld ist verbraucht, und wir fühlen uns von der menschlichen Gemeinschaft ausgeschlossen, weil die menschliche Gemeinschaft sich nicht zu kümmern scheint. Ihr dürft daher nicht uns die Schuld geben, wenn wir nicht mehr zuhören können und uns nicht vernünftig verhalten.

Wie wäre es, wenn wir an die Stelle von Schweigen oder Gewalt Freiheit und Gerechtigkeit setzen würden? Sie sind für das Wohlergehen und Überleben eines jeden Menschen unverzichtbar. Als große Menschheitsfamilie müssen wir Freiheit und Gerechtigkeit allen Mitgliedern dieser Familie zuteil werden lassen, wenn wir glücklich und in Sicherheit und Geborgenheit leben wollen. Wenn wir Glück und Zufriedenheit nur an unserem ganz persönlichen Maßstab messen, ist das zwar schön, hat aber nur für einen selbst eine Bedeutung; doch stellen Sie sich vor, um wie viel größer das Glück ist, das man empfindet, wenn man es mit anderen teilt. Glück ist dazu da, geteilt zu werden, nicht dazu, es für sich selbst zu behalten.

Die internationale Gemeinschaft nimmt sich in zunehmendem Maße der Situation der Palästinenser an. Am 27. Oktober 2009 hat Amnesty International einen detaillierten Bericht über den fehlenden Zugang zu ausreichend sauberem Trinkwasser für die palästinensische Bevölkerung in den besetzten Gebieten herausgegeben. Der 112-Seiten-Bericht kommt zu dem Schluss, dass die israelische Wasserpolitik das Recht der Palästinenser auf einen angemessenen Lebensstandard – dazu gehören das Recht auf Wasser, Nahrung, Gesundheit, Arbeit und Wohnen – verletzt. Dass der gegenwärtige Zustand nicht mehr tragbar ist, wissen die Menschen auf beiden Seiten. Und Meinungsumfragen haben ergeben, dass sowohl Israelis wie Palästinenser endlich Veränderungen sehen wollen.

Einige meiner Freunde sind der Meinung, ich hätte nicht nach Kanada gehen, sondern in Gaza bleiben sollen. So sagte zum Beispiel mein Freund Dr. Shlomo Usef: »Du musst zurückkommen und deine Mission beenden.« Und auch Dr. Zeev Rotstein hatte gemischte Gefühle, als ich ging. Einem Reporter sagte er Folgendes:

> »Er hat jetzt und hier eine Mission. Ich hoffe, er kann sie produktiv machen – zu einem Symbol der Tragödie zweier Völker. Zwietracht und Feindseligkeit sind völlig

> unnötig und ungerechtfertigt. Die Medizin kann eine wichtige Brücke zwischen beiden Seiten sein. Man rettet ein Leben und noch eins, man tut es immer und immer wieder. Man gibt nicht auf. Das gibt der anderen Seite die Gelegenheit, einem Israeli oder Palästinenser wirklich ins Gesicht statt nur in Gewehrläufe zu sehen. Für mich ist Izzeldin ein Partner. Er teilt meine Vision. Ich möchte ihm auf jede erdenkliche Art helfen. Einst hatten wir Pläne gemacht, um bessere Beziehungen zwischen den Ärzten in Gaza, der West Bank und Israel herzustellen. Wir wollten ein Schulungszentrum einrichten, um die Beziehungen zu verbessern, um zu lehren, zu lernen und uns auszutauschen. Ich denke, er wird zurückkehren, um die Sache zu Ende zu bringen.«

Ich kann all meinen Freunden versichern, dass ich zurückkommen werde und dass ich in der Zwischenzeit meine Mission von hier aus fortführe.

Was meiner Familie widerfahren ist, erscheint mir immer noch unbegreiflich. Ich habe drei wunderschöne Töchter und eine wunderbare, liebevolle Nichte verloren. Ich kann sie nicht zurückholen. Aber ich habe fünf weitere Kinder, für die ich sorgen muss. All meine Kinder sind meine Hoffnung für die Zukunft, meine Hoffnung auf Veränderung und eine friedliche Welt. Mögen meine Töchter die letzten gewesen sein, die sterben mussten. Möge diese Tragödie der Welt die Augen öffnen. Es ist an der Zeit, dass wir uns hinsetzen und miteinander reden. Ich habe wieder und wieder gesagt: Wenn ich wüsste, dass meine Töchter das letzte Opfer auf dem Weg zum Frieden zwischen Palästinensern und Israelis gewesen wären, könnte ich ihren Verlust akzeptieren. Es muss eine neue Ära anbrechen; wir brauchen eine Chance, uns einander auf ehrliche Weise nahezukommen. In der langen Zeit, seit das Osloer Abkommen unterzeichnet wurde, wurden Friedensgespräche abgebrochen, wieder aufgenommen und wegen ein paar Quadratmetern vorgesehener Grenzziehung aufgegeben – mit anderen Worten: für eine Nichtigkeit. Glauben Sie mir, es gibt keine »magischen« Quadratmeter, Hügel oder Täler, die, wenn sie der Gegenseite überlassen würden, dem Nahen Osten Frieden bringen könnten. Frieden kann nur über eine interne Neuorientierung erreicht werden – auf beiden Seiten. Was wir brauchen, ist Respekt und die innere Stärke, den Hass aufzugeben. Dann werden wir endlich Frieden haben. Und meine Töchter wären der letzte Preis gewesen, den irgendwer in der Region zu zahlen hat.

NEUN
Daughters for Life

Nun haben Sie erfahren, wie meine Töchter gestorben sind. Doch ich möchte, dass im Gedächtnis bleibt, wie sie gelebt haben. Sie waren bescheidene und liebenswerte Mädchen, sie halfen, wo Hilfe Not tat, und dachten oft zuerst an andere als an sich selbst. Und sie konnten die Passagen des Korans auswendig, in denen vom Recht auf Bildung für alle Menschen – Frauen und Männer – die Rede war.

So überliefert zum Beispiel Abu' d-Darda, ein Gefährte Mohammeds, folgende Worte des Propheten:

> »Wenn irgendjemand auf der Suche nach Wissen eine Straße bereist, wird Gott ihn auf eine der Straßen zum Paradies führen. Die Engel werden vor großer Freude über einen, der Wissen sucht, ihre Flügel senken, die Bewohner der Himmel und der Erde und die Fische tief im Wasser werden um Vergebung für den Gelehrten bitten. Die Überlegenheit des Gebildeten über den Frommen ist die des Mondes in der Nacht, da er voll ist, über den Rest der Sterne. Die Gelehrten sind die Erben des Propheten und die Propheten hinterlassen weder Dinare noch Dirham, sondern ihr Wissen, und der, der davon nimmt, nimmt reichlich davon.« (Sunan Abu-Dawud, Wissen, Buch 25:3634)

Bessan wurde nach einer der ältesten Städte der Welt benannt, die im Nordosten Palästinas liegt. Es gibt ein wunderschönes Lied über diese Stadt von einem populären libanesischen Sänger.

Debra Sugerman, die Leiterin des Creativity for Peace Camps in Santa Fe, nannte meine Tochter eine Friedensstifterin. Sie war strahlend und schön und sprach voller Aufrichtigkeit auch unpopuläre Dinge aus, wenn sie es für richtig hielt. Es gibt einen Film mit dem Titel »Dear Mr. President«, den die Teilnehmer des Camps produziert haben. Darin sagt Bessan, dass die Mädchen, die sie im Camp kennengelernt habe, dasselbe Herz, dieselben Gefühle, Gedanken und Hoffnungen hätten und dass sie gemeinsam dazu beitragen könnten, Lösungen für die Probleme des Nahen Ostens zu finden. Sie sagt, dass keines der israelischen Mädchen im Camp will, dass den Palästinensern Land genommen wird, und dass sie sich schlecht fühlen, weil das in der Vergangenheit der Fall gewesen sei.

Ihre Brüder und Schwestern beschreiben sie als freundlich, selbstlos, schüchtern und sehr klug. Sie wurde schnell rot, hörte lieber zu, als dass sie sprach, und wenn sie sprach, sprach sie bedacht. Sie dachte an andere, ehe sie an sich dachte, und ihr Taschengeld ging meist dafür drauf, ihren Geschwistern etwas zu kaufen – Süßigkeiten, Chips, Kleider oder sonst etwas, das sie besonders gern mochten. Sie war gern bereit, ihren jüngeren Geschwistern bei ihren Mathe- oder naturwissenschaftlichen Hausaufgaben zu helfen – Fächer, in denen sie hervorragend war. Alle fragten sie gern um Rat, und Mohammed erinnerte daran, wie fürsorglich Bessan war, als ihm nicht erlaubt wurde, die Mädchen-Hochschule zu betreten, auf die sie ging, weil Jungen dort keinen Zutritt hatten. Sie hatte ihre Geschwister herumführen und ihnen alles zeigen wollen. Abdullah wurde zugelassen, weil er viel jünger war, Mohammed war der Einzige, der zu Hause bleiben musste. Zur Entschädigung brachte sie ihm als Leckerbissen Schawarma mit, hauchdünn vom Spieß geschnittenes Fleisch in Brot.

Bessan war nicht nur ihren Geschwistern ein Vorbild, sondern auch mir. Ich diskutierte oft mit ihr und bewunderte ihre Weitsicht. Ich respektierte ihre Meinungen, und sie gab mir reichlich Stoff zum Nachdenken. Einige ihrer Worte sind mir immer noch im Gedächtnis, und oft bringe ich ihre Gedanken in öffentlichen Diskussionen ein. Sie war diejenige, die mir gesagt hat, dass alles einmal klein anfängt und dann groß wird. Die Hoffnung auf eine bessere Welt war für Bessan immer lebendig und gut. Die Erinnerungen an unsere intensiven Gespräche und an die Reife, die sie besaß, werden mich stets begleiten.

Mayar

Mayar bedeutet »Mondlicht« und »jemand, der Güte und Schönheit bringt«. Sie war diejenige, die ihrer Mutter am ähnlichsten sah. Mayar hielt immer an ihren Überzeugungen fest und war von starken ethischen und moralischen Prinzipien geprägt. Sie war schüchtern und still und doch offen für die Meinungen und Gedanken von anderen. Sie nahm kein Blatt vor den Mund, wenn die Situation es erforderte, und erhob die Stimme, wenn sie über Gaza sprach. Sie hasste Ungerechtigkeit.

In der Schule wählte man sie zur Sprecherin des Schülerrates, und auch die Lehrer vertrauten ihr wichtige Aufgaben an. Sie bekam den Schlüssel zum Archiv, half bei Prüfungen und Zeugnisvergaben. Ihre Lehrer schätzten sie so, dass sie sie zu Hause anriefen und ihre Meinung einholten. Sie respektierten ihre Ansichten und hörten zu, wenn sie sich für Mitschüler stark machte, die in ihrer speziellen Situation Fürsprache brauchten. Wenn meine Kinder und andere Familienmitglieder von Mayar sprechen, dann sprechen sie von einer starken und ehrgeizigen Natur, von jemandem, der sich mit nichts anderem als dem Allerbesten zufriedengibt, nicht nur bei sich selbst, sondern auch bei anderen. Mayar träumte davon, in meine Fußstapfen zu treten und Ärztin zu werden, und ich freue mich darauf zu sehen, wie andere starke junge Frauen diesen Traum für sich verwirklichen werden.

Aya

Der Name Aya ist in vielen Gebieten der Welt sehr verbreitet und bedeutet »Vers des Korans« und »farbig«. Aya war mein einziges Kind, das blondes Haar und grüne Augen hatte, ein schönes Mädchen mit Sinn für Humor und, wie um der Bedeutung ihres Namens gerecht zu werden, auch von einem schillernden Charakter. Sie hatte eine außergewöhnlich starke Bindung an ihre Schwester Mayar, die nur elf Monate älter war als sie. Sie schliefen oft im selben Bett, teilten ihre Kleider und standen doch in ständiger Konkurrenz zueinander. Sie hatten gerade noch die hitzigste Auseinandersetzung und waren im nächsten Moment wieder unzertrennlich. Aya liebte es, ihrem Bruder Abdullah Geschichten vorzulesen. Da sie in jeder Hinsicht sehr ehrgeizig war, trachtete sie stets danach, zu den Besten ihrer Klasse zu gehören. Wenn sie es einmal nicht war, dann arbeitete sie umso härter, um dafür zu sorgen, dass sie beim nächsten Mal die besten Noten hätte.

Freundlich und großzügig, wie sie war, bereitete sie mir mein Lieblingsessen, wenn ich nach langer Abwesenheit nach Hause kam. Aya wollte so sehr, dass ich ihre Schule besuchte, damit ich sehen konnte, was sie dort machte und damit ich mit ihren Lehrern und Mitschülern sprechen konnte. Sie war überaus glücklich, als ich einmal unangekündigt in ihrer Schule auftauchte. Sie war sehr stolz auf ihren Papa und drängte mich stets, mich, wo immer ich konnte, einzubringen.

Ayas Liebe und Achtung veranlassten mich, unentwegt an mir zu arbeiten; sie machte mir bewusst, dass wir immer noch mehr tun können. Ohne dass ihr überhaupt klar war, welch starken Einfluss sie hatte, bestärkte mich Aya in meinen eigenen Überzeugungen, dass wir etwas tun müssen und dass Taten weit mehr bewirken, als Worte es je vermögen. Ich bin so dankbar für alles, was ich durch jedes meiner Kinder gelernt habe. Ihre Lektionen treiben mich mit noch mehr Kraft und Entschlossenheit voran.

Daughters for Life

Meine Töchter waren voller Träume und Pläne, als sie getötet wurden. Aber nicht alle Frauen in unserer Gesellschaft sind so emanzipiert wie meine Töchter, und nur wenige Eltern oder Familien haben die finanziellen Möglichkeiten und die Einstellung, sie zu unterstützen. Das muss sich ändern.

Obwohl von Anfang an von einer Entschädigung für ihren Tod die Rede war, habe ich bis zum heutigen Tag noch keinerlei Zahlungen erhalten. Die israelische Regierung hat die Verantwortung dafür übernommen, dass mein Haus fälschlicherweise unter Beschuss genommen und meine Töchter getötet wurden, aber sie hat sich nie entschuldigt; niemand hat von offizieller Seite gesagt: »Es tut uns leid.« Wenn die Verantwortlichen auf israelischer Seite zu ihrem Wort stehen, sollten sie eine Entschädigung zahlen und sich entschuldigen. Die Entschädigungszahlung könnte das Startkapital sein, um Daughters for Life ins Leben zu rufen, eine Stiftung mit dem Ziel, den Status und die Rolle der Frauen zu ändern.

Ich möchte eine Organisation gründen, die Mädchen und Frauen in die Lage versetzt, mit lauterer Stimme zu sprechen und eine einflussreichere Rolle zu spielen, wenn es darum geht, die Lebensbedingungen im Nahen Osten zu verbessern. Meiner Überzeugung nach müssen wir anerkennen, dass die Frauen unter uns einen großen Teil der Veränderungen, die wir brauchen, leisten können. Die meisten Leute werden außerordentlich nervös, wenn die Stellung der Frauen in Frage gestellt wird. Aber es ist an der Zeit, die Diskussion in Gang zu bringen.

Jedem Mädchen in Palästina (wie überall sonst) muss es möglich sein, zur Schule zu gehen. Die Stiftung wird Stipendien für die Ausbildung an Oberschulen und Universitäten zur Verfügung stellen. Sie wird bestehende Bildungsangebote daraufhin überprüfen, ob sie geeignet sind, Frauen zu fördern oder nicht. Sie wird einen eigenen Lehrplan erstellen, um Lücken zu schließen, und dazu beitragen, bestehende Programme zu verbessern. Gleichzeitig wird die Stiftung eine Aufklärungskampagne initiieren, um sicherzustellen, dass die Gesellschaft hinter den Veränderungen steht, die wir vorschlagen.

Daughters for Life soll den Frauen im Nahen Osten eine Stimme verleihen und dafür da sein, dass diese in allen Belangen des Lebens von Mädchen und Frauen endlich gehört wird. Wenn weibliche Werte in allen Führungsebenen der Gesellschaft stärker repräsentiert sind, werden sich die Wertvorstellungen im Ganzen ändern und das Leben im Gazastreifen, in ganz Palästina, in Israel und im gesamten Nahen Osten verbessern. Das ist das Vermächtnis, mit dem ich die Erinnerung an meine Töchter in Ehren halten möchte.

Mother for Life

Auch über Nadias Krankheit und ihren Tod habe ich Ihnen viel berichtet. Sie haben etwas über unsere Ehe erfahren und darüber, wie viel ich ihr für ihre Unterstützung bei all meinen

Unternehmungen schuldig bin. So wie über meine Töchter möchte ich Ihnen mehr darüber erzählen, was für ein Mensch Nadia war.

Meine Frau war die hingebungsvollste Ehefrau und Mutter, die mir je begegnet ist. Sie hat unsere große Familie zusammengehalten. Sie war großzügig und tat, was sie konnte, um Menschen in Not zu helfen.

Nadia bestand darauf, dass die Kinder sich auf die Schule konzentrieren sollten. Sie wollte, dass sie so gut waren, wie sie konnten und sich nicht mit dem zweiten Platz zufriedengaben. Wenn unsere Verwandten sie fragten, warum die Kinder nicht im Haushalt halfen, antwortete sie ihnen, dass es die Aufgabe der Kinder sei zu lernen und sonst gar nichts. Nadia half all unseren Kindern jeden Tag bei den Hausaufgaben. Ich bewundere es wirklich, wie sie neben der Hausarbeit für jedes einzelne Kind die Zeit fand und einen Blick für die Bedürfnisse eines jeden hatte. Unsere Kinder gingen versetzt zur Schule, und Nadia hatte jede Minute des Tages gut organisiert.

Nadia nähte gern mit ihrer Nähmaschine. Sie fertigte alle Kleidungsstücke selbst an, passte die Längen sämtlicher Hosen oder Hemdsärmel an und änderte die Kleider der älteren, sodass die jüngeren sie tragen konnten. Meine Tochter Mayar war diejenige, die ihr am ähnlichsten sah, und Dalal ist diejenige, die ihr charakterlich am ähnlichsten ist.

Bildung war Nadia sehr wichtig. Sie hatte ihre Ausbildung als Zahntechnikerin im Westjordanland abgeschlossen. Auch wenn sie Hausfrau und Vollzeit-Mutter war, so war sie doch weit mehr als das. Sie beeindruckte andere mit ihrem Wissen und trug so zu vielen Unterhaltungen bei. Einige ihrer herausragendsten Charakterzüge waren Geduld, Nachsicht und Fürsorglichkeit. Sie trat dafür ein, anderen zu helfen und zu spenden; besonders empfänglich war sie für jene, die arm und bedürftig waren. Sie hatte so viele Träume für mich und die Kinder und hörte niemals auf, unsere Träume bedingungslos voranzutreiben. Sie ermutigte die Kinder, niemals aufzugeben. Sie brachte ihnen bei, eine Schwierigkeit immer und immer wieder anzugehen. Sie wollte, dass sie wussten, dass es immer noch eine Gelegenheit und einen anderen Tag geben würde, an dem etwas gelingen könnte. Ich werde Nadia für ihre Liebe zu mir und unseren Kindern immer zu großem Dank verpflichtet sein. Sie hat den Kindern das Beste gegeben, das sie als Grundlage für ihr eigenes Leben brauchen. Ich sehe Nadias Einfluss auf sie jeden Tag, und mir ist klar, welches Glück ich hatte, dass ich mit einer so wundervollen Frau verheiratet war. Mögen sie und unsere drei Töchter bei Gott ruhen und möge ihrer aller Geist immer mit uns sein.

EPILOG

Ich hoffe, mit diesem Buch das palästinensische Volk und seine Tragödie den Lesern nähergebracht und verständlich gemacht zu haben. Ich wollte unsere Entschlossenheit zeigen, die Herausforderungen des Lebens anzunehmen und durch sie stärker – nicht schwächer – zu werden.

Dieses Buch handelt auch von der Freiheit. Wir müssen etwas dafür tun, um frei von Krankheit, Armut, Unwissenheit, Unterdrückung und Hass zu werden. In einem einzigen furchtbaren Jahr haben meine Familie und ich Tragödien erlebt, die alles menschliche Maß übersteigen. Doch als tiefgläubiger Moslem glaube ich voll und ganz, dass alles, was von Gott kommt, zum Guten führt und dass das Schlechte von Menschenhand ist und verhindert oder verändert werden kann.

Der erste Schlag war der Verlust meiner geliebten Ehefrau Nadia. Was einen nicht tötet, macht einen stärker. Meine Kinder und ich haben Nadias Tod überwunden, und durch die Notwendigkeit, zusätzliche Verantwortung zu übernehmen und einander dabei zu helfen, wurden wir stark.

Dann verlor ich im Januar 2009 drei teure Töchter und eine Nichte, als ein israelischer Panzer Granaten auf mein Haus feuerte. Wenn die eigenen Kinder zu »Kollateralschäden« in einem scheinbar endlosen Konflikt werden, wenn man ihre Körper buchstäblich zerfetzt und geköpft gesehen hat, wie soll man da frei von Hass sein? Wie soll man die Wut unterdrücken? Ich habe aus meinem Glauben heraus geschworen, nicht zu hassen und die Wut zu unterdrücken. Der Koran lehrte mich, dass wir das Leiden geduldig ertragen müssen und jenen vergeben, die Unrecht tun. Das heißt aber nicht, dass wir nichts unternehmen sollen, um dieses Unrecht wiedergutzumachen.

Politiker mögen dafür leben, ihre Namen einst in Stein gemeißelt zu sehen. Aber unsere Kinder schreiben ihre Namen nur in den Sand. Ich will allen sagen, was meiner Familie geschehen ist, damit all den unschuldigen Menschen, die wegen irgendwelcher Konflikte auf der Welt sterben, Gerechtigkeit widerfährt. Ich hoffe, dass man sich durch die Stiftung Daughters for Life an die Namen meiner Töchter erinnern wird und dass sie an Schulen, Colleges und Einrichtungen, die die Bildung von Mädchen fördern, unvergessen bleiben.

Ich möchte mit diesem Buch Menschen inspirieren, die den Blick für die Hoffnung verloren haben. Ich möchte ihnen helfen, positive Dinge in Gang zu setzen, um die Hoffnung zurückzugewinnen und den Mut zu haben, daran festzuhalten, damit die lange und schmerzliche Reise irgendwann zu einem friedlichen Leben führt.

Ich habe aus dem Koran gelernt, dass die ganze Welt eine einzige Familie ist. Wir sind aus einem Mann und einer Frau hervorgegangen und wurden in Nationen und Stämme aufgeteilt, sodass wir einander kennenlernen und die Verschiedenheit schätzen können, die unser Leben bereichert. Diese Welt muss gerechter und aufrichtiger werden, damit sie für alle Menschen eine bessere wird. Ich hoffe, meine Geschichte kann dazu beitragen, Herz, Sinn und Augen für die Lebensumstände der Menschen in Gaza zu öffnen und nicht mit falschen Argumenten und Verallgemeinerungen über sie zu urteilen. Ich möchte die Menschen, die in dieser Welt von Gewalt betroffen sind, dazu inspirieren, daran zu arbeiten, menschliches Leben vor zerstörerischer Feindseligkeit zu retten. Es ist an der Zeit, dass Politiker positiv und konstruktiv handeln, anstatt zu zerstören. Die Regierenden müssen den Mut haben, Risiken einzugehen. Nicht das Risiko, Soldaten zu schicken, sondern den Mut, endlich das Richtige zu tun, um das menschliche Antlitz der Welt wiederherzustellen.

Wir müssen mit Eifer auf dem Weg zum Frieden voranschreiten. Hass und Dunkelheit können nur mit Liebe und Licht vertrieben werden. Lasst uns eine neue Generation begründen. Eine, die daran glaubt, dass es die gemeinsame Aufgabe aller Völker ist, die menschliche Zivilisation voranzubringen, und dass Freiheit und Gerechtigkeit die heiligsten Dinge im Universum sind. Wenn wir der ganzen Welt Frieden bringen wollen, sollten wir im heiligen Land Israels und Palästinas damit beginnen. Lasst uns Brücken des Friedens bauen statt Mauern. Ich bin überzeugt, dass unser Feind die Ignoranz gegenüber dem anderen ist. Übereinander zu urteilen, ohne etwas übereinander zu wissen, ist es, was Spannungen, Ängste, Misstrauen und Vorurteile hervorbringt. Das ist ein großer Fehler. Wenn wir uns die Zeit nehmen, uns unvoreingenommen zu begegnen und uns einfache, persönliche Fragen zu stellen, dann können wir anfangen, die Unterschiede zu respektieren; noch wichtiger aber: Wir werden erkennen, wie ähnlich wir uns sind.

An den Rändern unseres Bewusstseins glauben wir, dass jeder Fremde eine Bedrohung für uns sei. Und dieser Eindruck lagert in der Tiefe unserer Seelen wie ein Entzündungsherd. Fragen Sie einen gesunden Menschen aus Israel, ob er sich mit einem Palästinenser im selben Raum aufhalten würde, so ist die Antwort mit Sicherheit »Nein«. Umgekehrt würde es einen gesunden Palästinenser bei dem Gedanken schaudern, den Raum mit einem Israeli zu teilen. Wenn sie jedoch krank werden und im selben Krankenhaus medizinisch betreut werden, ist es plötzlich in Ordnung, ein Zimmer zu teilen. Ihr gemeinsames Kranksein wird zu etwas Verbindendem. Sie haben plötzlich ein gemeinsames Thema, dieselben Sorgen, Befürchtungen und Ängste in Bezug auf die Familie. Vielleicht geben sie einander sogar Ratschläge, und – wer weiß? – vielleicht bleiben sie danach sogar in Verbindung, um zu erfahren, wie es dem anderen geht?

Als Arzt verliere ich nie die Hoffnung, solange der Patient am Leben ist. Aber wenn ich sehe, dass sich der Gesundheitszustand verschlechtert, muss ich bereit sein, einen anderen Behandlungsweg einzuschlagen. Wir alle müssen nach den Ursachen suchen, warum wir auf dem Weg zum Frieden gescheitert sind. Die Ursache liegt in uns, in unseren eigenen Herzen und Köpfen.

Hass ist eine chronische Krankheit, von der wir uns alle heilen müssen. Zunächst einmal müssen wir die Ignoranz bekämpfen. Wir müssen die gedanklichen und realen Hindernisse niederreißen und zerstören, die in jedem von uns und zwischen uns sind. Wir müssen reden und gemeinsam vorangehen, um eine hellere Zukunft zu erlangen. Wir sitzen alle im selben Boot und alles, was den Insassen des Bootes schadet, setzt uns der Gefahr des Ertrinkens aus. Wir müssen aufhören, einander die Schuld zu geben und uns die Werte des »unser« und »wir« zu eigen machen. Reden ist gut, aber nicht genug. Wir müssen handeln: Die kleinste Tat hat mehr Wirkung und überwindet mehr Grenzen als jedes Wort. Wie schon Martin Luther King sagte: »Unser Leben endet an dem Tag, an dem wir über Dinge schweigen, die wichtig sind. Am Ende werden wir uns nicht an die Worte unserer Feinde erinnern, sondern an das Schweigen unserer Freunde.«

Was können wir also tun? Wir können für Gerechtigkeit für alle eintreten, indem wir unsere Stimme in unserer Familie, gegenüber Freunden, der Gemeinschaft, den Politikern und religiösen Führern erheben. Man kann Stiftungen unterstützen, die gute Arbeit leisten. Man kann ehrenamtlich für humanitäre Organisationen arbeiten. Man kann rückschrittliche Politiker abwählen.

Am 24. März 2009 sprach der ehemalige Präsident des Europäischen Parlaments, Hans-Gert Pöttering, anlässlich einer Ausstellung mit dem Titel »Von Hebron nach Gaza«. In seiner Rede erinnerte er sich an einen Besuch in Gaza:

> »Ich habe Elend gesehen und einen Mangel an den grundlegendsten medizinischen Erfordernissen, ich habe die Sorgen und die Trauer der Zivilbevölkerung geteilt, die physisch wie moralisch hart getroffen wurde. Aber ich habe auch Hoffnung gespürt, Hoffnung auf Frieden und Versöhnung … Das stärkste Zeichen der Hoffnung habe ich erfahren, als ich an diesem Nachmittag Dr. Izzeldin Abuelaish kennenlernte. … Trotz des Verlustes seiner drei Töchter hat er, als Gläubiger, als Moslem, die Stärke, den Friedensprozess fortzusetzen. Das ist eine der stärksten Botschaften an uns Politiker, unsere Anstrengungen fortzusetzen. Und ich schließe mit Ihrer Botschaft der Hoffnung, Dr. Abuelaish, die eine Botschaft an uns Politiker ist, an uns in Europa. Das, was in Europa möglich war, zwischen Frankreich und Deutschland, warum sollte das im Nahen Osten nicht möglich sein? Nach dem Zweiten Weltkrieg schien es nicht möglich zu sein, aber wir haben die Situation erfolgreich bewältigt und haben die Völker zusammengebracht. … Lassen Sie uns die menschliche Würde verteidigen. Alle Menschen sind gleich.«

Es gibt eine Geschichte, die ich bei meinen Reden gern erzähle: Ein Mann geht bei Ebbe am Strand entlang, das ablaufende Wasser legt eine Menge gestrandeter Seesterne frei. Bald trifft er auf ein junges Mädchen, die die Seesterne einen nach dem anderen einsammelt und ins Meer zurückträgt. Er fragt das Mädchen: »Was tust du da?« Und sie antwortet: »Sie sterben, wenn ich sie nicht ins Wasser zurückbringe.« »Aber es gibt so viele von ihnen«, sagt der Mann, »wie kann da irgendetwas, das du tust, einen Unterschied machen?« Das Mädchen hebt noch einen Seestern auf und trägt ihn ins Meer. »Für diesen macht es einen Unterschied.«

Ich habe drei wundervolle Töchter verloren, aber ich bin mit fünf anderen Kindern gesegnet. Ich glaube, Einstein hatte recht, als er sagte, das Leben sei wie Fahrradfahren: Um in der Balance zu bleiben, muss man sich bewegen. Ich werde mich weiter bewegen, aber ich brauche Ihre Begleitung auf diesem langen Weg. Zum Abschluss liste ich einige der Lektionen auf, die ich aus den Erfahrungen meines bisherigen Lebens gelernt habe. Lassen Sie mich diese Erfahrungen mit Ihnen teilen und gemeinsam aus ihnen lernen:

- Frieden ist Menschlichkeit. Frieden bedeutet Respekt. Frieden ist ein offener Dialog.
- Die Abwesenheit von Krieg bedeutet noch nicht, dass Frieden herrscht.
- Hass macht blind und führt zu irrationalem Denken und Verhalten. Er ist eine chronische, schwere und zerstörerische Krankheit.
- Hass kann vergehen, wenn wir es zulassen.
- Wut ist nicht dasselbe wie Hass. Wut kann produktiv sein.
- Doch sie sollte Veränderung mit sich bringen.
- Wir müssen nicht zwingend akzeptieren, was um uns herum geschieht. Wir alle haben das Potenzial, Veränderungen herbeizuführen.

- Es ist Zeit, dass die Frauen die Führung übernehmen. Wir müssen ihnen alle Möglichkeiten geben und uns nach dem richten, was sie für das Beste für die gesamte Menschheit halten.

- Wenn die eigenen Grundwerte dem Herzen folgen, sind sie nicht verhandelbar. So geleitet, trifft man Entscheidungen von höchster Integrität.

- Wenn man sein Urteil stets auf die Wahrheit gründet, wird man Respekt und Vertrauen ernten.

- Von anderen als vertrauenswürdig angesehen zu werden, ist eines der größten Geschenke, die einem gemacht werden können.

- Man muss den Ansichten der Kinder vertrauen. Sie sprechen mit großer Wahrscheinlichkeit die Wahrheit und verfolgen in der Regel keine persönlichen Interessen.

- Gute Gedanken werden groß, wenn man sie mit anderen teilt.

- Es ist nicht genug, den Samen der Weisheit zu säen; wir sind zu Taten aufgerufen, wenn wir eine üppige Ernte einbringen wollen.

- Was immer man tut – wenn man es aufrichtigen Herzens tut, dann werden sich die Dinge so fügen, wie man es sich ausgemalt hat.

Diese Liste wird wachsen, solange ich lebe. Ich werde Einsteins Rat beherzigen, und ich hoffe, Sie schließen sich mir an.

DANK

Vieles in meinem Leben verdanke ich meiner Mutter Dalal, meinem Vater Mohammed, meiner verstorbenen Frau Nadia und meinen Töchtern Bessan, Dalal, Shatha, Mayar, Aya und Raffah und meinen Söhnen Mohammed und Abdullah. Ich würde liebend gern erleben, dass meine Eltern, meine Frau und meine drei verlorenen Töchter aus ihren Gräbern auferstehen könnten, um Zeuge zu werden, dass das Blut meiner drei Töchter nicht vergebens vergossen wurde. Ich versichere ihnen allen, dass sie durch mich und durch die Taten meiner überlebenden Kinder in uns weiterleben, und dass sie im Wissen, dass seit ihrem Tod viel Gutes für die Menschheit getan wurde, in Frieden ruhen können.

Ich danke all jenen von Herzen, die nach dem Verlust, den meine Familie und ich erlitten haben, ihr Mitgefühl, ihre Sympathie und ihre Unterstützung zum Ausdruck gebracht haben: dem palästinensischen Volk, den israelischen Freunden und Kollegen, der allgemeinen Öffentlichkeit und so vielen Mitgliedern der internationalen Gemeinschaft, die erkannt haben, dass wir handeln müssen, um der Ausbreitung des Hasses Einhalt zu gebieten. Mein besonderer Dank gilt Shlomi Eldar, der den Mut hatte, in aller Offenheit die Realität zu enthüllen, der palästinensische Zivilisten während des wahnwitzigen Krieges, den die israelischen Streitkräfte Operation »Gegossenes Blei« nannten, ausgesetzt waren.

Ich bin Sally Armstrong, einer namhaften kanadischen Journalistin, zu tiefstem Dank verpflichtet, die zu mir gereist kam, um mich und meine Familie kennenzulernen. Ihre Hilfe war beim Schreiben dieses Buches von unschätzbarem Wert. Ohne sie hätte das Buch nie das Licht der Welt erblickt.

Und ich möchte all meinen Freunden und Kollegen für ihre enorme Großzügigkeit danken, die zur Entstehung dieses Buches durch Lesen, Redigieren und Kommentieren des Manuskriptes beigetragen haben, insbesondere Anne E. Sumner, Greta Maddox, Judith Weinroth, Anne Collins und Michael Levine.

Dank auch an Rita Mommone, eine Lehrerin und Therapeutin in Toronto, die jeden Einzelnen von uns ermutigt hat, mehr über unsere Liebsten und uns selbst mitzuteilen, damit die Leser uns helfen mögen, das Leben derer, die wir verloren haben, zu ehren und zu würdigen.

Ich möchte Dr. Marek Glezerman, der neben vielen anderen Dingen in meinem Leben das Vorwort dieses Buches beigesteuert hat, und seiner Frau Zvia danken. Ich danke Bruno Buchet, Jean-Marc Delizée und Bertrand Delanoe, dem Bürgermeister von Paris, sowie Dr. Salam Fayyad, dem Ministerpräsidenten der palästinensischen Autonomiebehörde. Ich danke meinen belgischen Freunden, besonders Veronique de Keyser, Luisa Morgantini, einem italienischen Mitglied des Europäischen Parlamentes, Hans-Gert Pöttering, dem Präsidenten a. D. des Europäischen Parlamentes, der kanadischen Regierung und dem kanadischen Volk, das uns mit so offenen Armen aufgenommen hat.

Besonderer Dank gilt meiner Nichte Ghaida, meiner Tochter Shatha für ihren Mut und ihre Entschlossenheit und für ihre Fähigkeit, immer noch zu lächeln, und meiner Tochter Dalal, die eine unglaubliche Hilfe war und viel Verantwortung übernommen hat.

Ich möchte außerdem dem Personal des Kamal-Edwan-Krankenhauses in Gaza danken, den Mitarbeitern, die unsere medizinische Erstversorgung geleistet haben; den Ärzten, die Ghaidas Leben und Shathas Auge und Finger gerettet haben: Professor Barret und sein Team im Sheba Hospital in Israel. Spezieller Dank gilt Professor Shlomo Mor-Yosef und Professor Zeev Rotstein. Ebenfalls danke ich den Professoren Abdallah Daar und Peter Singer, Joseph Moisseiev, dem Direktor des Goldschleger Eye Institute, Jacqueline Swartz, Itaf Awad, Maha Daghash, Jamal Daghash, Silvia Margia, Yaacov Glickman und Anael Harpaz.

Ich bin zutiefst dankbar für die Unterstützung, die Ermutigung und die Weisheit meines aufrichtigen Freundes Michael Dan. Besonderer Dank allen, die ich nicht erwähnt habe, aber von denen ich weiß, dass sie nicht nur in meinem, sondern auch in den Herzen meiner Kinder sind.

LASSEN SIE DIE HOFFNUNG NICHT ZWEIMAL STERBEN

Wortlaut der Rede von Izzeldin Abuelaish vor dem Obersten Gerichtshof Israels am 15. November 2021. Neun Tage später, am 24. November 2021, wies das Gericht seinen Antrag auf eine Entschuldigung für die Tötung seiner drei Töchter und seiner Nichte durch den Staat Israel zurück.

Gestatten Sie mir, mich als Hinterbliebener an Sie zu wenden, als trauernder Vater. Ich ersuche Sie, den Mantel der Politisierung abzustreifen und sich in das Gewand der Menschlichkeit zu hüllen. Unter ebendieser Robe ruht das Herz eines menschlichen Wesens, das wahrnimmt, empfindet, kommuniziert, auf andere einwirkt, das leidet, liebt und alles gibt für die Menschen, auf dass sie zur Erkenntnis der Wahrheit gelangen, und auf dass sie Gerechtigkeit ohne Vorurteil üben mögen, ohne dabei die eigenen politischen oder sonstigen Interessen zu verfolgen. Ich bitte Sie inständig, hören Sie auf Ihr Herz. Beginnen Sie jetzt gleich, in diesem Augenblick, sich seiner Botschaft gewahr zu werden. Urteilen Sie nicht. Halten Sie sich fern von jenen, die Sie mit ihren Worten zu beeinflussen suchen, von jenen, die darauf aus sind, Ihnen etwas aufzuzwingen.

Gestatten Sie mir, uns zurückzuversetzen in jene Zeit, in die Augenblicke, Stunden und Tage vor und nach der entsetzlichen Tragödie, und uns von dort eine Botschaft zu senden, die voller Hoffnung ist, voller Leid, Liebe und Leben. Ich spreche für jene, die den Tod in Leben und das Leid in Hoffnung verwandelt haben. Für Bessan, Mayar, Aya und Noor.

Verzeihen Sie, wenn ich Tränen vergieße, weil ich von ihnen getrennt wurde und sie so weit von mir entfernt sind. Die Tränen werden erst versiegen, die Schmerzen erst enden, wenn wir uns wiedersehen. Ich habe ihnen gesagt, dass ihr Blut nicht umsonst vergossen und ihre Seelen nicht umsonst geopfert wurden. Ich habe ihnen gesagt, dass sie vielmehr ein vollendetes, strahlendes Vorbild sind, und dass sie es schon immer waren. Ich habe ihnen gesagt, dass sie weiterleben, dass sie nicht – niemals – sterben werden, und dass wir für sie Gerechtigkeit erstritten haben.

Vor 13 Jahren war es genauso, wie es jetzt ist. Am 16. Januar 2009 zitterte mein Herz vor Angst. Ich hatte keine Sekunde lang Ruhe. Was würde uns erwarten? Meine Seele war gepeinigt von der grenzenlosen Qual der Ungewissheit, die meinen Glauben, meine Hoffnung in die Menschen und in die ganze Welt erschütterte. Aber den Glauben an Gott verlor ich nicht. Ich werde mein Gottvertrauen niemals verlieren.

Ich wende mich an Sie und sage Ihnen: Lassen Sie die Hoffnung nicht zweimal sterben. Selbst wenn man meine Hoffnung und den Glauben an die Menschen zerstört, meinen Glauben an einen mächtigen Herrgott werde ich niemals aufgeben. Im Gegenteil: Mein Glauben wird wachsen und auch meine Zuversicht, dass Gott mich nicht verlassen wird. Wenn man mich heute enttäuscht, wird Gott mir doch helfen, und er wird auch Bessan, Mayar, Aya und Noor helfen. Ich werde nicht aufhören, alles zu tun, was in meiner Macht steht, bis wir uns wiedersehen. Ich werde alles tun, was menschenmöglich ist, jeden juristischen und zivilen Weg gehen, um für das Recht der Unschuldigen zu kämpfen und Gerechtigkeit zu erlangen. Wir brauchen die Unschuld der Unschuldigen nicht zu beweisen. Wir brauchen den Mut, uns die Ungerechtigkeit einzugestehen.

Ich hoffe und erwarte, dass dieser Tag kommen wird, und zwar hier, und nicht sonst irgendwo. Wenn der Tag kommt, werde ich meine Tränen nicht verstecken. Ich könnte es gar nicht. Solche Tränen kann kein Mensch kontrollieren, denn sie gelten dem Liebsten und dem Wertvollsten, das Gott je erschaffen hat. Diese Tränen versiegen nicht. Wie ein Strom der Erinnerung fließen sie aus mir heraus.

Wir müssen unseren Willen und unseren Geist befreien. Wann werden wir den Tod der Menschlichkeit verkünden? Warten wir darauf, dass der Tod der Menschlichkeit verkündet wird? Das Wichtigste, worum wir uns kümmern müssen, ist die Pflege unserer Beziehungen zueinander. Der Mensch braucht Zuwendung, Unterstützung, Zusammenhalt, Verbundenheit und Versöhnung.

Bessan, Mayar, Aya: Als ich sah, wie ihr diese Welt verlassen musstet, weinte ich. Ich trauerte um die verlorene Zeit. Die Tage, die uns ohne euch bevorstünden, würden voller Sehnsucht und Verlangen, voller Schmerz, Kummer und Leid sein. Niemand konnte es fassen. Gestern weiltet ihr noch unter uns, heute gehört alles der Vergangenheit an. Warum habt ihr nicht auf mich gewartet, sodass ich euch noch einmal hätte ansehen, küssen und umarmen können? Euer Fortgehen hat das ganze Universum erschüttert. Eure sanfte Jugend fehlt. Doch es gibt etwas, das die Traurigkeit über euren Tod und das Bild, das ich davon behalten habe, hinwegwischt, und das ist die Gewissheit, dass ihr nun bei Gott seid, dem Allergnädigsten. Und bei eurer Mutter.

Gräuel- und Bluttaten haben sich auf der Welt ausgebreitet wie eine Seuche. Gewalt wird verübt aus Geiz, Arroganz, Fremdenfeindlichkeit, Überheblichkeit, Selbstsucht – und manchmal auch im Namen einer Religion. Wir haben unsere Überzeugungen verloren, unsere Zuversicht, unseren Glauben. Und so wandte sich der Mensch gegen seinen Mitmenschen, er wurde unbarmherzig und grausam. Wir haben den Sinn des Lebens aus den Augen verloren, kennen kein Gefühl der Sicherheit mehr. Wir tun uns schwer im menschlichen Miteinander, denn uns ist das Vertrauen in den Anderen abhandengekommen. Trost finden wir bei den Tieren, und so züchten wir sie, nehmen uns Hunde und Katzen als Gefährten.

Der Tod schmerzt nicht die Toten,
sondern die Lebenden und Liebenden.
(Mahmoud Darwish)

Wenn das Leben seinen Sinn verliert, schwindet die Hoffnung aus den Augen und den Herzen. Weil es Menschen gibt, die Angst und Schrecken verbreiten, scheinen wir gar nicht anders zu können, als die Hoffnung, die Zuversicht, das Gefühl der Sicherheit und unseren Willen zu verlieren. Aber wenn wir auch noch unsere Menschlichkeit verlieren, worüber sollen wir dann noch miteinander reden? Wenn wir unsere Menschlichkeit verlieren, dann leben wir in der Wildnis, werden Teil des Dschungels.

Besonders schwer zu ertragen ist es, wenn die Toten entehrt werden, wenn sie verleumdet und verunglimpft werden, denn sie können sich nicht mehr wehren. Wenn das Lügen und die üble Nachrede gegen die Unschuldigen schon schwere Verbrechen sind, wie soll man es dann erst nennen, wenn den Toten Unrecht getan wird, indem sie ausgegraben und geschändet werden? Wenn man sie fälschlich beschuldigt, wenn man einfach behauptet, sie hätten etwas getan, das sie tatsächlich niemals getan haben? Es gibt keine größere Tugend als die Wahrheit. Die Wahrheit muss herausgefunden und bewiesen werden anhand von klaren, transparenten, belastbaren und eindeutig nachweisbaren Tatsachen.

Der Prophet Josef, ein treuer Diener Gottes, fiel einer Intrige zum Opfer, seine Ehre wurde verletzt, und man beschuldigte ihn eines Verbrechens. Der unschuldige Josef konnte darüber nicht schweigen, er verteidigte sich. Auch Bessan, Mayar und

Aya werden sich verteidigen. Aus ihren Gräbern heraus werden sie um ihr Recht kämpfen und die Wahrheit ans Licht bringen. Unrecht, Dunkelheit und Gewalt werden nicht überdauern. Man kann die Toten nicht so einfach verleumden, denn sie können hören und sehen und Zeugnis ablegen.

Man tut gut daran, der Toten zu gedenken, sie zu respektieren und ihnen nicht unrecht zu tun, denn sie sollten nicht angegriffen werden. Sie sind hier, bei uns, mit uns, im Gerichtssaal. Ihre Stimmen durchdringen die Mauern des Gerichtsgebäudes, und ihr Stöhnen hallt in den Ohren derer wider, die zuhören. Es ist ein heilloses Stöhnen, so furchterregend, dass es einem das Blut in den Adern gefrieren lässt.

Was sagt das Gesetz über den Schutz Minderjähriger in Kriegszeiten? Wie steht es um diesen Schutz? Werden die Rechte derer geschützt, die im Krieg gestorben sind? Schließlich sind die Toten unantastbar, heilig!

Diese Unantastbarkeit muss gewahrt werden, ungeachtet jeglicher persönlichen oder politischen Interessen.

Werden die Toten nicht respektiert, so kommt dies der Verhöhnung und Misshandlung ihrer Menschlichkeit gleich.

Das Schweigen sagt mehr als die Wahrheit – es zersetzt die Wahrheit, denn es ist ein Dämon, ein stummer Satan. Aber die Wahrheit und das Licht werden in Erscheinung treten, wenn auch erst nach einer Weile. Es gibt nichts Schlimmeres, nichts Schwierigeres, als das Unrecht mitanzusehen, das den Unschuldigen getan wird, indem gelogen, die Wahrheit verfälscht und mit Füßen getreten wird. Dabei erfährt man körperlichen und psychischen Schmerz. All jene, die die Wahrheit kennen und sie verdrehen, sollten besser ihre Zunge im Zaum halten und die Wahrheit verteidigen.

Die Verleumdung der Unschuldigen! Ich sehe ihre Tränen. Sie schreien mich an, und ihre Tränen benetzen mein Gesicht, wenn sie schluchzend in meine Arme fallen: *Wir sind unschuldig!*

Sag doch etwas, mach den Mund auf und verteidige uns! Diese Tränen sprechen vom Unrecht und der Gewalt, die man den Toten antut. Wenn der Richterstuhl sprechen könnte, hätte er die Wahrheit gesprochen und herausgebrüllt, dass diese jungen Frauen unschuldig sind. Aber dies ist kein Gerichtssaal, es ist ein Schafott. Es ist Unrecht. Gibt es etwas Schlimmeres, als unschuldig zu sein und trotzdem beschuldigt zu werden? Fälschlich beschuldigt zu werden? Grundlos beschuldigt zu werden? Und kein Mensch bietet seine Unterstützung an. Kein Mensch hilft.

Bessan, Mayar und Aya: Ihr wart ein prachtvoller Garten, in dem bunte Blumen blühen und fröhliche Vöglein singen. Ihr wart die Sonne, die den reinen Herzen zulächelt. Ihr wart die lieben Kleinen, die so gerne zur Schule gingen, die so glücklich waren.

Noch heute sehne ich mir den Tag herbei, da ihr von der Schule nach Hause kommt, eure Abschlusszeugnisse in den Händen, das Lachen in euren Gesichtern, und ich wünschte mir so sehr, ich könnte stolzerfüllt an eurem Erfolg teilhaben.

Eure Freude starb an jenem Tag, plötzlich, unerwartet, ohne Vorwarnung. Dummheit, Arroganz und Hass ließen euer Lachen verstummen und hauchten euer Leben aus. Nicht weil ihr gesündigt hattet, sondern weil ihr zarte Knospen wart, die keine Sünde kannten, keine Schuld, die auch nichts wussten von Hass und Gewalt, bis diese eure jungen Körper mit solcher Brutalität verzehrten.

Habt ihr Schuld auf euch geladen, weil ihr dachtet, es sei euer Recht, euch in eurem Haus aufzuhalten? Wart ihr schuldig, weil ihr dachtet, es sei euer Recht, ein Leben in Freiheit und Würde zu führen? Weil ihr, wie andere Kinder auf der ganzen Welt, davon träumtet, in einem unabhängigen Heimatland aufzuwachsen? Oder trägt vielleicht euer Vater Schuld, weil er an einen gerechten Frieden glaubte und weil er sich Tag und

Nacht anstrengte, ein hübsches Lächeln auf eure Lippen zu zaubern, so wie er es auch für seine Patienten tat?

Wie wunderschön war mein Leben, bevor das Unheil über uns kam. Aber wir werden nicht zulassen, dass diese Tragödie unseren festen Glauben an unser Recht auf Leben erschüttert. Nein, diese Tragödie wird uns nicht davon abbringen, mit Beständigkeit, Stärke, Mut und größter Beharrlichkeit die Ziele zu verfolgen, von denen wir einst träumten. Wir werden diese Ziele erreichen. Und das ist unser Versprechen an euch.

Wir werden es all den Landminen, Herausforderungen, Dornen, Bomben, Schmerzen, Entbehrungen, Verlusten nicht gestatten, sich uns in den Weg zu stellen. Wir werden diesen Weg weitergehen.

Unser geheime Kraft ist unser Glaube. Wie die Sonne wird er das Licht der Gerechtigkeit und des Friedens auf eure Gräber werfen, und die Vögel werden in den schönsten Farben hoch am Himmel fliegen. Eure Gräber und eure Heimat werden in den Duft der Blumen gehüllt sein, die ihr einst gepflanzt habt. Und ihr werdet unser Versprechen an eure Mutter weitergeben, die der Krebst uns noch vor euch entrissen hat. Der Tod brachte sie an einen Ort, an dem sie das Herzeleid nicht fühlen und das jähe Ende ihrer unschuldigen Töchter nicht sehen sollte. All die Erschöpfung fällt von mir ab, wenn ich euer Lächeln sehe und eure Stimmen höre. Wir sehen euren Schmerz. Wir hören eure Schreie. Wir fühlen euer Leid. Tief in unseren Herzen beklagen wir diesen Zustand und wir trauern mit euch.

Wir stehen an eurer Seite und wir geben nicht auf. Von euch haben wir gelernt, standhaft zu sein. Diese Tragödie wird uns nicht brechen. Ich werde immer stolz auf euch sein, im Leben und im Tod. Wir alle werden stolz sein, wenn das Glück den Himmel über unserer Heimat erfüllen und Sorge, Trauer und Schmerz verdrängen wird, wenn unsere Wunden heilen und wir vor Freude über unsere Freiheit jubeln werden, wenn die ganze

Welt mit uns feiern wird, weil Leben, Frieden, Sicherheit und Glückseligkeit obsiegen.

Ich trage noch immer die lebhaftesten Erinnerungen in mir, an Bessan im Bauch ihrer Mutter Nadia in Saudi-Arabien und an Bessans Geburt im Nasiriyah-Krankenhaus. Ich entband sie, ich war der erste Mensch, der sie berühren und sehen durfte. Ich war Zeuge ihrer ersten Tage und begleitete sie durch die ersten Abschnitte ihres Lebens in Dschidda.

Ich sehe noch die Schaukel, die ich für sie baute. Ich erinnere mich an ihren ruhigen Schlaf, an ihre Bescheidenheit, ihre Weisheit. Ich sehe ihre Spielsachen vor mir, höre ihr Lachen. Es war eine unschuldige Kindheit. Ich erinnere mich an den Tag, an dem ihre Schwester Dalal geboren wurde. Bessan dachte, Dalal sei ein Spielzeug, eine Puppe. Und dann wurde die große Schwester die Beschützerin der kleinen Schwester. Und nach dem Tod der Mutter übernahm sie die Verantwortung für all ihre Geschwister. Sie unterstützte sie, machte ihnen Mut, kümmerte sich um sie. Ich freute mich auf den Tag, an dem sie ihren Schulabschluss machen würde, den Tag, an dem sie heiraten würde, den Tag, an dem sie ein eigenes Haus beziehen, Kinder bekommen, arbeiten, eine Karriere haben würde. Ich wollte ihr Leben verfolgen.

Ich erinnere mich an all dies. In jedem Augenblick durchlebe ich es, und dann bade ich in einem Meer, nein, einem reißenden Strom von Tränen, die mein Gesicht und meine Kleidung ganz nass werden lassen. Bitte töten Sie Bessan und Mayar nicht noch einmal. Manche sagen, ich solle nicht weinen, ich solle meine Tränen verstecken. Manche denken, Tränen seien ein Zeichen von Schwäche und Schmerz, eine Unzulänglichkeit. Sie glauben auch, Verlust sei eine Niederlage, eine Brechung des Lichts. Doch jeder Geburt geht ein Schmerz voraus, und auf den Schmerz folgt der Schrei des Neugeborenen. Der Schrei des Lebens und der Hoffnung.

Meine Tränen, meine Trauer, mein Glaube an Gott und an Gerechtigkeit für die Unschuldigen, all dies gibt mir Kraft. Es macht mich stärker und entschlossener. Ich werde nicht aufgeben. Heute stehe ich erhobenen Hauptes mit beiden Beinen fest auf dem Boden. Voller Stolz und Zuversicht verteidige ich die Wahrheit, die glasklare, unerbittliche Wahrheit, die keiner Rechtfertigung und keiner Beweise bedarf.

Ich sah sie einen Augenblick lang und erkannte sie nicht. Ich konnte die eine nicht von der anderen unterscheiden. Ich sehe nur die Bilder, die ich von ihnen in mir abgespeichert habe, die Bilder unserer gemeinsamen Tage und Jahre ihres Lebens.

Bessan, Mayar und Aya: Sie starben als fromme Gottesfürchtige und Koranschülerinnen.

Ich konnte mich nicht von ihnen verabschieden. Ihre Körper sind von uns gegangen, aber ihre Seelen haben sich vereint mit den anderen Seelen und der Erde Palästinas. Sie hatten es eilig, zu gehen, zu einer Zeit, in der wir sie sehr gebraucht hätten. Den Schock dieser Trennung habe ich noch immer nicht verwunden. Jede Stunde, jede Minute birgt tausende von Anlässen, die meine Erinnerung an euch zurückbringen, und tausende von Gründen, die mich immer wieder dazu veranlassen, mich für euch einzusetzen und für euch zu beten.

Ich erinnere mich jeden Morgen an sie und jeden Abend, bei jeder Gelegenheit, jedes Mal, wenn ich einen Studenten sehe. Dann sehe ich nicht nur Mädchen und Jungen, sondern Märtyrer, unschuldige Märtyrer, Bräute, Bräutigame. Bei der Abschlussfeier, wenn die Namen der Studenten verlesen werden, wenn ich eine Rede vor den Absolventen halte. Bei jeder Hochzeit und jedes Mal, wenn ich Freunde besuche.

Die Schuld liegt in uns, nicht in unseren Sternen, nicht in unserer Zeit. Die Schuld liegt in uns, nicht in unserer Religion. An einem Autounfall ist nicht das Auto schuld, sondern der Mensch, der das Auto baut oder es fährt. Und ebenso trägt nicht die Religion die Schuld, sondern der Mensch, der sie zu politisieren und für seine Zwecke zu missbrauchen weiß.

Sie leiden, schreien und sterben wieder und wieder, bis die Wahrheit ans Licht kommt und sie Gerechtigkeit erfahren. Bis das geschieht, müssen wir mitansehen, wie die Toten immer und immer wieder niedergemetzelt werden. Dabei ist es verboten, die unschuldigen Toten niederzumetzeln.

13 Jahre sind vergangen, und doch scheint es wie gestern. Ich hoffe, dass Sie unsere schmerzerfüllten Schreie hören. Sie sind nie verstummt, die Schreie nach Hoffnung, nach Gerechtigkeit.

Ich bin heute hierhergekommen, um für Wahrheit und Gerechtigkeit einzutreten. Ich möchte über den 16. Januar 2009 nicht allzu viele Worte verlieren, weil die Wahrheit offensichtlich ist, und jeder Mensch, hier, dort und auf der ganzen Welt, weiß, was an jenem Tag geschehen ist. Jeder Mensch weiß, dass meine drei Töchter und meine Nichte an jenem Tag getötet und viele andere verletzt wurden, grundlos.

Wir sind heute hier, um die Unschuldigen zu verteidigen und um sicherzustellen, dass ihnen Gerechtigkeit widerfährt. Wir stützen uns dabei auf die internationalen Menschenrechtskonventionen. Ich bin heute hierhergekommen, weil ich daran glaube, dass Gerechtigkeit siegen wird, denn Gerechtigkeit stützt sich auf Tatsachen, nicht auf einseitige, verzerrte, widersprüchliche, aus dem Kontext gerissene Interpretationen und Ausreden.

Wenn die Toten, die Schwachen, die Opfer ihrer Stimme kein Gehör verschaffen können, dann ist es die ethische und moralische Pflicht der Hinterbliebenen, für sie zu sprechen und in ihrem Namen zu handeln. Ich bin willens und entschlossen, Gerechtigkeit für meine Töchter einzufordern und, wo immer ich kann, Hoffnung zu verbreiten. Wenn nicht hier, dann an einem anderen Ort.

Ich habe diesen Weg im israelischen Justizsystem begonnen, wohl wissend, wie steinig er sein würde.

Ich habe meine Hand ausgestreckt und suchte eine Einigung auf zivilisierte Art und Weise, denn niemand ist unfehlbar, und Irrtümer können geschehen. Ich bat einzig und allein um die Anerkennung dessen, was geschehen war. Ich wollte eine Entschuldigung und eine Übernahme der Verantwortung.

Gerechtigkeit und Freiheit sind für jeden Menschen wichtig. Sie sind grundlegend für unsere Würde, für unser Menschsein. Ich bin fest davon überzeugt, dass man Gesetzestreue, moralische und ethische Prinzipien leben kann, wer auch immer man ist, ob man nun eine große oder eine kleine Rolle in der Welt spielt, ob jung oder alt. Unsere Aufgabe besteht darin, zu vermenschlichen, nicht zu politisieren, und unsere Treue und Ergebenheit sollten nicht ins Wanken geraten.

Unsere Beständigkeit und unser Mut sollen für die Gerechtigkeit zum Einsatz kommen. Das ist mein Versprechen. Ich gebe diese Versprechen als Arzt und als Vater. Welche Herausforderungen auch immer auf mich warten mögen, ich bin entschlossen, sie tapfer, leidenschaftlich und guten Willens anzunehmen, auf lokaler und internationaler Ebene.

Ich bitte Sie noch einmal: Lassen Sie die Opfer nicht noch einmal in Ihrem Gerichtssaal sterben. Tun Sie meinen unschuldigen Töchtern kein Unrecht, besudeln Sie nicht ihr Vermächtnis. Das Unrecht ist ihnen bis in ihr Grab gefolgt, und von dort aus rufen sie Ihnen zu.

Heute warte nicht nur ich auf Gerechtigkeit. Auch viele Israelis, und Menschen auf der ganzen Welt, warten darauf, dass meinen Töchtern Gerechtigkeit widerfährt. Bitte enttäuschen Sie uns nicht, enttäuschen Sie nicht unsere Hoffnungen und Erwartungen. Die ganze Welt blickt heute auf Sie. Ihr Gerichtssaal erscheint wie unter einem Mikroskop, auch über Sie wird heute ein Urteil gefällt.

Die Wahrheit mag schmerzen, aber sie macht auch frei. Jesus sprach: »Ihr werdet die Wahrheit erkennen, und die Wahrheit wird euch frei machen!«

Ich frage Sie: Wie oft hat man schon erlebt, dass das Blut von drei enthaupteten Töchtern in den Adern der Hoffnung floss? Meine Antwort auf diese Tragödie war und ist: Ich werde nicht hassen!

Nach dem Krieg schwor ich mir Folgendes: Wenn ich wüsste, dass meine Töchter das letzte Opfer wären auf dem Weg zum Frieden zwischen Palästinensern und Israelis, dann könnte ich diesen Verlust akzeptieren, wenn auch schweren Herzens. Doch traurigerweise waren meine Töchter nicht die letzten Opfer.

Alle Kinder, alle Menschen haben das Recht, vor unnötigem Leid bewahrt zu werden. Den Preis, die unmenschlichen Qualen des Krieges zu erleiden, zahlen nicht in erster Linie die Soldaten, die auf dem Schlachtfeld töten und getötet werden. Es sind die unschuldigen Kinder, Töchter, Mütter, Eltern. Unsere Kinder sterben, bevor sie überhaupt begonnen haben zu leben. Sie werden zerschunden, entstellt, für ihr Leben gezeichnet, körperlich und seelisch. Wir sprechen über Zahlen, doch es ist an der Zeit, über die Menschen zu sprechen, die sich hinter den Zahlen verbergen. Wir müssen ihre Namen nennen, ihre Gesichter zeigen, nicht nur die nüchterne Statistik anschauen.

Wie einfach der Krieg doch wird, wenn wir ihn als ein abstraktes Ereignis in einem fernen Land behandeln, wo Fremde leiden und sterben, Unbekannte, in die wir uns nicht einfühlen können. Wenn ihr einen unschuldigen Menschen tötet, so ist es, als ob ihr die ganze Menschheit getötet hättet. Und wenn ihr einem Menschen das Leben rettet, so ist es, als hättet ihr die ganze Menschheit gerettet! Nichts auf der Welt ist so wichtig und heilig, dass es den Tod eines Kindes rechtfertigen könnte. Wir alle bluten, wenn man uns verletzt, wir alle schreien und weinen und leiden. Und wir alle verdienen es, in Würde zu leben.

Ich bitte um Gerechtigkeit, auf dass dem Leid meiner Töchter ein menschliches Antlitz verliehen wird.

Auf dass nicht noch weitere Frauen und Kinder leiden und sterben müssen.

Auf dass die Politiker mir ihr geneigtes Ohr leihen.

Auf dass sie den Frauen und Kindern Beachtung schenken.

Meine Töchter waren keine Kollateralschäden. Es ist unethisch und unmoralisch, den Tod eines menschlichen Wesens als nebensächlichen Schaden abzutun. Können wir heute nicht bitte eine Botschaft der Gerechtigkeit aussenden und meinen Töchtern sagen, dass sie in Frieden ruhen können, weil der Gerechtigkeit endlich Genüge getan wurde? Wir haben eure Gesichter gesehen, das menschliche Antlitz des Leids, wir haben eure Menschlichkeit gewürdigt und euch eure Rechte zugestanden. Ich flehe Sie noch einmal an: Bitte töten Sie die Hoffnung kein zweites Mal.

Bitte töten Sie meine Töchter Bessan, Mayar, Aya und ihre Cousine Noor kein zweites Mal.

Ich stehe heute hier, weil ich noch Hoffnung besitze und weil ich noch immer von ganzem Herzen glaube, dass wir alle einen Unterschied machen können. Ich bin fest davon überzeugt, dass die Gerechtigkeit siegen wird. Wenn nicht hier, dann an einem anderen Ort.